dtv

In Toraja haben die Kinder spitze Ohren, wie Mister Spock vom Raumschiff Enterprise. Nigel Barley wird hellhörig, packt erneut seinen Rucksack und macht sich auf nach Indonesien. Bis Moskau Gummihühner, in Singapur Transvestiten und während nächtlicher Busfahrten kuschelsüchtige Indonesier zeichnen seinen Weg, bis der Urwald ihn schluckt. Als er nach qualvollen Tagen auf einem Pferd wieder auftaucht, läuft er Johannis in die Arme, der sein Freund und Feldforschungsassistent wird. An seiner Seite lernt er die Toraja kennen, wie sie leben und was sie denken. Ein kleines Wunder an Kunstfertigkeit sind die Reisscheunen, die hier von alters her geschnitzt und gebaut werden. Und da kommt Barley eine Idee: Er nimmt Johannis und seine Freunde mit nach London, damit sie im British Museum unter den Augen der Besucher eine Reisscheune aufbauen, und zwar eine echte, so groß wie daheim und aus dem Holz aus Toraja – ein perfekter Rollentausch, bei dem die Indonesier einen »ethnologischen« Blick auf die Europäer werfen dürfen …

Nigel Barley studierte moderne Sprachen und Ethnologie in Cambridge und Oxford und betrieb zwei Jahre lang Feldforschung in Kamerun. Seit 1981 arbeitet er als Kustos am British Museum in London. Weitere Bücher: ›Die Raupenplage‹ (1989), ›Traumatische Tropen‹ (1990), ›Traurige Insulaner‹ (1993), ›Der Löwe aus Singapur‹ (1996) und ›Tanz ums Grab‹ (1998).

Nigel Barley

Hallo Mister Puttymann
Bei den Toraja in Indonesien

Aus dem Englischen von Ulrich Enderwitz

Klett-Cotta
Deutscher Taschenbuch Verlag

Von Nigel Barley
sind im Deutschen Taschenbuch Verlag erschienen:
Die Raupenplage (12518)
Traumatische Tropen (12399)
Traurige Insulaner (12664)

Ungekürzte Ausgabe
Februar 1999
2. Auflage Februar 2000
Deutscher Taschenbuch Verlag GmbH & Co. KG, München
© 1988 Nigel Barley
Titel der englischen Originalausgabe:
Not a Hazardous Sport
Viking Penguin Inc., London, New York 1988
© der deutschsprachigen Ausgabe:
1994 C. G. Cotta'sche Buchhandlung Nachfolger GmbH,
gegr. 1659, Stuttgart
Umschlagkonzept: Balk & Brumshagen
Umschlagbild: hinduist. Wajang-Figuren (19. Jhd.),
© AKG, Berlin/Werner Forman
Satz: Steffen Hahn GmbH, Kornwestheim
Gesetzt aus der Garamond 10/12·
Druck und Bindung: C. H. Beck'sche Buchdruckerei, Nördlingen
Gedruckt auf säurefreiem, chlorfrei gebleichtem Papier
Printed in Germany · ISBN 3-423-12580-2

Für Din

Inhalt

Vorwort 9

1 Aufbruch zu neuen Ufern 13

2 Geschichte zweier Städte 31

3 Eine Seefahrt, die ist lustig 60

4 An der ethnographischen Front 72

5 Roßtäuscher 85

6 In dieser Stadt ist nicht Platz für uns beide 99

7 Der Reis und seine Menschen 113

8 Auftritte in den Bergen 136

9 Eheriten 168

10 Nennen wir Sie ... Pong 176

11 Das Rückspiel 198

Karten 231

Vorwort

Üblicherweise werden ethnologische Berichte über andere Völker in der Form akademischer Monographien geschrieben. Die Verfasser dieser einigermaßen dürren und schmucklosen Elaborate sind allwissend und betrachten ihr Objekt aus olympischer Höhe. Nicht nur verfügen sie über einen kulturellen Scharfblick, der den Durchblick der Eingeborenen selbst übertrifft, sie irren sich auch niemals und lassen sich nie von anderen täuschen, geschweige denn, daß sie anfällig gegen Selbsttäuschung wären. Auf den Karten fremder Kulturen, die sie zeichnen, gibt es keine Sackgassen. Ein Gefühlsleben haben die Betreffenden nicht; sie sind nie aufgeregt oder niedergeschlagen. Vor allem ist ihr Verhältnis zu den Menschen, die sie erforschen, frei von Zuneigung oder Abneigung.

Das vorliegende Buch ist keine Monographie dieser Art. Es handelt von meinen ersten Versuchen, mich mit einem »neuen« Volk – und tatsächlich mit einem ganzen »neuen« Kontinent – ins Benehmen zu setzen. Es berichtet von falschen Fährten und von sprachlichem Unvermögen, von fallengelassenen Hypothesen und von den Täuschungen durch die eigene Person und durch andere. Vor allem aber wirft es nicht mit Verallgemeinerungen um sich, sondern handelt von einzelnen Begegnungen.

Aus streng ethnologischer Sicht werden diese Begegnungen dadurch entwertet, daß die Unterhaltung mit den Betreffenden nicht in ihrer Stammessprache, sondern in Indonesisch geführt wurde. In der Republik Indonesien existieren Hunderte, wenn nicht Tausende von Stammessprachen. Erste Annäherungen finden deshalb immer in der Nationalsprache statt, was auf den vorläufigen Charakter des mit ihrer Hilfe hergestellten Kontakts hinweist. Dennoch wurden im Laufe der mehr als zwei Jahre, die dieses Buch umspannt, aus solchen Kontakten echte persönliche und emotionale Beziehungen.

Monographien werden aus der Retrospektive verfaßt. Sie pressen die Realität in eine Ordnung, deren Merkmal durchgängige Stimmigkeit ist. Dieses Buch wurde im Verlauf des Erfahrungsprozesses geschrieben, den es dokumentiert. Wäre ich von der großartigen torajanischen Reisscheune ausgegangen, die jetzt in den Räumen des Museum of Mankind in London zu besichtigen ist, hätte ich ein völlig anderes Buch schreiben und den Nachweis führen können, wie sinnvoll in ethnographischer, finanzieller und museologischer Hinsicht mein Plan zum Bau der Scheune war. Aber dem wirklichen Verlauf der Geschichte entspräche das nicht.

Viele Menschen sind mir bei dem Projekt behilflich gewesen, das Gegenstand dieses Buches ist. In England haben der Direktor und das Kuratorium des Britischen Museums den Weitblick bewiesen, ein solch spekulatives Unternehmen zu finanzieren. Ohne die unermüdliche Unterstützung und das Verständnis von Jean Rankine und Malcolm McLeod wäre es nie und nimmer zustande gekommen.

In Indonesien bin ich Ibu Hariyati Soebadio vom Ministerium Pendidikan dan Kebudayaan sowie Bapak Yoop Ave und Luther Barrung vom Ministerium Parpostel zu Dank verpflichtet: sie alle geleiteten mich durch das Labyrinth der Ämter, in dem ich ohne ihre ständige Hilfsbereitschaft hoffnungslos steckengeblieben wäre. Bapak Yakob, Bupati von Tana Toraja, Bapak Patandianan von Sospol und Nico Pasaka waren mir eine große Hilfe. In Mamasa schulde ich *Drs* Silas Tarupadang für seine uneingeschränkte Gastfreundschaft und Unterstützung Dank. Professor und Ibu Abbas von der Hasanuddin-Universität gaben sich große Mühe, mir in einer Zeit bitterer Not zu helfen. Allen Dank versagen muß ich Bapak W. Arlen von der Einreisebehörde in Ujung Pandang.

Zu Dank verpflichtet bin ich außerdem H. E. Bapak Suhartoyo und Bapak Hidayat von der indonesischen Botschaft in London. Ganz besonders danken möchte ich Bapak W. Miftach, ebenfalls Angehöriger der indonesischen Botschaft in London, für die Unterstützung, den Beistand und die Freundschaft, die er mir das ganze Projekt hindurch geschenkt hat.

Die Torajanische Stiftung in Jakarta – vor allem sind hier Bapak J. Parapak und Bapak H. Parinding zu nennen – nahm an der Toraja-Ausstellung von Anfang an einen ebenso herzlichen wie persönlichen Anteil; das gleiche gilt für Gardua Indonesia.

Ohne die frohgemute Freundschaft, Unterstützung und Verständnisbereitschaft von Salehuddin bin Hajji Abdullah Sani wäre dieses Projekt nie ins Leben gerufen und in die Tat umgesetzt worden.

Vor allem aber danke ich den vielen Männern und Frauen aus der Torajabevölkerung, die sich meiner annahmen und mir ebenso aufopferungsvoll wie uneigennützig halfen.

Nigel Barley

1
Aufbruch zu neuen Ufern

»Ethnologie ist keine gefährliche Sportart.« Das hatte ich schon immer vermutet, aber ich fand es beruhigend, daß mir eine Versicherungsgesellschaft von anerkannter Zuverlässigkeit die Tatsache schwarz auf weiß bestätigte. Wer, wenn nicht sie, wußte in solchen Dingen Bescheid?

Mit dieser Feststellung endete ein ausgedehnter Briefwechsel, zu dem mich eher vage Besorgnis als ernsthaftes Aufklärungsstreben bewogen hatte. Als ich für einen zweimonatigen Feldforschungsaufenthalt eine Kranken- und Unfallversicherung abschloß, war ich so unklug, das Kleingedruckte zu lesen. Für den Fall eines Atomangriffs oder der Einbürgerung durch einen anderen Staat galt die Versicherung nicht. Noch nachdenklicher konnte machen, daß sie für den Fall einer Entführung galt, und zwar bis zu zwölf Monaten. Fallschirmspringen war nebst »allen übrigen gefährlichen Sportarten« streng verpönt. Aber jetzt hatte ich es schwarz auf weiß: »Ethnologie ist keine gefährliche Sportart.«

Die Ausrüstung, die ich auf dem Bett ausgebreitet hatte, schien diese Behauptung Lügen zu strafen. Da waren Tabletten zur Desinfizierung des Trinkwassers, Mittel gegen zwei Arten von Malaria sowie gegen Fußpilz, eitrige Geschwüre und eiternde Augenlider, Amöbenruhr, Heuschnupfen, Sonnenbrand, Läuse- und Zeckenbefall, Seekrankheit und starkes Erbrechen. Erst viel, viel später sollte ich merken, daß ich das Aspirin vergessen hatte.

Es würde eine strapaziöse Tour, kein Ausflug werden, ein Aufbegehren des sichtbar erschlaffenden Leibes gegen einen Landstrich, in dem wahrscheinlich alles steile Berge hinaufgeschleppt und über tiefe Schluchten gehievt werden mußte, ein letzter Akt physischen Auftrumpfens vor dem Eingeständnis, daß städtisches Leben und mittlere Jahre ihr unwiderrufliches Zerstörungswerk vollbracht hatten.

In einer Ecke stand der neue Rucksack, schillernd grün wie der Rückenpanzer eines tropischen Käfers. Daneben gleißten nagelneue Stiefel und verhießen trockene Füße und tröstliche Durchhaltekraft. Die Photoapparate waren gesäubert und neu justiert. Alle kleineren Geschäfte waren erledigt, und ich kam mir vor wie ein Soldat vor der Schlacht, der sein Gewehr gereinigt und geölt hat. Jetzt, in der gedrückten Stimmung vor dem Abschied, waren die Geisteskräfte gelähmt und die Sinne betäubt. Es war der Augenblick, auf seinem Gepäck zu sitzen und sich hohl und niedergeschlagen zu fühlen.

Ich habe nie wirklich verstanden, was den Ethnologen hinaustreibt. Wahrscheinlich ist es schlicht der Triumph fürwitziger Neugier über vernünftige Besonnenheit, die Unzuverlässigkeit des menschlichen Gedächtnisses, das nichts mehr davon wissen will, wie ungemütlich und öde die Feldforschung zum großen Teil ist. Vielleicht ist es die Langeweile des Lebens in der Stadt, der Verdummungseffekt einer geordneten Existenz. Oft wird der Entschluß zur Abreise durch relativ geringfügige Vorfälle ausgelöst, die ein neues Licht auf die Alltagsroutine werfen. Einmal fühlte ich mich in Versuchung geführt, als ein großspuriger Bericht über »Anwendungsmöglichkeiten des Computers in der Ethnologie« auf meinem Schreibtisch landete, nachdem ich gerade vierzig Minuten damit zugebracht hatte, ein Schreibmaschinenfarbband per Hand umzuspulen, weil meine Maschine so alt war, daß die passenden Bänder im Handel nicht mehr erhältlich waren.

Der Punkt ist, daß Feldexkursionen häufig eher ein Versuch des Forschers sind, eigene, sehr persönliche Probleme zu lösen, als daß sie dem Bemühen entsprängen, andere Kulturen zu verstehen. Innerhalb des Berufsstandes gelten sie oft als ein Allheilmittel. Ehe kaputt? Zieh los und treib ein bißchen Feldforschung, damit sich dir die Dinge wieder zurechtrücken. Deprimiert, weil es mit der Karriere nicht vorangeht? Mach Feldforschung, dann hast du andere Sorgen.

Aber was auch immer der Grund sein mag, alle Ethnographen nehmen den Ruf der Wildnis mit der gleichen Zuverlässigkeit wahr, mit der einen Muslim das plötzliche, unwiderstehliche Bedürfnis überfällt, gen Mekka zu ziehen.

Wohin diesmal? Nicht nach Westafrika, sondern in eine neue Gegend. Von Studenten war ich oft um Rat bei der Auswahl des Feldforschungsziels gefragt worden. Manche trieb ein unerbittlicher Dämon an, über ein ganz bestimmtes Thema zu arbeiten, etwa über die Beschneidung der Frauen oder über das Schmiedehandwerk. Denen zu raten war nicht schwer. Andere hatten sich einfach in einen bestimmten Weltteil verliebt. Auch die waren kein Problem. Eine solche Liebesbeziehung kann ebenso gut dazu befähigen, den vielen Prüfungen und Enttäuschungen der Ethnographie zu trotzen, wie eine ernsthaftere theoretische Bindung. Dann gab es da die dritte, schwierigste Gruppe, in die jetzt auch ich zu gehören schien und die ein Kollege höchst unfreundlich als die »Grünen« der Ethnologie apostrophiert hatte – die Gruppe derer, die besser wußten, was sie nicht wollten, als wonach sie suchen sollten.

Wenn mich solche Art Menschen um Rat fragten, hatte ich stets sinngemäß geäußert: »Warum gehen Sie nicht dorthin, wo die Bewohner schön und freundlich sind, wo Ihnen das Essen schmeckt und wo hübsche Blumen blühen?« Oft kehrten diese Leute mit ausgezeichneten Forschungsergebnissen zurück. Jetzt mußte ich den Rat mir selber geben. Westafrika kam eindeutig nicht in Frage; aber blitzartig wußte ich die Antwort: Indonesien. Es empfahl sich, Erkundigungen einzuziehen.

Ich hole mir Rat bei einem bekannten Spezialisten für Indonesien – natürlich einem Holländer und deshalb englischer als jeder Engländer, mit Jackett im Hahnentrittmuster, langgezogenen, gepflegten Vokalen und einer Pfeife à la Sherlock Holmes. Mit der deutete er auf mich.

»Sie sind geistig in den Wechseljahren«, sagte er und stieß mit runden Lippen Rauch aus. »Sie brauchen einen kompletten Tapetenwechsel. Bei ihrer ersten Feldexkursion machen die Ethnologen immer die schwer zu verkraftende Entdeckung, daß die Menschen dort nicht wie die Menschen zu Hause sind – in Ihrem Fall also, daß die Dowayos anders als die Engländer sind. Aber daß *alle* Völker einander unähnlich sind, das hat man deshalb noch lange nicht spitz gekriegt. Sie laufen jahrelang herum und sehen überall Dowayos. Haben Sie ein Stipendium?«

»Noch nicht. Aber ich kann wahrscheinlich ein paar Gelder loseisen.« (Das Traurigste an der akademischen Forschung ist, daß einem in jungen Jahren, wenn man reichlich Zeit hat, niemand Geld gibt. Hat man sich ein bißchen die Karriereleiter hinaufgearbeitet, kann man normalerweise Finanzmittel bekommen, aber da hat man nie genug Zeit, noch etwas Bedeutendes zu vollbringen.)

»Stipendien sind etwas Wundervolles. Ich habe oft mit dem Gedanken gespielt, ein Buch über die Diskrepanz zwischen dem Zweck, für den Stipendien bewilligt werden, und ihrer tatsächlichen Verwendung zu schreiben. Mein Auto« – er wies aus dem Fenster – »das ist der Zuschuß, den ich erhielt, um mein letztes Buchmanuskript abtippen zu lassen. Ich habe sechs Wochen lang die Nächte damit zugebracht, es selbst zu tippen. Es ist kein sehr gutes Auto, aber das ist das Buch schließlich auch nicht. Heiraten konnte ich dank eines Sprachstipendiums, das ich bekommen hatte, um die Sprache der Aceh zu lernen. Meine älteste Tochter verdankt sich einem Stipendium für den Besuch indonesischer Forschungseinrichtungen in Deutschland.« Soviel zu den Akademikern und ihrer Kunst, Armut mit Lebensart zu verknüpfen!

»Sie sind kürzlich geschieden worden. Haben Sie dafür auch ein Stipendium bekommen?«

»Nein ... Dafür habe ich selbst bezahlt. Aber es war die Sache wert.«

»Wohin soll ich also gehen?«

Er paffte. »Sie werden nach Sulawesi gehen. Wenn jemand fragt warum, so geben Sie als Grund an, die Kinder dort hätten spitze Ohren.«

»Spitze Ohren? Wie Mr. Spock?«

»Genau. Den gibt's hier auch.«

»Aber warum?«

Er stieß Rauch aus wie ein indonesischer Vulkan und lächelte geheimnisvoll. »Fahren Sie hin, Sie werden schon sehen.«

Mir war klar, ich hatte angebissen. Ich würde auf die indonesische Insel Celebes fahren und mir die spitzen Ohren der Kinder anschauen.

Die Aussicht auf eine ferne Reise mag Vergnügen machen. Die unmittelbare Vorbereitung auf sie macht keines. Impfungen. Durfte man wirklich darauf vertrauen, daß die Pocken »ausgerottet« waren? Ausgerottet – ein hübsches, klares, eindeutiges Wort, das unendlichen Argwohn erregen konnte. Tollwut? Wie groß war die Wahrscheinlichkeit, von einem tollwütigen Hund gebissen zu werden? Ja, aber man kann sie auch kriegen, wenn man von einer Katze gekratzt oder von einem Vogel gepickt wird. Gammaglobulin? Die Amerikaner schwören darauf. Die Briten glauben nicht daran. Schließlich wählt man blindlings wie ein Kind, das sich eine Handvoll Süßigkeiten greift. Wieviele Hemden? Wieviele Paar Socken? Zum Anziehen sind es nie genug und zum Schleppen immer zuviele. Kochtopf? Schlafsack? Es kommen Situationen, wo beide unentbehrlich sind, aber lohnt das die Qualen eines Transports durch ganz Java? Dann die Musterung von Zähnen und Füßen, als wäre der eigene Körper eine womöglich defekte Ware auf dem Sklavenmarkt. Schließlich die Durchsicht von Reiseführern und ethnographischen Arbeiten.

Jedes Buch erzählte etwas anderes. Eine Reiseroute auszuarbeiten war unmöglich. Die Versionen ließen sich nicht zu einem einheitlichen Bild zusammenfassen. Einem Reiseführer zufolge waren indonesische Schiffe die Hölle zu Wasser, Tiefpunkt der Verkommenheit, dreckig und verpestet. Ein anderer sah in ihnen Oasen der Ruhe. Ein Reisender behauptete, auf Teerstraßen gefahren zu sein, die ein anderer für abgeschafft erklärte. Reiseführer waren ebensosehr Phantasieprodukte wie Stipendienanträge. Wahrscheinlich hatte sie mein Holländer geschrieben. Hinzu kam das Problem, daß man die Wertmaßstäbe der Autoren nicht kannte. Was dem einen als solide galt, erschien dem anderen »unverschämt teuer«. Am Ende blieb nichts anderes übrig, als hinzufahren und selber zu sehen.

In einem bestimmten Stadium erscheinen Landkarten unverzichtbar. In Wirklichkeit vermitteln sie einem nur das trügerische Gefühl zu wissen, wohin man fährt.

Die Verkäufer in der Landkartenabteilung sind die echten Exzentriker des Buchhandels – Leute mit Strubbelhaar und hoch in die Stirn geschobener Brille.

»Eine Karte von Sulawesi? Charlie, hier ist einer, der 'ne Karte von Sulawesi will.« Charlie starrte mich über einen Stoß Landkarten hinweg an. Offensichtlich kam nicht jeden Tag einer mit der Sulawesi-Nummer vorbei. Charlie war der Typ, der die Brille bis auf die Nasenspitze herunterschiebt.

»Kann ich nicht mit dienen. Hätten selbst gern eine. Kann Ihnen mit einer holländischen Vorkriegskarte dienen, auf der nichts drauf ist. Die Indonesier haben das Copyright, wissen Sie. Angst vor Spionage. Oder Sie können ein Meßtischblatt der amerikanischen Luftwaffe haben, aber es besteht aus drei Blättern, sechzig Zentimeter im Quadrat. Herrliches Stück Kartographie.«

»Ich hatte mir etwas Handlicheres erhofft.«

»Wir können Ihnen mit einer politischen Karte von Ostmalaysia dienen. Am unteren Rand sind auch noch die physikalische Karte vom restlichen Borneo und zehn Zentimeter vom südlichen Sulawesi drauf, um das Quadrat auszufüllen. Aber ich nehme an, das wird Ihnen nicht viel nützen, wenn Sie sich weiter als zehn, zwanzig Kilometer von der Hauptstadt entfernen wollen. Wir können Ihnen mit einem Straßenplan der Hauptstadt nebst Verzeichnis dienen.«

Ich sah es mir an. Wie oft hatte ich schon solch großartige Labyrinthe aus Straßen und Alleen studiert, die sich dann vor Ort als heiße, staubige kleine Dörfer entpuppten, mit einer einzigen ernstzunehmenden Straße.

»Nein. Ich glaube nicht. Übrigens, der Name hat sich geändert. Die Stadt heißt nicht mehr Makassar. Sie heißt Ujung Pandang.«

»Aber ich bitte Sie, mein Herr«, sagte Charlie tief gekränkt. »Das ist eine Karte von 1944.« Es stimmte. Das Straßenverzeichnis war in Holländisch.

Da das Geld wie üblich knapp bemessen war, mußte man nun bei den Billigmaklern nach einem preiswerten Flugticket herumtelefonieren. Daß man ein Ticket nach Sulawesi bekam, stand füglich nicht zu erwarten. Das Beste war, es bis Singapur zu schaffen und dort weiterzusehen.

Erstaunlich ist nicht, daß die Tarife von einer Gesellschaft zur anderen variieren, sondern daß es praktisch unmöglich ist, für ein und denselben Flug ein und derselben Gesellschaft ein und denselben Preis zu zahlen. Je mehr sich die Verhältnisse klärten und je weiter die Preise nach unten gingen, um so obskurer und aufschlußreicher wurden die Namen der Fluggesellschaften. Bei Finnair hatte man Flugzeuge vor Augen, die sich von Zauberhand in Luft auflösten. Madair war teuer, aber ließ an einen Ausbruch wilden Abenteurertums denken. Schließlich entschied ich mich für eine Fluglinie der dritten Welt, von der es hieß, sie sei »in Ordnung, vorausgesetzt, der Start klappt«. In einer Dachkammer über der Oxford Street hatte ich ein Stelldichein mit einem nervösen kleinen Mann, der aussah wie ein Demonstrationsobjekt für die verheerenden Folgen von Streß – ein verschrumpeltes Nervenbündel, nägelkauend, kettenrauchend. Er saß mitten in einem riesigen Haufen Papier neben einem Telefon, das ständig klingelte. Ich bezahlte mein Geld, und er fing an, das Ticket auszuschreiben. Klingeling.

»Hallo. Was? Wer? Mein Gott. Aha, ja, gut. Das tut mir leid. Das Problem ist, daß um diese Jahreszeit alle Welt nach Osten reist, deshalb wird es tatsächlich schwierig sein, einen Platz zu bekommen.« Es folgten fünf Minuten besänftigenden Einredens auf einen Gesprächspartner am anderen Ende der Leitung, der offenkundig höchst verärgert war. Dann legte er auf, verbiß sich in seine Nägel und fuhr mit dem Ticketschreiben fort. Schon klingelte das Telefon wieder.

»Hallo. Was? Wann? Mein Gott. Ja, also. Das Problem ist, daß um diese Jahreszeit alle Asiaten nach Westen reisen, deshalb wird es Schwierigkeiten machen, einen Platz zu bekommen.« Erneut fünf Minuten besänftigende Laute. Er sog wild an einer Zigarette. Klingeling.

»Hallo. Was? Mein Gott. Es tut mir leid. Das ist in all den Jahren, die ich im Geschäft bin, noch nie vorgekommen. Selbstverständlich habe ich das Ticket an Sie abgeschickt.« Er wühlte in einem dicken Stoß Tickets, steckte eines in einen Umschlag und kritzelte eine Adresse darauf.

»Das Problem ist, daß um diese Jahreszeit der größte Teil der Postbelegschaft in Urlaub ist, da kommt es zu Verzögerungen.«

Ich steckte mein Ticket ein und verließ mit den düstersten Vorahnungen das Büro.

Und so war ich bei meiner Depression vor Reiseantritt angelangt. Nachdem ich mit dem Insektenpanzerrucksack auf dem Rücken einmal die Runde durchs Zimmer gemacht hatte, packte ich ihn wieder aus und reduzierte den Inhalt auf die Hälfte. Die Mühe hätte ich mir sparen können. Als ich zum Flughafen kam, war im Flugzeug kein Platz frei und der nächste Flugtermin erst in einer Woche. Ich rief den dauergestreßten Menschen vom Reisebüro an.

»Was? Wer? Also das ist noch nie passiert, seit ich im Geschäft bin. Das Problem ist, daß um diese Jahreszeit die außerplanmäßigen Flugzeuge durch den Monsun aufgehalten werden. Aber Sie erhalten eine vollständige Kostenrückerstattung. Ich bin schon dabei, sie in den Umschlag zu stecken.« Als der Scheck mehrere Wochen später eintraf, war er ungedeckt.

Man sagt, daß jeder positive Begriff sein negatives Gegenstück braucht, um schärfer bestimmt zu sein und im Gesamtsystem der Dinge seinen fest umrissenen Ort zu haben. Vielleicht ist im System der Fluglinien dies die Aufgabe von Aeroflot – eine Art antithetische Fluggesellschaft zu verkörpern. Anstelle von verweichlichten Stewards derbe, schnauzbärtige Wärterinnen, statt preziös luftigen Küchenkreationen gebratene Hähnchen. Zwischen London und Singapur wurden uns fünfmal Brathähnchen aufgetischt, mal warm, mal kalt, aber stets als solche identifizierbar. Um nicht mein Gepäck wieder nach Hause schleppen zu müssen, hatte ich mich für den einzigen billigen Flug an diesem Tag entschieden – mit Aeroflot.

Der Luftzufuhr hatte man irgendeine merkwürdige Duftnote beigemengt, die an Nelkenöl erinnerte. In der Toilette – einem absolut papierfreien Ort – war dieser Geruch besonders penetrant, mit dem Ergebnis, daß die Besucher rotgesichtig und nach Luft schnappend aus ihr herauskamen. In Augenblicken, wo das Flugzeug großen Belastungen ausgesetzt war, wie etwa beim Landemanöver, sah man durch Ritzen in der Decke kalte Luft hereinströmen, wie von Trockeneis bei einer Theateraufführung. Das versetzte die Japaner in Schrecken, die dachten, es sei ein Feuer ausgebrochen. Als sie wimmerten, wurden sie von einer Wärterin auf Russisch angebrüllt. Das beruhigte sie zwar nicht, brachte sie aber zum Schweigen.

Nur in Moskau, als wir das Flugzeug wechselten, waren wir vor dem Ansturm der Brathähnchen sicher. Nachdem wir spät am Abend dem Dunstkreis des Nelkenöls entstiegen waren, ließ man uns auf der Treppe unter Zwanzigwattbirnen wie vor einem kommunalen Bordell Schlange stehen. Wärterinnen liefen zwischen uns herum und riefen in Antwort heischendem Ton: »Lusaka!« Oder hieß es »Osaka«? Japaner und Sambianer waren ohne rechte innere Überzeugung bemüht, sich gegenseitig wegzudrängen. Unsere Tickets wurden sorgfältigst studiert, unsere Gepäckstücke durchsucht. Ein finster dreinblickender junger Mann prüfte unsere Pässe und bewegte die Lippen, während er Zeile um Zeile entzifferte. Wir mußten Hüte und Brillen abnehmen. Bei mir wurde die Körpergröße nachgemessen, um sie mit der Eintragung in meinem Paß zu vergleichen. Ich kann heute noch nicht glauben, daß die Angaben übereinstimmten.

Das Mädchen hinter mir war Französin und eine Schwatzbase, die unbedingt ihre Lebensgeschichte loswerden mußte. Sie ging nach Australien, um dort zu heiraten. »Ich denke, es wird schon alles werden, wenn ich erst da bin«, sagte sie tapfer. Humoristisch veranlagt, wie sie war, fand sie die Meßaktion ausnehmend komisch. »Werden Sie für den Sarg vermessen?« fragte sie munter. Dem finsteren jungen Mann mißfiel ihre Leichtfertigkeit, deshalb schickte er sie ans Ende der Schlange zurück. Man kam sich wie in der Schule vor. Tatsächlich erinnerte der ganze Transitbereich an triste Schultage in der Nachkriegszeit. Strenge Damen rollten abgestoßene cremefarbene Emailwägelchen herum; ihre fleischigen Gesichter waren die personifizierte Mißbilligung. Keine Frage, hier handelte es sich um die gleichen Frauen, die damals an meiner Grundschule fettiges Hackfleisch ausgeteilt hatten, während sie Rationierungsprobleme erörterten. Bei den kaputten Toiletten mußte ich an die Außenklosetts der Schule denken.

Junge Frauen in olivgrüner Uniform salutierten vor Soldaten, die mit dem Gewehr herumschlenderten und so wirkten, als wären sie in wichtigen Staatsgeschäften unterwegs. Uns Westler durchdrang ein Gefühl von Schuld und Ungeborgenheit. Wir fühlten uns allesamt ungebührlich frivol und albern, wie Leute, die beim Begräbnis kichern müssen. Irgendwann wurden vielleicht auch wir zu so erwachsenen, nüchternen Staatsbürgern wie die Menschen hier.

Alle Läden waren geschlossen; der Run auf russische Schachtelpuppen und Bücher, in denen es um die Kollektivierung in Vietnam ging, mußte also unterbleiben. Unternehmungslustigere Gemüter entdeckten treppauf eine Bar, wo man bei einem mürrischen Menschen, der kein Wechselgeld hatte, Sprudel kaufen konnte.

Jeder von uns hatte ein Pappschild erhalten, auf dem »Esen 9.00« geschrieben stand. Es gab einen Bereich mit Tischen und Stühlen; dort setzten wir uns alle hin und machten einen zunehmend heimatloseren Eindruck. Um zehn Uhr tauchten die Schulspeisungs-Damen auf. Nachdem sie ihre Kopftücher gerichtet hatten, schritten sie zur Tat. Aber leider gab es für uns kein Hackfleisch. Vielmehr servierten sie sich selbst in aller Ruhe ein üppiges Mahl, das sie vor unseren hungrigen Augen schmatzend und mit sichtlicher Befriedigung verzehrten. Hähnchen waren diesmal offenbar nicht im Spiel. Die Damen verschwanden und zelebrierten hinter der Bühne eine langgezogene Tellerklapper-Orgie. Kurz vor dem planmäßigen Abflug unserer Maschine stürmten sie mit den emaillierten Servierwägelchen triumphierend auf die Szene. Eine servierte uns zwei Brotscheiben, eine Tomate und schwarzen Kaffee, während zwei andere uns zusammenscheuchten und in Gruppen packten, um die Tickets zu kontrollieren. Als wir bereits jede Hoffnung auf mehr begraben hatten, servierte man uns einen einsamen Keks auf herrlichem Porzellan.

Unter uns, auf dem Platz vor den Flugsteigen, war eine lebhafte Kabarettvorstellung im Gang. Zwei Touristen, dem Ton nach Engländer, trommelten gegen die Glastür des Einreisebüros. Sie versuchten, die Tür aufzustoßen. Sie zogen an ihr. Sie begriffen nicht, daß es eine Schiebetür war.

»Unser Flugzeug!« schrien sie und deuteten auf ein Objekt direkt hinter der Fensterscheibe, bei dem es sich in der Tat um ein großes Flugzeug handelte. Man sah Passagiere an Bord gehen. Ein dicklicher Beamter in einer sackleinenen Uniform stand mit dem Rücken zu ihnen, starrte aus dem Fenster und war beharrlich bemüht, den Krach zu ignorieren, den sie machten.

»Sie haben angerufen, wir sollen zum Flughafen kommen«, schrien sie. »Wir warten seit einer Woche auf ein Flugzeug.«

Schließlich ging ihm der Aufruhr auf die Nerven; er schob die Tür einen Spalt weit auf und stierte sie an wie ein Wohnungsinhaber, den man in aller Herrgottsfrühe aus dem Bett geklingelt hat. Sie streckten ihm die Tickets entgegen, um sich zu legitimieren. Das war ein Fehler. Er nahm sie, schloß und verriegelte in aller Ruhe die Tür, deponierte die Tickets auf dem Rand seines Schreibtischs und nahm seine friedliche Betrachtung des Flugzeugs wieder auf. Eine Wärterin tauchte oben an der Treppe auf, machte sich kurz ein Bild von der Lage, zuckte mit den Schultern und ging wieder hinein.

»Rufen Sie jemanden«, flehten die Reisenden. »Unser Gepäck ist in diesem Flugzeug.«

Die Antwort des Beamten bestand darin, ihnen die Tickets unter der Tür zielsicher zuzuschieben und ihnen dann erneut den Rücken zuzukehren. Die Luke des Flugzeugs wurde geschlossen und die Treppe weggerollt. Die Reisenden, von neuerlicher Verzweiflung gepackt, hämmerten gegen die Tür. Der Beamte steckte sich eine Zigarette an. Volle zehn Minuten sahen wir zu, bis das Flugzeug schließlich abhob und entschwebte. Die beiden Reisenden waren in Schluchzen ausgebrochen.

Pharisäer, die wir waren, wandten wir uns ab. Endlich hatte man unser eigenes Flugzeug aufgerufen. Das Moralstück, dessen Zeugen wir geworden waren, hatte uns den Wert der Pünktlichkeit gelehrt. Wir umlagerten die Türen des Flugsteigs wie die Barbarenhorden die Tore Roms. Ab und an tauchte hinter den Glastüren eine Wärterin auf; sofort stürmten wir nach vorn. Sie verschwand wieder, und wir standen da wie die Deppen.

Die Fortsetzung des Fluges brachte keine Erholung, nur neue Brathähnchen. Ein aufgeblasener Inder stolzierte durchs Flugzeug und erzählte jedem, der ihm in die Quere kam, er sei Marineadmiral und reise nur aus Gründen der Sicherheit, nicht aus Sparsamkeit mit Aeroflot. In einem Winkel saß eine gewiefte Globetrotterin und wies alle Hähnchenofferten mit einer Geste des Abscheus von sich, weil sie vorausschauend genug gewesen war, sich mit einigen Sorten Käse und einem guten Laib Brot zu verproviantieren. Zu ihren Füßen stand eine Flasche Wein. Auf dem Schoß hatte sie einen dicken Roman. Das Empörendste war, daß sie sich auch mit Seife und einer Klosettpapierrolle versehen hatte. Wir beäugten sie mit dem unverhohlenen Verdruß, den man auf den Gesichtern alter Leute antrifft, wenn sie hinter den Fensterscheiben ihrer Seniorenheime die Welt draußen beobachten. Als wir vor Singapur zur Landung ansetzten und ein grüngesichtiger Mann beim Gang aus der Toilette ihren Wein umstieß, empfanden wir eitel Schadenfreude.

Singapur. Die Löwenstadt. Ihr derzeitiges Symbol – derzeit deshalb, weil alles in Singapur einem unerbittlichen Prozeß der Umgestaltung und Perfektionierung unterliegt – ist der Merlion, eine kränkliche, zimperliche Mischung aus Löwe und Fisch, die eines Walt Disney würdig ist. Unten am Hafen spie es einen Strahl schmutzigen Gischtwassers aus, nur um von den Touristen dabei photographiert zu werden.

Nach Moskau war die Stadt unverkennbar ein Teil der freien Welt, aber auch hier herrschte Ruhe und Ordnung. Die Sozialcharta des Stadtstaats beruft sich auf den Kolonialbeamten Raffles, dessen Namen alle möglichen Plätze auf der Insel führen. Des eigentlichen Gründers, Heilsbringers und despotischen Wohltäters der Stadt, Lee Kuan Yews, wird hingegen nirgends gedacht. Singapur ist eine Republik, die Lee Kuan Yew zum König hat. Britische Namen wurden überall beibehalten. Den Luftwaffenstützpunkt zu besuchen macht Spaß. Chinesische Offiziere sitzen vor Bungalows, die Namen wie »Dunroamin« tragen und an Straßen liegen, die »The Strand« und »Oxford Street« heißen. Singapur hat sich nicht bemüßigt gefühlt, seine koloniale Vergangenheit auszumerzen; sie ist wie alles andere problemlos integriert worden.

Auch wenn das Gemeinwesen vom Namen Lee Kuan Yews nicht widerhallt, von seiner Persönlichkeit ist es auf allen Ebenen durchdrungen. Straßen darf man ausschließlich an Ampelanlagen überqueren, andernfalls zahlt man 500 Dollar Strafe; Ausspucken und das Wegwerfen von Abfällen kostet ebenfalls 500 Dollar Strafe. Man ist hier überzeugt davon, daß sich alle Probleme durch ständig neue Vorschriften lösen lassen. Wie in Moskau ist auch hier das autoritäre System der Schule nachgebildet. Natürlich nicht den Brutstätten des Lasters, der Gewalt und des Verbrechens, als die sich die heutigen britischen Schulen präsentieren, sondern den seltsam sittenreinen Instituten der Nachkriegsjahre. Die öffentlichen Orte sind adrett und gepflegt, jedes Fleckchen Erde wird zur Parkanlage. In den riesigen, einschüchternden Mietskasernen funktionieren sämtliche Lifts und sind makellos sauber. Unerklärlicherweise verzichten die Singapurer darauf, ihr eigenes Nest zu beschmutzen. Sogar die öffentlichen Fernsprecher funktionieren. Der Gegensatz zur schmuddeligen, mutwillig demolierten Londoner Innenstadt ist umwerfend.

Singapur ist vor allem eine Stadt, die sich dem Broterwerb verschrieben hat. Der Fleiß der Singapurer wird allgemein gerühmt. Aber es ist eine seltsame Art von Gewerbefleiß; seine Haupterscheinungsform sind Händler in Einkaufszentren, wo sie zwischen Waren hocken, deren Herkunftsland Japan ist und deren Käufer vornehmlich aus westlichen Ländern kommen.

Sogar nach britischen Maßstäben ist die Unverschämtheit der Verkäufer verblüffend – und das trotz einer »Lächel«-Kampagne Lee Kuan Yews. (Auch hier wieder fällt einem die Schule ein – der Direktor, der vor versammelter Mannschaft aufsteht, um »ein paar Worte über den allgemeinen Mangel an Frohsinn in der Schule zu sagen«.) Das Englisch, das man spricht, ist etwas ganz Besonderes. In dem Vielsprachengemisch der Chinesen, Inder und Malaien scheint manchem die Muttersprache überhaupt abhanden gekommen zu sein.

Ich wohnte bei einer malaiischen Familie in einem der vielstöckigen Wohnblocks aus Stahl und Beton, die an die Stelle der alten Holzhütten getreten sind, in denen die Malaien früher in unhygienischer Gemütlichkeit lebten. Der Staat sorgt dafür, daß die Mieter rassisch gemischt sind. Im einen Flügel des Blocks leben die Inder, im anderen die Chinesen. Die Korridore sind erfüllt vom Duft konkurrierender Gewürze und Weihrauchgaben für die verschiedenen Götter. Die Treppenhäuser durchzieht ein vielsprachiges Schnattern und Grummeln. Drinnen wohnen fünf Erwachsene und zwei Kinder in drei kleinen Zimmern mit Küche, alles tadellos sauber. Ins Hotel gehen? Unsinn. Hier ist genug Platz. Sie gehören gewissermaßen zur Familie.

Die Gastfreundschaft der Malaien ist überwältigend. Lästig ist nur die Pflicht, dreimal mehr essen zu müssen, als man eigentlich möchte.

Für mich war es der erste Versuch mit der indonesischen Sprache – oder jedenfalls einer Sprache, die dem Indonesischen sehr nahekommt. Malaiisch und Indonesisch stehen im selben Verhältnis zueinander wie Englisch und Amerikanisch. Im Fernsehen konnte man Sendungen sowohl aus Singapur als auch von jenseits des Dammes empfangen, der Singapur von Malaysia trennt. Aus dem Singapurer Fernsehkanal drang nur gute Kunde. Schlechte Nachrichten waren eine ganz und gar ausländische Erfindung. Die Singapurer zeigten sich im einträchtigen Vielvölkerfortschritt begriffen. Da schau – die neue Untergrundbahn. Sieh da – neues Land wird dem Meer abgerungen. Auf dem malaysischen Kanal stellten dunkelhäutigere, gutaussehende

Menschen muslimische Tugendhaftigkeit zur Schau. Die Nachrichten aus dem Ausland drehten sich um Mekka und neue Moscheen. »Sind Sie sicher, daß diese Apfelsinen keine israelischen sind?« fragte jemand hinter mir.

Telefonanrufe innerhalb der Stadt sind kostenlos. Binnen zehn Minuten hatte ich einen Flug nach Jakarta gebucht, zu einem Drittel des Preises, den ich in London bezahlt hätte. Ich fing an, mich wie ein Tölpel aus der Provinz zu fühlen.

Wir machten es uns gemütlich, um ein malaiisches Melodram anzusehen, das von Ehefrauen handelte, die sich empörend wenig Zwang antaten und ihren tugendhaften Männern Hörner aufsetzten, während diese bei Gericht beschäftigt waren. Den ehebrecherischen Akt symbolisierte die zufallende Schlafzimmertür.

»Hört nur, wie sie lacht, die Schlampe. Von Keuschheit keine Spur.«

»Schau. Jetzt raucht sie. Wah!«

Unglücklicherweise konnte ich kein einziges Wort des Films verstehen. Aber der Ethnologe wird von Kindesbeinen an darin geschult, öde Seminare, langweilige Konferenzen, unverständliche Vorträge durchzustehen. Meine Geduld wurde belohnt. Nachdem sie ihrem armen Mann viel Übles zugefügt hatte, deckte der Radscha die Untaten der Frau auf. Das Gericht sprach einen Dialekt, der dem Indonesischen nahe genug kam, um für mich verständlich zu sein. Das ganze Ausmaß ihres Verbrechens wurde endlich offenbar. Sie hatte den Reis entwendet, den sie für ihre Stiefkinder erhalten hatte, und Parfüm dafür gekauft. Wah!

Das Handelszentrum Singapur ist eindeutig ein Ort, wohin die westlichen Besucher kommen, um Asien zu entfliehen. Es ist ein Ort, wo sich Dinge erledigen lassen. Überall Ölhändler, Buchhalter, Rechtsanwälte und Angehörige anderer undurchsichtiger Berufe; sie alle tummeln sich in einem Milieu, das schlimmstes *Dallas* kolportiert. Die ziemlich puritanische Regierung zieht borniert gegen den Geschmack der westlichen Touristen zu Felde und scheint nicht begreifen zu können, daß diese sich fragen, warum sie eigentlich hergekommen sind, wenn man den Schmutz, die irrationalen Bräuche und all das übrige »Lokalkolorit« beseitigt.

Das derzeitige Streitobjekt war Bugis Street, ein Name, der die Lenden manches alten britischen Seemannes erbeben läßt. Die Straße war schlicht wegen ihrer transvestitischen Prostituierten berühmt. Transvestitentum ist eines der großen Motive des Ostens, häufig eine höchst ernsthafte Sache, die manchmal auch in einem religiösen Zusammenhang steht.

In der Bugis Street ging es allerdings ausschließlich um Entspannung und Vergnügen. Die Regierung, aufgebracht durch den »empörenden Exhibitionismus« und stets um ihren Ruf im Ausland besorgt, hatte beschlossen, das Viertel dichtzumachen. Das wurde in den Zeitungen weidlich breitgetreten.

»Wo ist das?« fragte ich die Söhne des Hauses, junge Männer in den Zwanzigern. »Macht es Spaß hinzugehen?« Es folgte eine Beratung im Flüsterton.

»Wir wissen nicht, wo es ist. Wir sind nie dagewesen.«

»Habt Ihr einen Stadtplan?«

»Wir haben keinen Stadtplan. Aber ich werde einen Freund fragen.«

Sie schleppten das Telefon an seiner langen Schnur bis ins Schlafzimmer und riefen an. Es wurden drei Anrufe, begleitet von jeder Menge Erröten.

»Keiner meiner Freunde weiß Bescheid. Sie sind alle Muslime.«

»Habt Ihr chinesische Freunde?«

»Ich will's versuchen.«

Zehn Minuten später waren wir, kichernd vor verschwörerischer Aufregung, unterwegs. Dem Vater hatten wir erklärt, wir wollten uns den beleuchteten Hafen anschauen. Als wir Bugis Street schließlich fanden, stellte sie sich als eine dunkle, schmale Straße mit abrißreifen Gebäuden heraus. Trotz ihrer Enge hatte man Tische und Stühle auf die geteerte Straße gerückt, in unzähligen Buden wurden unter freiem Himmel alle möglichen Gerichte gekocht. Touristenschwärme zogen auf der lüsternen

Suche nach Sensationen die Straße auf und ab. Viele warfen sich mangels anderer Sinnengenüsse aufs Essen. Ich kaufte die drei teuersten Drinks, die ich je erstanden habe. Ein kleines Mädchen im Alter von fünf oder sechs Jahren ging von Tisch zu Tisch und forderte die Touristen auf, gegen einen Einsatz von einem Dollar das Fingerspiel mit ihm zu spielen. Es schnitt überaus erfolgreich ab. Picobello gekleidete malaiische Polizisten patrouillierten auf und ab, die Stirn kraus vor Mißbilligung.

»Warum sind alle Polizisten hier Malaien?«

Die Jungen lachten. »*Alle* Polizisten sind Malaien, abgesehen von den höheren Offizieren. Die Chinesen wollen nicht, daß die Malaien Flugzeuge steuern oder große Geschütze abfeuern können, deshalb stecken sie uns in die Polizeitruppe, wenn wir unseren Wehrdienst leisten.«

Die Touristen langweilten sich offensichtlich. Eine englische Gruppe hatte eine streunende Katze entdeckt und verbrachte den Abend damit, das Tier mit Fisch zu füttern, der zu einem exorbitanten Preis gekauft worden war. Ein Amerikaner brüllte plötzlich: »Schnell Miriam. Da ist einer!« Ein einsamer Transvestit mit Schmollmund schwenkte im engen Lederrock zwischen den Tischen hindurch. Miriam, mit blau getöntem Haar und wildentschlossen, schnellte beherzt durch die Menge und setzte mit der Schmalfilmkamera das »Mädchen« einem regelrechten Sperrfeuer aus. Überall hörte man die Kamerafutterale klickend aufschnappen, während unter vielem Fluchen in zahlreichen europäischen Sprachen über die Blitzlichtfrage nachgedacht wurde. Der Transvestit zog eine große Schau ab, streckte Zunge und Hintern heraus und entschwebte auf seinen hochhackigen Schuhen.

Dann setzten die Zweifel ein. Daß da jemand auf den Strich ging, stand außer Frage, aber das Geschlecht blieb ungeklärt.

»Nur 'ne alte Nutte«, meinte Miriam.

Der Abend wäre ziemlich trist verlaufen und meine muslimischen Freunde wären wohl um die desillusionierende Einsicht nicht herumgekommen, daß Verworfenheit keineswegs Spaß machen muß, hätte nicht ein verhutzelter chinesischer Kellner rettend eingegriffen.

»Sie wollen andelen Dlink?«
»Nein, vielen Dank. Nicht bei diesen Preisen.«
»Psst. Sie wollen schweinisch Foto?«
»Was?«
»Schweinisch Foto. Sie wollen?« Blitzartig tauchten vor dem inneren Auge Bilder vom heißen, staubigen Dienst in imperialen Kontingenten auf, von rotbäckigen Tommies, die an Land stiegen, um die Wunder des Morgenlands zu erleben. Zweifellos handelte es sich um Fotos von Bauchtänzerinnen, von mandeläugigen Schönheiten, behangen mit Silberschmuck und voll wollüstiger Verheißung. Er ließ verstohlen eine Plastikmappe mit Fotos in numerierten Schutzhüllen auf den Tisch gleiten.

Orientalische Männer sind nicht sehr behaart, aber irgendwie hatte man es geschafft, Exemplare mit einer so verschwenderischen Fülle an Körperhaar aufzutreiben, daß es fast schon einem Weißen zur Ehre gereicht hätte. Sie hatten Beine wie Klobürsten, die besonders vorteilhaft zur Geltung kamen, weil die Herren in weiblichen Badekostümen steckten. Viele hielten Federn in der Hand und lächelten affektiert. Sie hatten etwas sehr Trauriges und auch ein klein bißchen Lächerliches an sich, wie die Pin-up-Fotos unserer Großeltern. Es war, als wären sie verzweifelt bemüht, verworfen zu wirken, wüßten aber nicht recht, wie.

Erneut kam eine Polizeistreife vorbei, zwei Malaien mit baumelnden Gummiknüppeln. Sie musterten durchdringend meine Begleiter, beides Landsleute, deren Blicke über das Buch auf dem Tisch glitten. Sie schüttelten den Kopf und gingen weiter. Meine Begleiter sahen ernüchtert und beschämt aus. Abermals verdarb ich die guten Sitten. Es war an der Zeit zu gehen. Als wir aufstanden, streckte Miriam die Hand aus.

»Falls Sie mit den Fotos fertig sind, Schätzchen, würde ich auch gern mal einen Blick drauf werfen.«

2
Geschichte zweier Städte

Die Flughäfen sind es, die uns unvermeidlich die ersten, trügerischen Eindrücke von anderen Weltteilen liefern. Reisebroschüren vermitteln bewußt irreführende Vorstellungen, und damit rechnen wir. Über sie können wir achselzuckend als über bloße Trugbilder hinweggehen. Aber Flughäfen sind etwas *Wirkliches.* Sie fühlen sich echt und erfahrungsträchtig an.

Der Flughafen von Singapur wirkte funktional und effizient, sorgfältig geplant und zweckdienlich. Man gewann den Eindruck, daß ihm ein Kostenvoranschlag zugrunde gelegen hatte und daß pünktlich für ihn bezahlt worden war.

Der Londoner Flughafen Heathrow ist ein einziges Durcheinander, ein prätentiöses Chaos, schwerfällig, unhandlich – ein Schiff auf hoher See, an dem unablässig weitergebaut wird. Die Besatzung bewegt sich am Rande der Unhöflichkeit und schwelgt im Genuß kleinkarierter Machtbefugnisse. Unvergeßlich ist mir eine Szene, die ich vor Jahren miterlebte: wie ein ernsthafter chinesischer Student von einem albernen Einreisebeamten kujoniert wurde, dessen näselnden Middlesex-Dialekt er nicht verstand.

Der neue Flughafen in Jakarta wirkte auf den ersten Blick reizvoll – gebaut wie ein Haus traditionellen Stils, für alle Welt offen. Vom Gesamteindruck her fühlte man sich aber eher an eine von Megalomanie befallene Pizzeria erinnert. Soldaten standen müßig herum, in Uniformen, die so verfänglich knapp saßen, daß man sich fragte, wo die armen Kerle ihr Hände hinstecken sollten. Wenn man ihrem Blick begegnete, erröteten sie und scharrten mit den Stiefeln. Wir mußten uns auf zwei Durchgänge verteilen, einen für die Reisenden mit Visum, einen für die ohne. Ich war ohne. Wir wurden einer nach dem anderen auf Indonesisch gefragt, warum wir kein Visum hatten. Nach kurzem rituellem Zögern wurden alle durchgelassen.

»Warum kein Visum?«

»Weil man mir in der Botschaft in London gesagt hat, ich brauche kein Visum.« Der erste Satz, mit dem ich auf Indonesisch einen Indonesier ansprach. Würde es funktionieren? Von außen macht eine Sprache immer den Eindruck eines wenig überzeugenden Phantasieprodukts. Der Beamte stutzte, runzelte die Stirn und grinste dann über das ganze Gesicht.

»Sehr hübsch«, sagte er und tätschelte mir väterlich den Arm. In diesem Moment wußte ich, daß ich mit Indonesien klarkommen würde.

Hinter der Schranke schrien sich erhitzte, müde Leute im Feuereifer rituellen Feilschens die Kehle heiser. Ein untersetzter Mann mit einer Narbe über dem einen Auge, langem, fettigem Haar und außerordentlich schmutzigen Kleidern machte sich an mich heran. Eindeutig ein Pirat. In Wahrheit erwies er sich als sehr hilfreich. Wir fingen an, den Fahrpreis fürs Taxi auszuhandeln. Als ich mit der Technik, die ich mir in der härteren Schule Westafrikas angeeignet hatte, Gift und Galle zu verspritzen begann, wirkte er entgeistert.

»Bin ich nicht einer wie Sie? Müssen meine Kinder denn nicht auch zu essen haben? Warum stellen Sie eine so beleidigend hohe Forderung?« Und so weiter.

»Also gut«, sagte er. »Der normale Fahrpreis beträgt vierzehntausend.«

Er führte mich zu einem winzigen klapprigen Wägelchen, das sich verlegen zwischen Straßenkreuzern herumdrückte. Ein weiterer Mann, groß und vom Äußeren wenig vertrauenerweckend, stieg ein. In Westafrika hätte mich das nicht sehr froh gestimmt. Zwei gegen einen. An einem verlassenen Ort hält das Auto an. Im Dunkeln zieht jemand ein Messer. Wie üblich fand ich zu keinem Entschluß, wobei mich nicht zuletzt meine mangelhaften Sprachkenntnisse entmutigten. Es ist höchst schwierig, mit Bestimmtheit aufzutreten, wenn man sich nicht ausdrücken kann. Zu spät. Los ging's.

Meine Begleiter unterhielten sich in einer Sprache aus dunklen Konsonanten und gurgelnden Vokalen, die für mich unverständlich war. Es mußte sich um Batawi, die Sprache von Jakarta, handeln. Auf fast höfische Weise wurden wir einander vorgestellt, Zigaretten mit Gewürznelkenaroma ausgetauscht. Lächelnde Gesichter. Ich lernte das Wort für Streichhölzer. Der Fahrer holte zu einer Tirade aus, ich konnte nicht folgen, sah mich erneut zur Sprachlosigkeit verurteilt und täuschte kopfnickend Verständnis vor. Immer wieder tauchte ein bestimmtes Wort auf: *cewek*. Es schien stets in Verbindung mit einem Mißgeschick zu stehen. Was bedeutete es? War es das Wort für Regierung, für Benzinpreis, für eine metaphysische Vorstellung im islamischen Glauben? Irgendwann hatte ich den Eindruck, daß eine Stellungnahme meinerseits geboten war.

»Was ist *cewek*?« fragte ich in dem unsicheren Ton eines Richters, der den Begriff *Jazz* definiert haben möchte. Beide drehten sich um und starrten mich an.

Cewek? Sie hielten die Hände an die Brust, als ob sie Melonen umfaßten, und malten Schlangenlinien in die Luft. Ach so, es war das Slangwort für Frauen. Ich fragte mich, worauf ich mich da wohl eingelassen hatte.

Wir sausten weiter durch die Nacht. Triumphbögen aus Pappe standen am Straßenrand. Der Text kündete von vierzig Jahren Freiheit. Ein Lichtschein am Himmel wies auf die Stadt, die auch von einem schweren, süßlichen Geruch, einer Mischung aus menschlichen Exkrementen, Holzrauch und schlecht raffiniertem Benzin, angekündigt wurde. Flackernde Feuer in der schwarzen Nacht, Güterwagen, ausgebrannte Lastwagen, schemenhafte Gestalten, die in Abfällen wühlten, alleinstehende, verlassene Baracken. Ob ich Indonesien schon oft besucht hatte? Nein, es sei mein erster Besuch. Wo hatte ich dann aber sprechen gelernt? In London. In London, konnte man da so etwas lernen? Ah, das war gut. Ja. Würden englische *cewek* indonesische Männer mögen? Sie wären begeistert von ihnen. Aber waren indonesische Männer nicht zu klein? Klein, aber fein. Wah! Das stimmte. Sie grinsten. Wie war es nun aber mit *cewek*? Wo sollte es hingehen? Nein, nein. Morgen. Ich sei müde. Einfach ein Hotel. Nicht zu teuer.

Sie trugen es mit Fassung. Weitere Zigaretten. Eigentlich rauche ich nicht, aber auf diesem Weg lassen sich gut Kontakte knüpfen. Wir hielten vor einem kleinen Hotel. Ein Informationsaustausch im Brüllton: Voll belegt. Versucht es um die Ecke. Auch da war alles ausgebucht: Versucht es bei dem neuen Haus da oben. Wir hielten an einem gesichtslosen Gebäude mit nackten Glühbirnen vor unverputztem Zement. Es war billig, wirkte kahl, aber reinlich. Wir stiegen die Treppe mehrere Stockwerke hoch. Die Männer vom Taxi kamen mit. Wir kletterten eine Leiter hinauf und langten auf dem Dach an. Hier stand eine kleine Holzhütte mit einem harten Bett und einem Ventilator. Ganz passabel. Die Männer vom Taxi strahlten. Na bitte, sie hatten mich zu einem guten Hotel geführt. Weitere Zigaretten, Händeschütteln.

Das Hotel wurde von Studenten aus Manado geführt, Christen, die chinesisch aussahen und mit dem Eigentümer durch starke, wenn auch undurchsichtige Sippenbande verknüpft waren. Für manche, zumal im Westen, ist das Wort »Student« ein Deckname für ausschweifenden Müßiggang. Bei Piet konnte davon keine Rede sein.

Ich war kaum durch die Tür, da hatte er mich schon am Wickel. Ich hatte den Fehler begangen, mich bei der Anmeldung als Lehrer einzutragen.

»Ich bin Student«, verkündete er mit großem Stolz.

»In welchem Fach?«

»*Filsafat.*« Philsosophie ist im Indonesischen kein sonderlich klar umrissenes Fach. »Ich habe Aristoteles und Sartre und John Stuart Mill gelesen. Ich werde mit Ihnen über meine Doktorarbeit diskutieren. Ihr Titel lautet ›Das Dilemma des Menschen in einer postexistentialistischen Welt‹.«

»Eh. Vielleicht sollte ich erst etwas essen. Wo kann ich hingehen?«

Ich wurde zu einem anderen Ort geschickt, wo junge Männer in einer umfunktionierten Garage Nudeln kochten, während sie abwechselnd auf einer Schreibmaschine tippten.

»Sie müssen entschuldigen. Wir sind Publizistikstudenten, aber wir haben nur eine Schreibmaschine.«

In dem javanischen Glutofen tippten sie, brieten Essen und schwatzten dabei im Dialekt ihrer Heimatinsel Borneo. Sie konnten zwar mich verstehen, ich aber nicht sie. Wenn alle Stricke rissen, kommunizierten sie mit mir auf Indonesisch über die Schreibmaschine.

Es war eine seltsame Gegend, die nach Singapur extrem warm und menschlich wirkte. Häuser der Mittelschicht und ärmlichste Hütten standen nebeneinander. Abseits der Hauptstraßen stieß man auf Gassen, in denen kein großstädtisches, sondern ein dörfliches Leben pulsierte. Kinder wurden erbarmungslos geschrubbt, Mahlzeiten zubereitet, man fristete ein kärgliches Leben. Die Leute winkten dem Fremden zu und lächelten ihn an, obwohl seinesgleichen keine Seltenheit war; sie erschreckten ihre Kinder mit dem Angebot, sie ihm mitzugeben, und lachten, wenn diese darauf zu weinen begannen. Zu jeder Tages- und Nachtzeit wurden nackte Kinder reihenweise zum kommunalen Badehaus geführt. Eine Tafel verkündete der ungläubigen Welt: »Zwei Kinder sind genug.« Essensverkäufer wanderten umher, eine Verrückte rannte durch die Straßen und schnitt Grimassen.

Entlang den Straßenrändern liefen – oder vielmehr standen – offene Abwässerkanäle, die mit Abfällen verstopft waren. Wenn es regnete, flossen sie über, aber monatelang fiel kein Regen. Die Kinder fuhren Bötchen auf den Kanälen. Ein Mann kam und fing Frösche, um sie zu essen. In der Dunkelheit fiel ich in einen der Kanäle. Die Publizistikstudenten waren entsetzt, drückten mir Seife in die Hand und sprachen mir Trost zu.

»Wenn Sie nach Hause gehen, werden wir Sie begleiten, sonst werden Sie von den Transvestiten geschnappt. Die warten vor dem Hotel auf die reichen Amerikaner. Sie sind sehr stark.«

Aber Piet war es, der auf mich wartete, als ich zum Hotel zurückkam. Er hielt mir einen photokopierten Artikel unter die Nase. »Bitte, ich habe Probleme mit Einstein.« Es klang, als wäre Einstein ein aufsässiges Kind.

»Es ist dieser englische Satz hier: ›Der Raum ist unendlich, aber nicht ohne Grenzen.‹ Was mag das heißen?«

Wir schlugen uns eine halbe Stunde lang mit dem Satz herum. Erst dann enthüllte er mir, daß er ein Wörterbuch besaß, das er zusammen mit einem Kühlschrank, einem Telefon und allen anderen Dingen von Wert unter seinem Bett aufbewahrte. Darin befand sich ein ewig wechselndes Vetterngewirr, verschlungen wie Pullover auf einem Wühltisch im Kaufhaus. Sie kamen an, schliefen, zogen wieder ab; ständig standen sie herum und kratzten sich. Nur Piets unermüdliche Wachsamkeit konnte verhindern, daß *cewek* eingeschleppt wurden.

»Wenn mein Onkel hier Frauen entdeckte, würde er uns alle auf die Straße setzen. Einfach so. Er ist ein guter Mann.«

»Ja, das scheint mir auch so.«

Oben auf dem Dach wehte eine leichte Brise, angenehm in der tödlichen Hitze. Aber die Moskitos winselten bereits vor den Fenstern. Es war Zeit, die Schotten dicht zu machen und zu schlafen.

Um 4 Uhr 30 früh wurde ich jäh geweckt, weil jemand in mein Ohr brüllte. Feueralarm? Nein, nur eine Stimme, die aufgeregt verkündete, es sei 4 Uhr 30 westindonesischer Zeit. Offenbar arbeiteten sie mit Lautsprechern.

Ich plierte verschlafen durchs Fenster. Das Minarett einer Moschee ragte dreißig Meter entfernt empor. Die Schallöffnungen eines Lautsprecherpaares waren drohend auf mich gerichtet. Mit lautem Knackgeräusch begann ein anderer Muezzin, Anspruch auf die Lufthoheit zu erheben, dann noch einer. Als um fünf Uhr die Gebete ernsthaft anfingen, war ich die persönliche Zielscheibe von fünf schallverstärkten Moscheen, von wo mir offenbar in der Überzeugung, daß ich besonders errettungsbedürftig war, verschiedene Teile der Heilsbotschaft ins Ohr geplärrt wurden. Die ganze Hütte bebte unter dem Ansturm dieser Frömmigkeit. Nach Beendigung der Gebete wäre der Lärm normalerweise verebbt, aber heute war Freitag und deshalb erfüllten den Luftraum streng vorgetragene Ermahnungen, den Eltern und dem Wort Gottes Gehorsam zu erweisen.

Vom Dach aus konnte man beobachten, daß das ganze Viertel unbeirrt seinen Geschäften nachging, vergleichbar den Londonern beim Luftangriff. Von gegenüber, auf der anderen Seite der Straße, winkte der Manager eines mit der Produktion von Hemden befaßten Niedriglohnbetriebs und wies auf seine Kaninchen – eine neue Spekulation. Draußen trieben sich bereits Kinder herum, jagten Tauben und spielten Fußball. Eines von ihnen, das selber aussah wie ein Kaninchen, dem man das Fell über die Ohren gezogen und nur auf dem Kopf eine wilde Haartracht gelassen hatte, wurde unter heftigem Protest von seinem Vater zur Moschee gezerrt. Er grinste zu mir herauf.

»Kommen Sie doch auch.«
»Vielleicht morgen.«

Der Satay-Verkäufer schärfte seine Messer mit einer Begeisterung, als plane er einen Massenmord. Was man sah, waren Menschen, die sich mühsam ihren Lebensunterhalt verdienten.

Hinter mir hüstelte jemand dezent. Es war Piet, noch naß vom Duschen, aber ein großes Buch umklammernd. Richtig, er war ja Christ und ging also nicht zur Moschee.

»Es dauert noch Stunden, bis irgendwer aufhat«, sagte er. »Wir können uns hinsetzen und meine Arbeit zusammen lesen.«

Es verging mindestens eine Stunde, ehe ich das Gefühl hatte, genug Begeisterung und Aufmerksamkeit für ein Werk an den Tag gelegt zu haben, das in seiner großen Gelehrsamkeit von einer obsessiven, scholastischen Klassifizierungswut erdrückt wurde. Ich wußte nicht recht, was ich sagen sollte.

»Sehr gründlich.«

Piet war angenehm berührt.

»Keine Angst. Wir haben genug Zeit, es uns später genauer anzusehen. Diese Fassung enthält nicht alle Zusätze.«

Unten am Fuß der Treppe hatte er eine neue Hausordnung angeschlagen. Offenbar war es nicht mehr erlaubt, geladene Gewehre ins Schlafzimmer mitzunehmen. Er hatte sich auch alle Mühe gegeben, sicherzustellen, daß *cewek* nur eingeführt werden durften, wenn sie nachweislich in ehelicher Verbindung mit dem Importeur standen. Sein Englisch hatte ihn allerdings auf diesem schlüpfrigen Gelände im Stich gelassen. Die Vorschrift lautete: »Es ist verboten, Frauen einzudringen, außer durch ihre Männer.«

Der Tag war für Museumsbesuche geeignet und um erste Kontakte mit der akademischen Gemeinschaft anzuknüpfen.

Am Abend wollte ich den Bus nach Surabaya im Osten Javas nehmen und dort das Schiff besteigen, das mich nach Sualwesi bringen würde.

Alle Welt hatte mir von den geschickten Taschendieben in Jakarta erzählt. Ich gewann den Eindruck, daß die Indonesier von perversem Stolz auf die Gewandtheit ihrer Diebe erfüllt waren, etwa so, wie die Engländer stolz auf die Brutalität ihrer Fußball-Hooligans oder auf die Kaltblütigkeit der Akteure beim Großen Eisenbahnraub waren. Aufgrund der ständigen Warnungen hatte ich mir einen grotesken Bauchgürtel gekauft, in dem sich Geld und die Ausweise verstauen ließen, die einem die amtliche Existenz sicherten. Ich legte den Gürtel zum erstenmal an und machte mich schweißgebadet und dickleibig wie ein zünftiger Kolonialherr auf den Weg.

Den Tag verbrachte ich mit nutzlosen Fahrten kreuz und quer durch die Stadt; ich war in Bussen, in Taxen, zu Fuß und in dem dreirädrigen *bajai* unterwegs, den ein Rasenmähermotor antreibt, der in den letzten Zügen liegt. Überall, wo ich amtlich vorsprach, wurde ich mit ungeheurer Ehrerbietung behandelt und gebeten, mich in ein Gästebuch einzutragen. Wünschte ich allerdings jemand Bestimmten zu sehen, so stellte sich unfehlbar heraus, daß er oder sie noch nicht da oder schon wieder fort oder in einer Besprechung war. Mit ihrer Rückkehr war jeden Augenblick zu rechnen – wann allerdings genau, blieb ungewiß. Eine Dame, mit der ich unbedingt Kontakt aufnehmen sollte, hatte gerade ihr Büro verlassen, wie mir eidesstattlich versichert wurde. In der Folge stellte sich heraus, daß sie seit zwei Jahren in Australien lebte. Ich änderte die Taktik und versuchte, die Leute telefonisch zu erreichen, ehe ich hinging. Das war der Punkt, an dem ich anfing, mich nach den Telefonen in Singapur zu sehnen, die einfach Klick machten, summten und die Verbindung herstellten. Ich reihte mich in eine Schlange vor einer Telefonzelle ein, in der ein Mann von enormer Leibesfülle hingebungsvoll jene Art gemächlichen Tratsch pflegte, der für öffentliche Fernsprechzellen typisch ist. Die Sonne brannte heiß, der Verkehr brauste, Giftwolken verbreitend, vorüber. Ein Polizist trat aus einer nahegelegenen Dienststelle und grinste mir zu. Ich grinste zurück und wischte mir in komischer Übertreibung die Stirn. Er wies mit dem Kopf auf den Mann in der Zelle und mimte mit den Händen vor dem Mund Sprechbewegungen. Ich nickte erneut und er winkte mich zu sich heran.

»Sie können mein Telefon benutzen«, sagte er einladend.

Ich führte mehrere Telefonate und wollte sie ihm bezahlen, aber er winkte ab.

»Nett, Sie kennengelernt zu haben. Willkommen in Jakarta.«

Die ersten Telefonate in einer fremden Sprache sind eine einschüchternde Angelegenheit. Der diffizile Verständigungsprozeß ist beiderseits von Verständnisschwierigkeiten bedroht. Es reicht, daß die Gesprächspartner flüstern oder brüllen, daß sie einen merkwürdigen Akzent haben oder zu schnell reden, daß sie husten oder ein Lastwagen vorbeifährt, und schon bricht das ganze Gebäude zusammen. Beim Telefonieren gibt es gewisse Konventionen. Fast überall auf der Welt beginnt ein Anruf mit »Hallo« oder der nächstgelegenen Entsprechung, die das phonetische System zuläßt. Häufig allerdings ist das keine Begrüßung wie im Englischen, sondern einfach nur eine Art von Rufzeichen; wenn man nicht als unhöflich gelten will, muß man deshalb sofort eine ordentliche Begrüßung anschließen. Als das Telefon in England neu und ungewohnt und die entsprechenden Umgangsformen sich noch nicht endgültig herausgebildet hatten, gab es unterschiedliche Ansichten darüber, ob man einen Anruf mit »Hallo« oder »Ahoi« anfangen sollte. Heute hat sich überall das »Hallo« durchgesetzt. Aber aus dem Konzept kann einen bringen, wenn man den Anruf halb hinter sich hat und plötzlich inne wird, daß man keine Ahnung hat, wie man ein Telefongespräch auf konventionelle Art beendet. Bekundet man seinen Wunsch, vom anderen »bald wieder zu hören«? Schließt man mit einem frohgemuten »Auf Wiedersehen«, obwohl man den Gesprächspartner vielleicht noch nie gesehen hat? Meine ersten Unterhaltungen schleppten sich endlos hin und dauerten weit über den Punkt hinaus, an dem sie hätten abgebrochen werden müssen. Schließlich lernte ich das Wörtchen *da*, »leb wohl«, »fertig«.

Schwierig ist, wie man die Leute anredet. Um mit dem Zeitalter des Funk- und Fernsehverkehrs Schritt halten zu können, haben die Indonesier ein neues Wort für »du« erfunden, das mit einem Schlag alle Probleme löst, vor die einen die Wahl der Anrede stellt, wenn man einem anderen Aug in Aug gegenübersteht und seinem Alter, seiner gesellschaftlichen Stellung sowie seinem Anspruch auf Ehrerbietung relativ zu den eigenen Verhältnissen Rechnung tragen muß. Als ich das neue Wort am Telefon ausprobierte, wurde ich indes allgemein ausgelacht.

Es war Zeit, mich um mein Busticket zu kümmern. Piet löste aus dem Haufen Vettern zwei heraus und beauftragte sie damit, mir Geleitschutz zu geben. Ein neuer Aushang verkündete, daß sich die Zimmerpreise erhöht hatten.

»Das gilt aber nicht für Sie«, sagte Piet. »Sie sind ein Freund.«

Zu den vielen netten Eigenschaften der Indonesier gehört ihre Unfähigkeit zu abstrakten, förmlichen Beziehungen. Außer in den allergrößten Hotels landet man fast unvermeidlich zum Essen in der Küche und schüttet den Tischgenossen sein Herz aus. Binnen einer Woche ist man Mitglied der Familie und teilt alle Sorgen mit ihr. In einer Kultur, in der Familiennamen traditionell weitgehend unbekannt sind, spricht man die anderen normalerweise mit dem Vornamen an und vermeidet damit alle Probleme, die sich bei der Verwendung von Personalpronomen einstellen. Es ist geradezu ein Kunststück, mit jemandem zu reden, dessen Vornamen man nicht kennt, da man Piet, wenn man sich mit ihm unterhält, im Zweifelsfall nicht fragt: »Hast du heute zu tun?« sondern: »Hat Piet heute zu tun?« Die Beziehungen sind im Nu von einem Schwall warmen Gefühls durchtränkt.

In einer fremden Kultur regrediert man rasch in einen Zustand kindlicher Abhängigkeit. Ohne Hilfe die Straße nicht überqueren zu können ist beschämend. Aber ich schaffte es einfach nicht. Das Problem lag nicht, wie so oft, in dem Wechsel von Links- zu Rechtsverkehr. In Indonesien fährt man wie in England links. Es ist vielmehr so, daß die Techniken beim Überqueren völlig andere sind. Bei uns wartet man, bis sich eine

Lücke auftut, und geht einfach hinüber. In Jakarta gibt es keine Lücken. Man bewegt sich vorwärts und tritt mit heranbrausenden Fahrern in Verhandlungen ein. Sie werden gerade so viel langsamer, daß man im Sauseschritt ihre Fahrbahn kreuzen kann, und drücken sofort wieder aufs Gas. Man weiß, wer einen vorbeiläßt und wer nicht – zumindest die Ortsansässigen wissen das. Wenn ein Fremder die Straße überquert, bedeutet das quietschende Bremsen, Entrinnen um Haaresbreite und jede Menge Durcheinander. Während sie mir in aller Seelenruhe die Sehenswürdigkeiten wiesen, geleiteten mich die beiden Vettern durch das Stadtzentrum, als gäbe es überhaupt keinen Verkehr.

»Hier können Sie Eiskrem kaufen, aber es wird Ihnen schlecht davon. All diese Standbilder wurden von Sukarno aufgestellt, dem Begründer der indonesischen Unabhängigkeit. Wir haben Schimpfnamen für jedes von ihnen. Hier ist das Kaufhaus.«

Wir betraten einen gedrungenen Turmbau, der oben mit einer geteerten Plane verkleidet war wie ein Geschenk für ein Riesenkind, das nicht vollständig ausgepackt ist, weil das Kind das Interesse verloren hat. Das Personal bestand fast ausschließlich aus Schulkindern in reinlichen Uniformen. Die Waren in den Regalen hatte man breit ausgelegt, damit sie soviel Platz wie möglich einnahmen. Die Schulkinder stürzten sich voll Eifer auf die paar Kunden und wickelten alles liebevoll ein, sogar Bleistifte. Um einen Kauf zu tätigen, mußte man mindestens drei Etappen durchlaufen. Woran erinnerte mich das nur? Ah ja, an Rußland!

Die Vettern staunten. »Wie haben Sie das erraten? Die Russen haben es für uns gebaut, als man den Kommunismus noch für etwas Gutes hielt.« Wir stürmten weiter und kauften bei einer energischen, tüchtigen Frau in einem blitzsauberen Büro das Busticket. Das Büro lag unmittelbar neben einem Kanal voller Abfälle und Abwässer. Um einzutreten, mußte man über eine tote Katze steigen.

Die Vettern geleiteten mich zurück; bei den Straßen nahmen sie mich an die Hand. Hatte ich die Messe für indonesische

Erzeugnisse gesehen? Nein. Das war gar nicht gut. Dann würden sie mich eben hinführen.

Wir zogen durch den Staub und die Abgase zu dem riesigen Park. Als wir an einer Polizeistation in der Nähe einer Telefonzelle vorbeikamen, winkte ein Polizist. Die Vettern wurden von ehrfürchtigem Staunen ergriffen.

»Er kennt Sie? Warum formt er die Hände zu einem Mund?«

Die Messe sollte den Menschen deutlich machen, wieviele gute Dinge im Land erzeugt wurden, so daß es nicht nötig war, sie zu importieren. Unsereinen erinnerte das an die ziemlich abgeschmackte, altvertraute »Kauft Landesprodukte«-Masche. Überall waren Stände aufgebaut, die alle Arten Schuhe, Kochtöpfe für Reis, Möbel, Zigaretten mit Gewürznelkenduftnote zur Schau stellten. In einer Galerie waren unter der Überschrift »Traditionelle indonesische Kultur« überaus abstoßende moderne Schnitzereien aus Irian Jaya ausgestellt. Und doch machte den Menschen das Ganze offenbar größeren Spaß als ein Vergleich mit entsprechenden vaterländischen Veranstaltungen im Westen hätte erwarten lassen. Essen und Trinken wurden genossen. Ein Pop-Festival lief auf vollen Touren und wurde durch den Totalausfall der Mikrophone nur noch unterhaltsamer. Kinder ließen sich mit aufgerissenen Augen von Traktoren auf großen Brettern herumschleppen. Überall stieß man auf Modelle und Planungen. Die Indonesier sind augenscheinlich sehr geschickt darin, Modelle und Pläne anzufertigen. Eine ganze Phantasiewelt aus Gebäuden und Entwicklungsvorhaben sproß in Schaukästen aus Plexiglas.

In den Straßen verkauften junge Männer Kappen mit dem vogelköpfigen Halbgott Garuda, die aus Pappe und Flitterkram bestanden und mit purpur und grün gefärbten Federn geschmückt waren. Ich wählte eine schmucklose Form. Die Federn erinnerten gar zu sehr an Bugis Street. Die Wirkung war überwältigend. Zwei Schwingen, die eine golden, die andere rot, entfalteten sich über der Stirn des Kappenträgers. In der Mitte ragte der Kopf eines angriffslustigen Raubvogels empor – der Schnabel aufgerissen und bereit, Schlangen und anderes Ungeziefer zu zerreißen. Ein gesetzter indonesischer Herr, der einen ähnlichen Kopfputz sein eigen nannte, stürmte herbei und forderte mich zu einem gespielten Hahnenkampf heraus. Es war alles höchst albern und vergnüglich.

Als wir gingen, wurden wir von einem sehr hübschen, geradezu engelsgleichen Kind mit schmelzenden braunen Augen und Meckifrisur angesprochen. Es entblößte ein makelloses Gebiß und deutete auf den Hut.

»Geben mir den Hut?« Es fiel mir schwer, ihm seine Bitte abzuschlagen. Ich hatte den Hut eigentlich für Piet bestimmt. Aber das Kind verdarb sich seine Chancen. »Geben mir Geld.« Augenblicklich verhärteten sich die Herzen. Die Vettern machten mißbilligende Geräusche.

»Das ist mein Hut«, sagte ich mit fester Stimme. »Ich habe ihn für einen Freund gekauft.« Aus den schmelzenden Augen wurden Kiesel. Das Kind legte vor Konzentration die Stirn in Falten und artikulierte in perfektem Englisch: »Mister alte Sau.« Es rannte davon und machte noch eine Geste, deren Sinn die Vettern sich weigerten, mir näher zu erläutern.

Es fällt schwer, von schönen Menschen schlecht zu denken, und viele Indonesier sind tatsächlich sehr schön. Das Anfangsproblem bei der Arbeit ist dem in Afrika genau entgegengesetzt. Dort muß man eine anfängliche negative Einstellung überwinden, angesichts einer Kultur, die sich in den meisten wesentlichen Punkten unliebenswürdig präsentiert. Der Wert der eigenen ethnographischen Arbeit bemißt sich daran, wieweit es einem gelingt, solche Bewertungen – man spricht von »kulturellen Vorurteilen« – hinter sich zu lassen. Indonesien hatte mir bis jetzt ein derart heiteres Gesicht gezeigt, soviel warmherzige Freundlichkeit bewiesen, daß es mir schwer fiel, dahinter nach den dunklen Flecken zu suchen, die es mit Sicherheit gab. Die Unterhaltung mit Westafrikanern ist stets ein Kampf. Man ist sich die ganze Zeit über bewußt, daß man um Verständigung ringt, darum bemüht ist, zwischen zwei Welten eine Brücke zu schlagen, alles einer nochmaligen Interpretationsanstrengung unterwirft. Die Indonesier hingegen machten den Eindruck,

»schlicht Menschen« zu sein. Die Interpretation vollzog sich unterhalb der Ebene bewußter Wahrnehmung und war deshalb der Überprüfung nicht zugänglich – eine gefährliche Situation.

Manche Vorfälle sind so unangenehm, daß sie einem noch Jahre später im Fahrstuhl oder mitten auf der Straße oder abends beim Einschlafen plötzlich in den Sinn kommen und einen zusammenzucken oder gar laut aufstöhnen lassen. Für einen dieser Vorfälle gab Jakarta den Schauplatz ab.

Ich hatte mir ausgerechnet, daß ich vor Abfahrt des Busses gerade noch Zeit zu einem Theaterbesuch haben würde. Das indonesische Fernsehen ist sehr schlecht, vielleicht das schlechteste in der Welt. Das hat unter anderem den Vorzug, daß sich das traditionelle Theater nach wie vor bester Gesundheit erfreut. In vielen Städten Javas locken die traditionellen Puppenspiele sowie Musik und Tanz nach wie vor ein großes Publikum an. Ich hatte von einer Truppe des *wayang orang* gehört, einer Theaterform, die wie das Puppenspiel auf alten hinduistischen Texten basierte, bei der aber Schauspieler auftraten. Piet hatte mir dringend geraten hinzugehen.

»Es ist faszinierend. Besonders gut sind die Frauen, aber sie werden von Männern gespielt. Sie würden es nie merken.«

Ich nahm mein Gepäck und wollte direkt danach weiter zum Bus. Einer der Schauspieler war über die Maßen freundlich und lud mich ein, hinter die Bühne zu kommen und mir anzusehen, wie die anderen ihr Make-up auflegten. Sie winkten mir munter zu und kicherten, während sie sich gegenseitig mit weißer Hautcreme beschmierten. In einer Ecke saß einer der Darsteller der weiblichen Rollen und bemalte sorgfältig sein Gesicht. *Wayang orang* stellt extreme Anforderungen an die Physis der Schauspieler, die sich steif wie Puppen bewegen müssen. Manche von ihnen standen kopf, andere wärmten sich wie Kraftsportler auf. Ein kleines Orchester klingelte und klimperte und zog geräuschvoll nach einer Seite ab. Um Höflichkeit bemüht, machte ich dem Frauendarsteller ein Kompliment, wie echt er wirke. Im sicheren Bewußtsein, mich in einer reinen Männergarderobe zu befinden, bemerkte ich, daß seine Brüste außerordentlich überzeugend seien.

Plötzliche Stille im Raum. Der Darsteller lief blutrot an.

»Hören Sie«, sagte einer der Männer ruhig, »Sie sprechen mit meiner Frau.« Ich stammelte Entschuldigungen und floh auf die andere Seite der Bühne; insgeheim schwor ich mir, Piet zu erdrosseln, sobald ich ihn wieder traf. Ich fühlte mich furchtbar, wie ein derber, klobiger Westler von der schlimmsten Sorte. Ich konnte mich auf das Stück nicht konzentrieren und war froh, als es Zeit war zu gehen.

Der Bus hatte Klimaanlage und getönte Glasscheiben. Jenseits der Scheiben winkten mir die Vettern mit Tränen in den Augen Lebewohl. Sie waren gekommen, mich zu verabschieden. Neben mir saß ein Franzose, einer von der strengen, asketischen Sorte, ein Rationalist und Jünger der Selbstkasteiung. Er wollte einen Bericht über indonesische Kliniken schreiben; ein absoluter Langweiler.

Das Glas raubte den Farben alle Leuchtkraft und überzog alles mit dem matten Grauschimmer eines englischen Wintertages. Die Kälte der klimatisierten Luft verstärkte diesen Eindruck, so daß es einem absurd vorkam, auf Marktstände mit Bananen und staubige Straßen hinauszusehen statt auf regennasse, glitschige europäische Autobahnen.

Beim Einsteigen wurde uns eine kleine Schachtel überreicht, die parfümierte Milch und ein leuchtend rosa, gelb und grün gefärbtes Küchlein enthielt. Der Franzose lehnte ab.

»Die Farbstoffe sind garantiert giftig.«

Die Sitze waren asiatischen Körpermaßen angepaßt; wir zwei aus dem Westen hatten Mühe, unsere Beine unterzubringen.

Es gab eine Zeit, da erklärten die Ethnologen praktisch alles auf der Welt mit Entbindungspraktiken, ob es sich nun um die Russische Revolution oder um die Scheidungsrate handelte. Selbstverständlich erfreute sich diese Erklärungsmasche in Amerika größerer Beliebtheit als in Großbritannien, wo man sie als typisch amerikanische Neunmalklugheit abtat. Als Student hatte ich gelernt, mich darüber lustig zu machen, wenn Heftigkeit auf Wickelpraktiken und Unsicherheit auf eine zu rigide Sauberkeitserziehung zurückgeführt wurden. Aber irgendwie gewann man den Eindruck, daß die Indonesier all diese Bücher gelesen hatten und fest an sie glaubten.

Von klein auf werden die Kinder mit Hilfe eines schweren, starren, zylindrischen Kissens beruhigt, das als Holländerfrau bezeichnet wird. Wenn die Kinder quengelig sind, werden sie um solch ein Kissen herumdrapiert und sollen es drücken, bis sie eingeschlafen sind. Insbesondere von jungen Männern wird erwartet, daß sie bis zur Heirat mit solch keuschen Bettgenossen kuscheln. Verheiratete dienen sich wahrscheinlich gegenseitig als Kissenersatz, wenn sie eng umarmt schlafen. Das hat Folgen. Wenn Indonesier nichts zu kuscheln haben, ähnlen sie Pfeifenrauchern ohne Pfeife im Mund und sind ebenso rastlos und unaufmerksam wie diese. Auf den Straßen sieht man sie sich unterhalten und währenddessen an Laternenpfähle, Mauerecken, den Kotflügel ihrer Autos drücken oder notfalls einander umarmen. Ihr Kuschelbedürfnis ist unverkennbar.

Sobald der Bus abgefahren war, kuschelten die Reisenden sich aneinander und fielen in Schlaf. Wie bei dem Haufen Vettern oder einem Wurf Hundebabies verflochten sie die Beine und betteten ihren Kopf auf die Brust des Nachbarn. Leute, die einander offensichtlich fremd waren, räumten sich, um zu schlafen, Kuschelfreiheiten ein. Der Franzose und ich dagegen saßen steinern nebeneinander, bemüht, jede Berührung der Knie zu vermeiden.

Zu schlafen wäre mir ohnehin schwergefallen. Der Fahrer legte los, daß einem Hören und Sehen verging, fuhr eisern in der Straßenmitte, überholte in unübersichtlichen Kurven und drängte den Gegenverkehr von der Fahrbahn. Gelegentlich stieß er auf einen Gesinnungsgenossen, einen Lastwagenfahrer, der ihm mit der gleichen Strategie entgegenkam. Sie rasten mit halsbrecherischer Geschwindigkeit aufeinander los und zollten erst im allerletzten Augenblick mit einem wüsten, schwindelerregenden Schwenk ihrer Geistesverwandtschaft Tribut.

Auf einem Fernsehschirm flimmerte ein einheimischer Filmstreifen. Die Zuschauer gingen begeistert mit; ein Attest versicherte eigens, daß er für islamverträglich befunden worden war. Mir bereitete er ausgesprochenes Unbehagen, da er mich an jüngste Ereignisse erinnerte.

Die Geschichte war außerordentlich komisch und handelte von den Geschicken einer Familie, deren ehrwürdiges Oberhaupt zahlreiche Dienstboten mit niedrigen Instinkten, einen Schwarm mannbarer Schwesternschülerinnen und – wie üblich – eine transvestitische Hausangestellte, eine Kreuzung aus Boxer und Dame, unter seinem Dach beherbergte. Eine Dienerin war schwanger, der Erzeuger unbekannt und als Komplikation kam hinzu, daß aufgrund eines sprachlichen Mißverständnisses alle der Meinung waren, der Transvestit erwarte das Kind.

Der Bus hielt zu einer Essenspause. Die Reisenden entknäulten sich und stiegen aus. Das Essen war schlicht und einigermaßen bekömmlich, aber was eigentlich nottat, waren Gelegenheiten, sich zu erleichtern. Der Bus war zwar mit eigenen Toiletten ausgestattet, aber die waren durch mindestens fünf Koffer pro Person blockiert, die im Gang gestapelt lagen. War man erst einmal drin, kam man nur kraft einer ungeheuren gemeinsamen Anstrengung wieder heraus.

Für jemanden aus dem Westen ist es eine komplizierte Aufgabe, in der Öffentlichkeit seine Notdurft zu verrichten, obwohl die dazu nötige Vorrichtung die allereinfachste ist – ein Loch, flankiert von zwei Fußtritten. Wie in der Sowjetunion gibt es kein Papier, aber anders als dort steht Wasser zur Verfügung. Wer Hosen trägt, ist durch die Anlage nicht gerade begünstigt. Indonesier kommen, wie zu erwarten, gut damit zurecht, aber wir aus dem Westen sehen danach gewöhnlich so aus, als ob wir einem wasserwerfenden Scherzbold über den Weg gelaufen wären.

Das Urinieren in der Öffentlichkeit ist für den Mann schwierig und erfordert großes Geschick, sowohl was die Diskretion, als auch was die Reinlichkeit angeht. Nur die linke Hand darf benutzt werden, aber nur mit der rechten darf Wasser zur

Reinigung zugeführt werden. Ich sah mit Vergnügen, daß der Franzose am Ende aussah, als habe man ihn mit einem Schlauch abgespritzt.

Die Reisenden kletterten in den Bus zurück und wickelten sich wieder ineinander. Der Franzose und ich nahmen erneut unsere Wachpostenstellung ein. Wir fuhren in völliger Dunkelheit durch Landschaften, die zu den schönsten der Welt zählen.

Dem Lexikon zufolge ist das englische Wort für Reisen, *travel,* mit dem französischen Wort *travail,* »Kummer«, »Elend«, verwandt. In Surabaya bestätigte sich der Realismus dieses sprachlichen Zusammenhangs. Ich hatte es mir ganz einfach vorgestellt, aus dem Bus zu steigen, aufs Schiff zu wechseln und der aufgehenden Sonne entgegenzufahren. Es sollte anders kommen.

Der Fahrer war eine Stunde zu spät gestartet, langte aber eine Stunde früher in Surabaya an. Wir traten aus dem Bus in eine schattige Dämmerung hinaus; der Hauch von Kühle in der Luft enthielt die Vorahnung eines glühendheißen Tages. Der Mann an der Busstation empfing mich freundlich. Um in die Stadt zu gehen, sei es zu früh; mein Gepäck könne ich dalassen. Ob ich duschen wolle? Erst später bekam ich das ganze Ausmaß seines Entgegenkommens mit. In der Stadt herrschte akuter Wassermangel. Die öffentliche Wasserversorgung war unterbrochen. Wasser mußte für teures Geld von Händlern mit Tankwagen gekauft werden. Hätte ich das gewußt, ich wäre mit dem Inhalt seines Tanks weniger verschwenderisch umgegangen. Es war die übliche Vorrichtung: ein betonierter Raum mit einem Tank voll Wasser, das man sich über den Kopf goß. Aus dem Radio erklang eine Predigt, in der ich die Wörter für »Habgier« und »Wollust« unterscheiden konnte. Die übrigen Laster hatte ich noch nicht gelernt.

Wie üblich fand sich ein Indonesier, der bereitwillig die Bürde des braunen Mannes auf sich nahm und sich um mich kümmerte. Er war ein hagerer, asketischer Mensch, der im Flüsterton sprach. Da ich kein Muslim sei, wünsche ich vielleicht von ihm in eine Kirche geführt zu werden? Oder wolle ich etwas essen? Danach verfiel er in Schweigen; es war unmöglich, ihm noch ein Wort zu entlocken. Die Stille, in der wir aßen, wurde immer drückender. All meine Versuche zu zahlen wies er zurück und zog stolz ein paar Papiere aus der Tasche, die er auf dem Tisch ausbreitete. Es handelte sich um Beschreibungen englischer Plastik-Lichtschalter. Während der Revolution hatte er fast ein Ingenieursstudium abgeschlossen, aber damals gab es so viel Politik und so wenig Geld. Dann war die englische Armee gekommen und hatte die Stadt zerstört, und er war schließlich nicht Ingenieur, sondern Elektriker geworden. Japanische Schalter waren billiger als die englischen, aber die englischen waren besser. Der Damm war gebrochen. Die Wörter ergossen sich sturzbachartig – ein Handwerker erzählte von der Tätigkeit, die er ein Leben lang ausgeübt hatte, erzählte mit Stolz und Begeisterung. Über die Probleme beim Verlegen von Leitungen in Privathäusern wurde ich bis ins letzte Detail informiert; er seinerseits wollte von mir etwas über das Wunder »Zentralheizung« hören. Ich konnte mich nur mit größter Mühe absetzen. Er folgte mir bis auf die Straße. Ach bitte, welche Farben hatten die Leitungsdrähte in England? Hatten die Stecker zwei oder drei Stifte? Ich bestieg eine Fahrradriksha und wurde im Eiltempo davongeradelt, während in der steigenden Hitze Schweißbäche meinen abnehmbaren Wanst zu umströmen begannen. Er stand auf der Straße und winkte mir mit den Papieren Lebewohl.

Als ich versuchte, einen Bus zum Hafen zu finden, nahm sich ein anderer Mann meiner an, ein Ambonese von dunkelfarbigem melanesischem Aussehen – krauses Haar, eine in ihrer Fleischigkeit fast irische Nase: für mich war er vom ersten Augenblick an Pak Ambon. Ich fühlte mich allmählich wie der Stab in einem Staffelrennen. Der Hafen? Der sei nicht ohne, ein Sammelplatz für Diebe. Er komme wohl besser mit.

Von allem, was ich bisher erlebt hatte, kam das Schiffahrtsbüro den ethnographischen Erfahrungen, die ich aus Afrika mitbrachte, am nächsten. Es war voller zwielichtiger Gestalten, die von Polizei überwacht wurden. Aber das waren keine Polizisten, wie ich sie bisher erlebt hatte. Es waren große, hart wirkende, schmallippige Männer mit gezogenen Schlagstöcken; die Stahlhelme, die sie aufhatten, trugen militärische Abzeichen. Sie stürzten sich auf die Leute und verlangten, Papiere zu sehen. Zum ersten Mal roch ich Angst, spürte ich jene lastende Atmosphäre, die in Afrika die staatlichen Ämter umgibt.

Pak Ambon betrachtete die Vorgänge teilnahmslos und spuckte aus: »Die echten Streitkräfte sind in Ordnung. Aber die da...«

Den gut sichtbar ausgehängten Öffnungszeiten zum Trotz waren alle Fahrkartenschalter geschlossen. Ein Polizeiwachtmeister knallte den Schlagstock gegen die Schranke und winkte mich zu sich herüber. Ich mußte mich ausweisen und sagen, was ich hier suchte. Entgegen meinen Befürchtungen stellte sich aber plötzlich heraus, daß man mich offenbar nicht kujonieren, sondern mir helfen wollte. Zu meiner großen Verwirrung wurde ich durch eine Nebentür in das Büro eines Schiffskartenverkäufers geführt. Ein paar Minuten später kehrte ich mit Schafsgesicht und einem gültigen Fahrschein zurück. Die schlechte Nachricht war, daß erst in vier Tagen das nächste Schiff nach Sulawesi fuhr. Die Menge sah mich ohne Groll an. Pak Ambon fand sich wieder neben mir ein.

»Das Übliche wäre, daß Sie dem Wachtmeister einen Tausendrupienschein in die Hand drücken. Die verdienen nicht genug, um davon zu leben.«

Ich faltete einen Geldschein in meiner Hand.

»Vielen Dank«, sagte ich. Ein kurzes Zucken spielte um den Mund des Wachtmeisters, während der Geldschein mit der Schnelligkeit und Grazie eines in die Tiefe schießenden Fisches verschwand.

»Gern geschehen.«

Ich wandte mich zu Pak Ambon, um mich zu bedanken, aber so leicht ließ er sich nicht abschieben.

»Ich kann Sie nicht verlassen, ehe ich Sie nicht in einem ordentlichen Hotel untergebracht weiß. Sie sind ein christlicher Glaubensbruder.«

Es bringt einen immer leicht aus der Fassung, wenn man sich in einem Land wiederfindet, wo der christliche Glaube als ein ernsthaftes Bekenntnis statt als bloße Deckadresse für Gottlosigkeit gilt.

Pak Ambon enthüllte mir nun, daß er in seiner Jugend zur See gefahren war. Er machte kurz bei den alten Seebären, die sich dort herumtrieben, die Runde. Ein Hotel? Sauber? Nicht zu teuer? Nicht lange, so fuhren wir auf der Suche nach einem Hotel, das den hübschen orientalischen Namen Bambusklause trug, wieder in die Stadt zurück. Wie es schien, handelte es sich um eine Kombination aus Hotel und Sprachenschule. Wer seine Rechnung nicht bezahlen konnte, arbeitete seine Schulden ab, indem er Sprachschülern unregelmäßige Verben einpaukte. Dem Geschirrabwaschen war das allemal vorzuziehen.

Es war wie ein Besuch in der Hölle. Heiß, schmutzig, voller Kakerlaken, die sich ihres Herrschaftsgebiets so sicher waren, daß sie an den Wänden sitzen blieben und die Vorübergehenden anfeixten.

Pak Ambon winkte uns fort, und wir begannen eine Tour durch die Hotels. Alle waren unvorstellbar teuer. Ich wollte in keinem dieser Etablissements bleiben, wußte aber, daß ich erst freikam, wenn ich mich irgendwo niedergelassen hatte. Pak Ambon hatte eine Lösung. In der Nähe seiner Wohnung gebe es, schlug er vor, einen Ort. Er befinde sich zugegebenermaßen in einiger Entfernung vom Zentrum, liege am Strand, um genau zu sein; aber er sei schlicht und sauber. Die einzige Gesellschaft seien einfache Fischer. Das klang hervorragend. Wir kletterten auf die Ladefläche eines lastwagenähnlichen Busses und ratterten in einer blauen Auspuffwolke los.

Die kultivierteren Passagiere stiegen einer nach dem anderen aus; an ihre Stelle traten zahlose alte Weiber, die Fischkörbe an sich preßten, und Schulkinder, die verlegen kicherten. Die Häuser wichen Reisfeldern und Ausblicken auf Sandflächen. Plötzlich gab es keine anderen Autos mehr, nur noch Mopeds, die von jungen Männern gefahren wurden – hinten auf dem Gepäckträger jeweils ein Mädchen im Damensitz. Sie winkten uns im Vorbeifahren lachend zu. Wie immer fing ich an, im Geiste ein Wunschbild von dem Hotel zu entwerfen – ich sah es in seiner edlen Schlichtheit am Strand vor mir, genoß die einfache Kost, die man dort servierte, während die Wogen über den goldenen Sand tosten.

Das Hotel war Disneyland auf Indonesisch, ein gewaltiges Bauwerk in schreienden Farben, mit Schießständen, Karussels, großen, verwitterten Gipsmodellen von Mickey Mouse und Donald Duck. Man konnte Eiskrem und Puffmais kaufen. In der Mitte des Ganzen lag ein chinesisches Hotel, eine Reihe von erstickend heißen Wohnwürfeln. Das Ganze war eindeutig als Stundenhotel gedacht. Mag sein, daß noch nie jemand vor mir das Zimmer für einen ganzen Tag gemietet hatte. Aber Pak Ambon und ich, wir wußten beide, daß die Last der von ihm übernommenen Verantwortung und meine Verpflichtung zur Dankbarkeit mir gar keine andere Wahl ließen, als über Nacht zu bleiben. Es fügte sich gut, daß ich mich mittlerweile fiebrig fühlte. Ich mußte um jeden Preis ins Bett. Wir trennten uns mit vagen Versprechungen eines Wiedersehens. Im Zimmer verströmte die Klimaanlage stinkige Luft und Tropfwasser. Mit Kugelschreiber waren auf der Matratze die Reize der ortsansässigen Damen kommentiert. Während ich noch über einige der Ausdrücke nachgrübelte, fiel ich in Schlaf. Als ich erwachte, sah ich ein zwölfjähriges melanesisches Mädchen, das sich lachend über mich beugte. Eine Halluzination? Nicht sehr wahrscheinlich. Ich sagte Guten Morgen. »Guten Abend«, wurde ich verbessert. Dann kam Pak Ambon herein, der einen kleinen, dunklen Jungen an der Hand hielt und etwas trug, das wie ein zusammenklappbarer Kuchenständer aussah.

»Ich habe Ihnen Essen gebracht. Meine Enkel wollten mir nicht glauben, als ich von Ihnen erzählte, deshalb habe ich sie hergebracht, damit sie selber sehen können.«

Das taten sie auch. Sie zogen an den Haaren auf meinen Armen, bewunderten meine große Nase und bedauerten, daß sie selber solche Schnuten hätten. Wir spazierten auf dem klebrigen Schlick, der den Strand bildete, und ich war so unklug zu erwähnen, daß ich mich am nächsten Tag nach einer anderen Bleibe umsehen würde. Pak Ambon blickte niedergeschlagen drein.

»Ich habe Sie enttäuscht. Um welche Uhrzeit soll ich morgen kommen?« Alles Protestieren war vergeblich. »Ich kann Sie nicht einfach im Stich lassen.«

Am nächsten Tag probierten wir es wieder mit meinem Reiseführer. Er führte uns zu einem Hotel, das vor Jahren abgerissen worden war. Pak Ambon entschied, daß die Zeit zum Handeln gekommen war. Er fragte einen Soldaten, der vor einer Bank Wache stand. Der Soldat kuschelte sich an sein Schilderhäuschen und gab uns eine Adresse. Ich war entschlossen, dort zu bleiben, mochte es sein, wie es wollte. Glücklicherweise war es der Ort, nach dem ich die ganze Zeit gesucht hatte, geräumig, kühl, billig. Lächeln, wohin man sah. Pak Ambon lehnte es ab, sich von mir zum Mittagessen einladen zu lassen. Auch die Busfahrt nach Hause mochte er sich nicht bezahlen lassen.

»Sie würden dasselbe für mich tun, wenn ich in England nicht weiter wüßte«, erklärte er. Ich fühlte mich tief beschämt.

Nachgerade begann ich, mit dem Stil der Hotels vertraut zu werden. Das Foyer war voller umgänglicher Nichtstuer.

»Nein, ich arbeite nicht hier. Ich besuche nur meinen Vetter.«

Schulkinder schneiten auf ihrem Weg zur Schule oder auf dem Heimweg herein und starrten auf den Bildschirm des Fernsehers, bis sie ihre Zigarette aufgeraucht hatten. Alle rauchten, sogar die Fünfjährigen. Im Hintergrund lauerte eine verschrumpelte Masseuse. Sie schnappte sich die Vorübergehenden und zermalmte ihnen die Handknochen.

»Ja, das habe ich mir gedacht. In ihre Gelenke ist Luft eingedrungen. Sie brauchen dringend eine Massage.« Arbeiten habe ich sie nie gesehen.

Es war eine heitere, vergammelte Gegend mit stillgelegten Bahngeleisen in der Mitte der Straße. Morgens wurde ein Blumenmarkt abgehalten, abends Kinderkleider und Plastikeimer verkauft. Die Nichtstuer saßen rum und tratschten. Manchmal betrachteten sie kichernd ein riesiges Plakat, auf dem ein froher indonesischer Bauer mit der Hacke über der Schulter forschen Schrittes in eine bessere Zukunft strebte. Darunter stand geschrieben: »Auswanderung. In Irian Jaya erwartet dich ein besseres Leben.« Ich fühlte mich an die Plakate aus meiner eigenen Kindheit erinnert, auf denen für die Auswanderung nach Australien geworben wurde und ein Mann in Bakkalaureusumhang und Badehose ein Diplom umklammerte. In Irian Jaya werde ich es schaffen. Waren die Nichtstuer nicht versucht, dem Ruf zu folgen?

Sie verdrehten die Augen. Hier waren sie zu Hause, hatten sie Freunde und Familie. Die Eingeborenen dort würden sie abmurksen. Hier war es besser.

Am Abend zogen die Männer Sarongs an, die in der Gluthitze viel kühler waren. Die Nichtstuer meinten steif und fest, ich müsse mir auch einen kaufen. Ich wußte, ich war ihnen den Spaß schuldig.

Für die chinesischen Mädchen im Laden war es das Lustigste, was sie seit Monaten gehört hatten.

»Schau mal. Der Puttymann *(orang putih)* kauft sich einen Sarong.« *Putih* ist das indonesische Wort für »weiß«, Puttymann ist also ein Sprachgemisch aus Englisch und Indonesisch, das den chinesischen Mädchen in diesem Fall vielleicht besonders treffend erschien. Sie kicherten.

Die Nichtstuer erwarteten mich, ihre Äuglein strahlten. Sie klatschten vor Begeisterung in die Hände. Der Sarong bescherte ihnen mindestens eine Stunde hysterische Ausgelassenheit. Ich machte offenbar alles falsch. Ich versuchte, hineinzusteigen, statt ihn mir über den Kopf zu ziehen. Er war himmlisch kurz und ließ behaarte Schienbeine und Stiefel sehen. Die Nichtstuer solidarisierten sich mit mir. Für einen Puttymann war er zu kurz. Der Chinese mußte ihn zurücknehmen, dafür würden sie sorgen. Sie kamen mit einem längeren in schreienden Orangetönen wieder. Ich machte ihn fest. Er fiel herunter. Sie befestigten ihn für mich. Er war so eng, daß ich mich nicht hinsetzen konnte. Die bejahrte

Masseuse gesellte sich uns bei, zusammen mit einer alten Dame, die draußen von den Inseln kam und unterwegs nach Mekka war.

»Ich werde auf der Pilgerfahrt sterben. Ich habe Sukarno gekannt. Mein Haus hat einen Wert von fünfundsiebzig Millionen Rupien. Wieviel haben Sie für den Sarong bezahlt? Was? Das ist Diebstahl.«

Fortan sah sie schweigend fern und kaute mit ausdruckslosem Gesicht Arekanuß, während sich auf dem Bildschirm eine nahezu nackte Puttyfrau zu Popmusik drehte und wand. Es war eine Nacht der Textilien. Mein Sarong. Das Fernsehbild war flockig *(ikat)*. Eine gefleckte Katze huschte herein. Zu guter Letzt versuchte ich in meinem Sarong die Treppe hinaufzugehen und fiel auf die Nase. Das fanden sie toll.

*

Mein unzuverlässiger Reiseführer erklärte, Surabya sei in der Vergangenheit von den Touristen ohne guten Grund links liegen gelassen worden. Der Ort verdiene aber mittlerweile mehr Beachtung. Da irrte das gute Buch. Surabaya ist eine heiße Industriestadt von billigster Machart; die Altstadt wurde Ende des Zweiten Weltkriegs von den Briten fast völlig zerstört. Sich mehrere Tage dort zu beschäftigen war harte Arbeit.

Gott sei Dank hatte einer der Nichtstuer eine Idee: einen Besuch im Zoo. Normalerweise habe ich mit meiner typisch englischen Weichherzigkeit gegenüber Tieren für die Zoologischen Gärten in der Dritten Welt nichts übrig. Ich habe in Afrika Zoos besucht, wo die Löwen in winzigen Käfigen feststeckten und man einen spitzen Stock ausleihen konnte, um sie damit ins Auge zu pieken, damit sie brüllten. Gelegentlich können sich die Tiere revanchieren. In einem anderen afrikanischen Zoo hatte man die Bäume im Reptiliengehege nicht zurückgeschnitten, so daß die Schlangen sich von ihnen direkt auf die Zoobesucher stürzen konnten.

Der Zoo in Surabaya war keineswegs unansehnlich. Es gab viele schöne Tiere, die zu ihren Wärtern enge Sozialbeziehungen unterhielten.

Die Architektur ließ auf merkwürdige zoologische Klassifizierungsvorstellungen schließen. Die Elefanten galten offenbar als Muslime und hausten in einer Art Betonmoschee. Die Giraffen waren merkwürdigerweise chinesisch; die Schlaumeier lebten in verrosteten Eisenpagoden. Die Affen stellten Hindus dar und wanderten ewig kleine Stupas hinauf und hinunter. Mein Führer war von alledem hellauf begeistert.

»Hier sind viele Leute«, stellte ich fest.

»Ja, es ist ein Platz für Prostituierte.«

Leider benutzte er den verschleiernden Ausdruck *kupu-kupu malam*, »Nachtfalter«, »Motten«, so daß ich einige Zeit brauchte, bis ich begriff, daß die Hauptattraktion nicht Schmetterlinge waren.

Am schönsten waren die Orang-Utans (das Wort ist indonesisch und bedeutet »Waldmenschen«). Als ihr Wärter kam, stürzten sie sich mit Freudenschreien auf ihn, unschlangen ihn mit ihren langem Armen in einem fast indonesisch anmutenden Bedürfnis nach Körperkontakt und fuhren mit ihm auf seinem Motorrad davon – einer auf dem Lenker, der andere auf dem Beifahrersitz.

Wir gingen über den Markt zurück, wo eines der erfolgreichsten Verkaufsschlager Talkumpuder Marke Lady Diana war, mit der unvermeidlichen Hütehund-Einfassung auf der Dose.

»In der Stadt«, sagte einer der Nichtstuer, »gibt es noch einen anderen Engländer. Er unterrichtet Englisch. Sie müssen ihn besuchen.«

»Also, ich bin nicht nach Indonesien gekommen, um Engländer zu besuchen.«

»Engländer mögen sich nicht? Wie seltsam.«

»Wie heißt er?«

»Godfrey Butterfield MA.«

Godfrey Butterfield MA wohnte in einem Mietsblock in einem leicht verfallenen Teil der Stadt, in dem alte holländische Häuser standen, denen der Schwamm zusetzte. Mit seiner weißen Stukkatur und den schwarzen Fensterläden weckte das Haus vage Tudorstil-Assoziationen. Drinnen gaben nackte Glühbirnen trübes Licht, die Böden waren mit Sisal belegt, alles ließ auf bescheidene Verhältnisse schließen. Ein knarrender Fahrstuhlkorb quälte sich in den fünften Stock hoch. Von einem Treppenabsatz gingen große Türen ab. Einige standen offen, damit für Durchzug gesorgt war, aber vor allen war eine Außentür aus Stahlstangen wie bei Gefängniszellen.

Ein junger Chinese erschien, bekleidet nur mit einem Sarong, der das gleiche Muster hatte wie meiner.

»Haro. Ich Markus. Kommen Sie lein. Setzen Sie sich. Godfley schläft noch. Möchten Sie was tlinken?« Es wirkte fast, als würde ich erwartet. Er schenkte in ein riesiges Glas eine Flüssigkeit und Tonic ein. Aha, kein Gin, sondern Reisschnaps. Ein weiterer Hinweis auf dürftige Verhältnisse. Er hastete in ein anderes Zimmer, man hörte Stimmen; er tauchte wieder auf und machte eine Handbewegung wie ein Conférencier, der einen Auftritt ankündigt.

Godfrey Butterfield MA war ebenfalls in einen Sarong gewandet. Ein Mann in den Sechzigern mit spärlichem grauen Haar. Auf seiner Brust zogen sich Fettringe hinab wie Reisfeldterrassen an einem Berghang. Wenn er ging, wabbelte alles wie ein Frauenbusen. Er griff nach dem angebotenen Glas mit der tonicverdünnten Flüssigkeit, leerte es und streckte es zum Nachfüllen hin.

»Hallo«, sagte er und wirkte alles andere als überrascht. Er hatte die Stimme eines Rauchers, die Hände waren fleckig von Nikotin. In den Kulissen wurde mit Küchengeschirr geklappert. Mit der Übung eines Kohlenträgers, der einen Sack Nußbriketts durch die Kelleröffnung befördert, deponierte Godfrey seine Leibesfülle und zupfte züchtig an seinem Sarong.

Der Sarong war das einzig Züchtige an ihm. Er stürzte sich in einen endlosen Monolog über seine zahlreichen Vorzüge, die segensreichen Auswirkungen des Klimas, dem er seine umwerfend gute Kondition zuschrieb, die Vorteile einer rechten Politik. Eine Antwort schien nicht erforderlich. Das Klappern in der Küche materialisierte sich zu einem zweiten Chinesen, mit Hose und Brille.

»Godfley. Ich glaube, Fleudenkochel in dlei Minuten hochgehen.«

Der Freudenkocher war vermutlich ein weiterer Hinweis auf ärmliche Verhältnisse.

»Also gut«, sagte Godfrey in flottem Ton, »Sie wissen jetzt, woran Sie sind – das hier«, er deutete auf Markus, »ist Frau Nr. 1. Das da«, er wies auf den jungen Mann aus der Küche, »ist Frau Nr. 2. So steht die Sache.« Er forschte in meinem Gesicht nach einer Reaktion und fand keine.

»Setzen wir uns auf den Balkon.«

So stand es also. Trunksucht und Päderastie, das war der biographische Gezeitenstrom, der Godfrey Butterfield MA wie so manchen Eliteuniversitätsabsolventen vor ihm an dieses ferne Gestade gespült hatte.

Godfrey Butterfield MA machte es sich gemütlich und fing an, die Hauptereignisse seines Lebens herunterzubeten. Daß es irgendeinen anderen Gesprächsstoff geben könnte, kam ihm nicht in den Sinn. Die Flüssigkeit seines Vortrags verriet mir, daß er die Geschichte nicht zum ersten Mal erzählte. Während er sprach, hielt er ein Fernglas vor die Augen und beobachtete die spärlich bekleideten Arbeiter, die auf der gegenüberliegenden Seite der Straße an einem großen Mietshaus bauten. Er hatte offenbar auch eine – selten besuchte – Ehefrau im Süden Englands, die er als »die alte Schachtel« titulierte. In diese Gegend war er über die britische Luftwaffe in Singapur gekommen.

»Alle schwul damals. Kenne keinen einzigen, der's nicht war.«

Nach Kriegsende war er zu den Holländern abkommandiert worden und hatte irgendwie die Rückkehr nach Hause verpaßt.

»Da ist wieder der Mann in den roten Shorts.« Ein sehr dunkelhäutiger Mann in Rot schickte sich an, einen Trichter Zement an seinen Ort zu bugsieren. Er grinste und winkte Godfrey zu.

»Toller Bursche!«

Widerstrebend senkte er das Fernglas und faßte mich ins Auge.

»Sie«, sagte er, »sind sicher Lehrer.« Das war nicht als Kompliment gemeint. Er ging und machte sich mit dem Freudenkocher zu schaffen.

Nr. 1 brach zu einer Vorlesung in der Universität auf; er war Student. Nr. 2 beehrte mich mit einem Bericht darüber, wieviele reiche und schöne Menschen schon mit ihm hatten schlafen wollen und abgewiesen worden waren. Godfrey kehrte zurück und rückte uns mit dem Inhalt des Kochers zu Leibe. Irgendetwas war definitiv schiefgegangen mit dem Hühnchen. Es glich saftiger Marmelade, und während wir es verzehrten, erläuterte Godfrey, warum in der Politik eine starke Hand vonnöten sei und worin die Vorzüge eines Königshauses lägen.

»Je länger ich von England weg bin«, erklärte er, »desto klarer wird mir das alles.«

Im Badezimmer stand mit Sicherheit eine Dose Talkumpuder Marke Lady Di. Es war Zeit, mich zu empfehlen und zum Aufbruch zu rüsten. Godfrey ließ es sich nicht nehmen, mich nach Hause zu fahren. Hinter dem Haus parkte ein uralter, aber tadellos erhaltener Mini-Morris, der zwischen den Geheimnissen des Orients fehl am Platz wirkte. Er strömte einen Duft von gewachstem Kunstleder aus. Als wir einstiegen, kam ein junger Mann um die Hausecke. Godfreys Gesicht nahm einen Ausdruck schamloser Lüsternheit an; er wackelte im Bemühen, verführerisch zu wirken, mit seinem riesigen Hintern. Der junge Mann machte einen großen Bogen um uns und blickte in einer Mischung aus Entsetzen und Ungläubigkeit zurück.

»Ah«, sagte Godfrey Butterfield MA, »er war interessiert. Das konnte man sehen.«

3
Eine Seefahrt, die ist lustig

Das Schiff der staatlichen Schiffahrtslinie war eine Überraschung. Es war funkelnagelneu und ohne Fehl. Die Passagiere bildeten eine sehr gemischte Truppe. Auf Anhieb waren mehrere Puttypersonen unter ihnen auszumachen, von denen die jungen im Zwischendeck, die älteren erste Klasse reisten. Daß ich mich für die Mittellage, eine Sechsbettkabine, entschied, schien angemessen.

Die Zwischendeck-Passagiere bewohnten weiträumige Höhlen mit plastikbezogener Polsterung; dort schlummerten sie innig ineinander verknäult oder sahen sich Videofilme an. *Brennendes Inferno* war der Renner. Ihr Essen glich dem unseren; nur durften sie es mitnehmen und verzehren, wo es ihnen paßte, während wir in heißen, muffigen Speisesälen festsaßen, wo die Kellner sich mit Leuten, die in Plastiksandalen erschienen, herumstritten. Bei uns markiert der Schlips die Grenzlinie zwischen Förmlichkeit und Ungezwungenheit. In Indonesien erfüllt das Schuhwerk diese Funktion.

Während wir die erste der vielen Mahlzeiten aus Reis und Fisch einnahmen, die noch folgen sollten, sprach uns ein Kellner mit gesenkter Stimme an.

»Es hat eine Messerstecherei gegeben. Ein Buginese ist erstochen worden. Beeilen Sie sich mit dem Essen. Am Dock wartet *cewek* auf mich.« Wir beugten uns in männlicher Solidarität über die Teller und schlangen das Essen in uns hinein.

Die Passagiere im Zwischendeck waren eine flatterhafte und leicht erregbare Gruppe. In der Mehrzahl handelte es sich um dunkelhäutige Javanesen, die ihre gesamte Habe in Pappkartons mit sich führten; es waren Auswanderer, die in den Wäldern von Irian Jaya ein neues Leben anfangen sollten. Fast niemand von ihnen hatte sich mit zwei Kindern zufriedengegeben. Sie saßen in gedrückter Stimmung gruppenweise beisammen und beobachteten, wie ihre Heimat Java, die ganze ihnen vertraute Welt, auf immer verschwand. Alte Leute weinten. Die Jungen wirkten ängstlich, aber auch aufgeregt, bereit für ein neues Leben; sie summten westliche Schlagermelodien und trugen vorzugweise T-Shirts mit westlichen Slogans, die ihnen unverständlich blieben. Ich fragte mich, wie sie mit der Abgeschiedenheit und Monotonie des Landlebens zurechtkommen würden. Ein lächelndes Mädchen trug ein T-Shirt mit dem Aufdruck »Wütend bist du schön. Ansonsten siehst du aus wie ein Schwein.« Sie bat mich, ihr den Text zu übersetzen. Ich hielt es für das Beste, den Teil mit dem Schwein wegzulassen. Solche Kleidungsstücke seien sehr schick, wurde eingeräumt, aber auch gefährlich. Wieso gefährlich? Ja, einmal hatte ein junger Mann herausgefunden, daß er ein pro-israelisches T-Shirt trug; den Umstehenden stockte der Atem vor Entsetzen.

Die Puttyleute wurden rasch von Indonesiern vereinnahmt, die ihnen Tee einschenkten, endlos mit ihnen über Landkarten brüteten, sie mit völlig abwegigen Ratschlägen bombardierten und sie ununterbrochen über den Westen ausfragten. Die Mannschaft amüsierte sich mit Tischtennis und mit Wettrennen rund ums Schiff, wobei sie Schwimmwesten trugen und kicherten. Die Passagiere waren aufgefordert, sich zu beteiligen.

Am Abend fand eine Tanzveranstaltung statt. Allseits machte man große Toilette. Die Zwischendeck-Passagiere rissen die Pappkartons auf und gruben verborgene Schätze aus, um sich in Staat zu werfen: leuchtende Schärpen und rote Schuhe. Auf den oberen Decks durchstöberten gepflegte Verwaltungsbeamte ihr Gepäck Marke Gucci und förderten leichte Anzüge und Dior-Schals zutage. Dann marschierten alle zum Tanzsaal, saßen steif auf harten Stühlen und lauschten einer Gruppe junger Männer, die Popschlager in Kauderwelsch sang. Alle waren still und ernst wie bei einem klassischen Konzert. Geschrubbte, sorgsam frisierte Kinder saßen mit verschränkten Armen kerzengrade und brav wie die Lämmer da. Der Sänger trat ans Mikrophon, um einen englischen Schlager zu schnulzen und zu schluchzen. Erkennbar verstand er kein Wort von dem, was er auswendig gelernt hatte; er hatte einfach nur bestimmte englische Töne gelernt, die er freizügig mit Phantasielauten mischte.

»Oh, Baby. I smug plag pigbum ergle plak. Oh yeah.«

Auf Deck beleuchtete ein Vollmond eine Szenerie von klassischer Schönheit. In der warmen Badewanne tanzten und hüpften kühne kleine Fischerboote in glasiger Atmosphäre, als bewegten sie sich auf einem lackierten Tablett. Fliegende Fische schnellten durch den Gischt des Kielwassers und ließen ihre Flossen im Mondlicht aufblitzen.

Ich lehnte an der Reling, von einer unbestimmt poetischen Stimmung erfaßt. Die Szene war wie geschaffen für eine rührselige Begegnung à la Noel Coward, Vorspiel einer Romanze auf See. Aus der Richtung eines Schotts tauchte ein bejahrter Puttymann auf, der eine dicke Zigarre rauchte. Wir blickten uns an, beide gleichermaßen verlegen. Mit dem feuchten Ende der Zigarre deutete er auf einen Lichtklecks am Himmel.

»Uranus«, brummte er mit Branntweinstimme, »oder vielleicht Pluto. Ich bin nicht sicher.« Er hatte einen stark italienischen Akzent. Tief drunten am Horizont leuchtete es grün.

»Venus«, schlug ich vor.

»Venus? Si, ist möglich.« Das Dröhnen eines Flugzeugs wurde hörbar. Venus begann zu blitzen und flog rasch auf Java zu.

»In welche Richtung fahren wir?«

»Wir fahren nach Norden ... oder vielleicht nach Südosten. Ich war in der italienischen Luftwaffe, aber ich habe vergessen.«

Eine Tür ging auf, und die Stimme des Popsängers wehte über das Deck.

»Oh, Girl. Ee chiliwzdid tagko dud. Oh yeah.«

Auf hoher See steht die Welt früh auf. Hinten auf dem Schiff hatte man eine Moschee eingerichtet. Viele Gläubige, die Schlaumeier einer Weltreligion, hatten in ihre Gebetsteppiche Kompasse eingelassen. Zuverlässiger als die italienische Luftwaffe, zeigten sie, daß es genau nach Osten ging, ganz in der Tradition der fliegenden Teppiche. Ungläubige meiner Couleur saßen auf Deck fest, weil sie auf dem Weg nach unten durch die Schar der Gläubigen hätten waten müssen. Wir näherten uns dem Land – dem Gelobten Land der Ethnographie anstelle dieses schwimmenden Niemandslands zwischen Ost und West. Auf der einen Seite tauchte die erste Insel auf, Häuser auf Stelzen, die sich mit dem Rücken zur See zusammendrängten. Es sah himmlisch aus, aber dort zu leben konnte die Hölle sein. Buginesische Segelschiffe mit hohem Bug umschwirrten uns wie Motten das Licht.

Gegen den Horizont hob sich scharf ein Gewirr aus Kränen und Montagegerüsten ab. Um den Bug tauchten erneut fliegende Fische auf. Nein, keine fliegenden Fische – benutzte Kondome, ein Tribut an die florierende indonesische Gummiindustrie nach der Devise »Zwei Kinder sind genug«. Wir schwappten auf den Hafen zu. Als wir einliefen, trieb uns zur Begrüßung ein toter Hund entgegen, gebettet auf einen Pfühl aus geringelten Kondomen.

Verzögerungen, Durcheinander. Soldaten buckelten und schwänzelten um die Offiziere aus der Ersten Klasse, schleppten ihre Habe und bezeigten ihren Frauen den gebührenden Respekt. Die Auswanderer schlichen düster an Bord herum, kauerten sich hinter ihre befestigten Stellungen aus Pappkartons. Schließlich klirrte die Landungstreppe gegen den Schiffsbord. Wir waren in Sulawesi angekommen.

Auf dem Schiff war mir ein Schundmagazin aus der Touristenbranche in die Hände gefallen mit zwei Artikeln, die von ethnographischem Interesse waren. Der erste handelte von einer Gegend in Afrika, wo ich Feldforschung getrieben hatte. Die Einheimischen wurden als reines Modeereignis präsentiert, als amüsantes Beispiel für ausgefallene Formen der Selbstverzierung. Der zweite Artikel beschäftigte sich mit Sulawesi und den Toraja und berichtete von der »Forschungsreise« einer unerschrockenen Reporterin, die sich nach ihrer Schilderung kopfüber in das Gebiet der Toraja »gestürzt«, sich ihren Weg durch das Land »gebahnt« und den Bergen »getrotzt« hatte. Ihrer Reiseroute konnte man klar und deutlich entnehmen, daß sie sich auf Teerstraßen beschränkt und wahrscheinlich den Bus benutzt hatte. Ich fühlte mich irritiert, weil ich bei mir selbst eine Neigung zu den gleichen klischeehaften Vorstellungen festgestellt hatte. Der Westen betrachtet es als die Pflicht des Ostens, wild und geheimisvoll zu sein. Ein bißchen Brutalität ist auch nicht ohne Reiz, allerdings sollte sie nicht von der rohen afrikanischen Art sein – vielmehr auf feinsinnige Art kompliziert. Die journalistische Dame trug dem dadurch Rechnung, daß sie eine ansonsten völlig irrelevante Passage über japanische Kriegsverbrechen in dieser Gegend einfügte. Die Besatzungsmacht hatte offenbar die Einheimischen nicht nur Gewalttätigkeit, sondern auch Ikebana gelehrt. Das alles machte einen leicht trostlosen Eindruck.

*

Die Stadt Ujung Pandang war eindeutig nicht das Gelobte Land des Ethnographen. Sie war heiß, staubig und nur unwesentlich kühler als Surabaya.

Den angenehmsten Teil der Stadt bildete unverkennbar die Seeseite, wo die Menschen zusammenkamen und auf der Hafenmauer saßen, um den Sonnenuntergang zu beobachten, während auf der landzugewandten Seite Eßbuden aufgebaut wurden. Kleine Kinder badeten in dem verdreckten Wasser; sie mußten fast einen halben Kilometer hinauswaten, ehe der Boden abfiel. In einem teuren Touristenhotel war eine keimfreie Version der Eßstände aufgebaut worden, zehn Mal so teuer. Ausländer schauten schwermütig den Kindern zu; diese hatten den Frohsinn offenbar gepachtet und schrien vor Vergnügen, während sie von den Pfählen sprangen, die das Hotel über Wasser hielten. Ihr Lieblingssport bestand darin, einen kugelbäuchigen Sicherheitsbeamten des Hotels auf die Pfähle zu locken und dann frohgemut ins Meer zu springen, während er droben ängstlich schwankte und nicht vor und nicht zurück konnte.

»Manchmal«, sagte ein Mann neben mir, »sind Haie da. Die Schiffe sind schuld, wissen Sie. Der Abfall zieht sie an.« Er ließ sich häuslich nieder, um das erwartete blutrünstige Schauspiel zu genießen und das fixe Repertoire von Fragen herunterzubeten, mit dem ich mittlerweile zu rechnen gelernt hatte. Wo kam ich her? Wie lange würde ich bleiben? Die englischen Frauen, stimmte es, daß sie kalt waren, obwohl sie mit jedem schliefen? Ich schlug mit meiner eigenen Liste zurück. Was arbeitete er? Wo war er her?

»Ich«, verkündete er stolz, »bin Buginese. Schauen Sie sich meine Nase an.« Er drehte den Kopf zur Seite, damit ich sein Profil bewundern konnte. »Wir Buginesen haben schlanke, lange Nasen wie die Europäer.« Er stand auf. »Ah. Ich glaube, ich sehe einen Hai ... Nein, es ist nur ein Schatten.« Schade. Die Horrorshow fiel aus.

»Möchten Sie eine Kokosnuß essen?« Mit Vergnügen. Er pfiff gekonnt und schnalzte mit den Fingern. Man hörte das Geräusch rennender Füße, und ein kleiner Junge tauchte aus der Dunkelheit auf, der Kokosnüsse an den Büscheln gepackt hielt wie erbeutete Köpfe am Schopf. Er knallte sie nebst zwei Löffeln und einem Hackmesser hin und verschwand. Mein Gefährte verpaßte den Nüssen eine Reihe von wohldosierten Hieben mit dem Messer; er erinnerte an einen japanischen Besatzer, der ausnahmsweise nicht mit Blumenstecken beschäftigt ist. Die Milch war frisch und leicht sauer, gerann aber rasch zu einer klebrig-modrigen Masse. Mein langnasiger Freund grub mit dem Hackmesser Streifen von Fruchtfleisch aus, das glatt und schlüpfrig wie roher Fisch war. »Fahren Sie morgen dort zu der Insel hinaus«, sagte er. »Das ist ein schöner Platz.« Er nickte mit seiner edlen Nase. Als wir mit den Nüssen fertig waren, brachte ich das Hackmesser dem Besitzer des Verkaufsstands zurück. Die Nüsse waren schon bezahlt, aber ich hielt es für richtig, ihm hundert Rupien für die Benutzung des Hackmessers zu geben. Sein ganzer Körper vibrierte vor Freude. Es ist hübsch, wenn man jemandem mit fünfundzwanzig Pfennig den Tag zum Festtag machen kann.

Die Beweggründe von Ethnologen halten einer näheren Prüfung ebensowenig stand wie die anderer Menschen. Die Feldforschung gewährt dem Ethnographen manche Lustprämie. Eine besteht darin, daß er nicht länger zu den Bedürftigen der Gesellschaft zählt, sondern, relativ gesehen, ein begüterter

Mensch wird – einer von denen, die mit der Geste schierer Menschenfreundlichkeit fünfundzwanzig Pfennig zum Fenster hinauswerfen können. Auf die Gesichter anderer Menschen ein Lächeln zu zaubern, ist ein großes Vergnügen, das noch größer wird, wenn die Mittel dazu aus der Tasche anderer stammen und das Vergnügen so billig zu haben ist. Sämtliche protestantischen Tugenden werden mit einem Schlage befriedigt. Politisch linksorientierte Ethnologen sind besonders anfällig für die Versuchung, sich wie ortsansässige Gutsbesitzer aufzuführen und mit Geschenken um sich zu werfen. Das gibt ihnen das unvermittelte und absolut irrige Gefühl, den Menschen nähergekommen zu sein.

»Jetzt«, sagte mein Freund, »gehen wir zu mir nach Hause, wo Leute zusammenkommen, um Ihre Sprache zu üben. Sie machen mit uns Konversation zum Thema ›Erste Eindrücke in Indonesien‹. Bitte möglichst nicht länger als eine Stunde.«

»Eine Stunde?«

»Ja. Wir haben eine Gruppe gebildet, die sich Englischklub nennt. Die meisten Tage treffen wir uns für eine Stunde. Sie werden meine Freunde kennenlernen.«

Ich lernte seine Freunde kennen und auch seine Vettern und seine Mutter. Ich lernte eine ganze Schulklasse kleiner Jungen mit muslimischer Kopfbedeckung kennen, die man von ihrem Koran weggerissen hatte, damit sie mit mir Englisch parlierten. Ich beantwortete Fragen nach der königlichen Familie, nach Verkehrsampeln und nach den Benimmregeln beim Spargelessen. Außerdem analysierte ich kurz die Lage der Schiffsbauindustrie. Als der Abend zuende war, flüchtete ich in mein Hotel zurück.

»Sie kommen morgen wieder?«

»Das weiß ich noch nicht. Es kann sein, daß ich morgen nach Toraja abreise.«

Den nächsten Tag wollte ich Kontakte knüpfen und letzte Vorbereitungen vor dem »Sprung ins Wasser« treffen. Unglücklicherweise war es ein Nationalfeiertag, der vierzigste Jahrestag der indonesischen Unabhängigkeitserklärung. Fast alles hatte geschlossen. Überall zogen Kolonnen adrett gekleideter Kinder durch die Straßen, um an patriotischen Veranstaltungen teilzunehmen. Sie reckten kleine Fäuste in die Luft, die Gesichter starr vor nationaler Begeisterung, und schrien *Merdeka,* »Freiheit«. Dann konnten sie nicht anders und brachen in haltloses Gekichere aus, was ihnen eine Lehrerin verwies, die sich selber ein Lächeln nicht verkneifen konnte. Männer irrten ziemlich ziellos durch die Stadt, pflanzten Fahnen auf und umklammerten die Aluminiumschäfte wie Speerwerfer, die nicht mehr wissen, wo hinten und vorne ist. Der Höhepunkt war ein Fahrradkorso, bei dem ein Fahrrad hervorstach, das man mit Silberfolie in eine Freiheitsfackel verwandelt hatte. Unglücklicherweise kam vom Meer her ein heftiger Seitenwind, so daß es quer über die Straße schlingerte und mit einem riesigen Goldfisch zusammenstieß, den acht kleine Mädchen trugen, um für Fisch als Proteinquelle zu werben. Ein Mann vom Landwirtschaftsministerium zog auf einem Lastwagen durch die Stadt und spritzte der Bevölkerung Wasser ins Gesicht, während Schuljungen, die als Reishalme verkleidet waren, tanzend vorführten, wie prächtig sie unter dem Schutz von Insektenvertilgungsmitteln gediehen. Eine Art von Gegenschau zog ein Motorrad ab, das mit viel Geduld in eine Schnecke verwandelt worden war. Worin seine Botschaft bestand, war zwar alles andere als klar, aber es kam immer wieder aus den überraschendsten Richtungen herangebraust, kurvte zwischen den anderen Festwagen und kippte schließlich um. Alles war unsäglich harmlos und gutartig und legte beredtes Zeugnis von der beneidenswerten Fähigkeit der Indonesier ab, sich an den unmöglichsten Orten zu amüsieren.

Um der Hitze und dem Staub zu entrinnen, beschloß ich, eine Bootsfahrt zu einer Insel zu unternehmen, deren Besuch mir ein Freund empfohlen hatte. Ich hatte schreckliche Angst, dem Englischklub über den Weg zu laufen. Am meisten hatte mich erschüttert, daß die Empfangsdame im Hotel sich als ein Klubmitglied herausgestellt hatte. Alle meine Bewegungen konnten genau überwacht werden. Ich erwischte eine Fahrradriksha, die mich zum Hafen brachte. Der Fahrer frönte der Schwatzhaftigkeit.

»Toraja?« sagte er. »Ich würde da nicht hingehen. Die essen Menschenfleisch, wissen Sie.«

»Woher wissen Sie das?«

»*Jeder* weiß das.« Daß jeder das Nachbarvolk haßt, diese Tatsache kommt in der Ethnologie einer allgemeingültigen Wahrheit vielleicht am nächsten. Der Tatbestand ist insofern merkwürdig, als die Ethnologie immer anzunehmen geneigt war, daß *innerhalb* eines Volkes sozialer Kontakt das Zusammengehörigkeitsgefühl *befördert*. Die Fahrradriksha war mit einem elektronischen Glockenspiel ausgerüstet, das »O Tannenbaum, o Tannenbaum« spielte. Den Hauptplatz umrundeten wir zu »nein auch im Winter, wenn es schneit«, und als wir am Quai ankamen, hieß es gerade »wie treu sind deine Blätter«.

Fahrkarten erhielt man am Ende des Landungsstegs; zur Feier des Tages waren die Preise verdoppelt. Wir fuhren in einem kleinen Boot los, dessen Motor nicht den erwarteten Lärm machte, sondern nacheinander eine Reihe von Explosionsgeräuschen hervorbrachte, die an einen Senilen denken ließen, der Probleme mit dem Schließmuskel hat. Ein Kind betrachtete mich fasziniert und umfing in plötzlicher klebriger Zuneigung meine Knie. »Groß!« sagte es. Mutter und Vater lachten. Über das Wasser drang ein gedämpftes Dröhnen, das sich wie ein Widerhall des Motorgeräuschs anhörte. Irgendwie klang es vertraut, ohne daß ich es unterbringen konnte. Das Boot schwang zur Seite, um am Steg anzulegen, und während der Motor erstarb, war das andere Geräusch plötzlich gellend laut zu hören. »Oh baby. Erg fuddle tin fat swug. Oh yeah.« Mein Gott, es war die Popgruppe vom Schiff.

Auf dem Schiff hatten sie sich zurückhalten und Zwang antun müssen. Hier konnten sie sich austoben und die Puppen tanzen lassen. Ein System heiserer Lautsprecher trug ihren Freudenhymnus in die entferntesten Winkel der Insel. Nicht, daß die sehr weit weg gewesen wären. Die Insel war ein kleiner, buckliger Sandhaufen, übersät mit provisorischen Buden, in denen Sonnenbrillen, Limonaden und aufblasbares Spielzeug verkauft wurden. Eine Gruppe von Chinesenkindern angelte gebrauchte Kondome aus dem schmierigen Wasser, um sie am Strand fein säuberlich aufzureihen. Ein Kind tauchte blutbedeckt aus dem Wasser auf, offenbar von einem Haifisch angefallen. Aber nein, kein Haifisch. Nur ein besorgter Elternteil, der Schnittwunden mit Jod behandelt und dadurch diesen Effekt erzielt hatte. Auf einem Schild am Strand konnte man lesen: »Achtung viel Schrott!« Nach einem kurzen Rundgang um die Insel – bei der Rückkehr winkte mir die Popgruppe zu und erhöhte zu meiner Begrüßung den Geräuschpegel – ging ich zum Landungssteg, um auf das nächste Boot zu warten, das zurückfuhr. Ein Mann ohne Schuhe fing Garnelen, die er geduldig von dem Rankengewirr des Seetangs befreite. Wir stellten die üblichen Fragen.

»Sie sollten«, sagte er, »meine Schwester besuchen.«

In Afrika hätte ich genau gewußt, was er sagen wollte, aber das hier war ein stolzes Volk, das für seinen muslimischen Eifer bekannt war. Vielleicht gehörte dieser Mann zum Englischklub.

»Warum?« erkundigte ich mich nervös und rechnete mit dem starren Blick, den Leute für Irre oder Ausländer parat haben.

»Sie ist eine Geschirrtuch-Dame.«

»Geschirrtücher? Sie meinen, daß sie Geschirrtücher verkauft? Batik?«

Er lachte. »Nein, nein. Sie ist eine Fanatikerin. Sehr religiös. Sie trägt jetzt ein Geschirrtuch um den Kopf geschlungen und weigert sich, auf die Universität zu gehen. Sie wird unverheiratet sterben. Aber Sie würden sie interessant finden. Sie spricht gut Englisch.«

»Sind Sie von Ujung Pandang?« Hinter ihm tuckerte ein buginesisches Fischerboot vorbei; der hochgezogene Schiffsschnabel überragte das restliche Fahrzeug. »Warten Sie«, sagte ich, »Sie sind Buginese. Ich erkenne das an Ihrer schlanken, langen Nase.« In der Ethnologie lernt man, Fäden dieser Art zu knüpfen. Man nennt das Interpretation. Er war begeistert.

»Ganz recht!«

Ich ertappte mich bei der Überlegung, ob die Buginesen die Schnäbel ihrer Schiffe als »Nasen« bezeichneten oder andersherum. Irgendwo gab es einen Aufsatz über die Symbolik des buginesischen Wasserfahrzeugs. Ich mußte ihn einmal heraussuchen. Aber mein Freund hatte noch mehr Informationen zu bieten.

»Die Leute hier glauben, eine große Nase bedeutet, daß man auch ein großes Glied hat. Deshalb mögen die Frauen sie.« Er wurde rot und hielt die Hand vor die Nase; diese verlegene Geste hatte ich schon anderswo gesehen.

Ein Boot mit einer weit kesseren Schnauze legte an, und wir verabschiedeten uns. Ich ging mit einer Gruppe junger Väter an Bord, die vor Stolz über ihren Nachwuchs platzten. Väter und Kinder gaben sich leidenschaftlichen Liebkosungen hin. Beim bloßen Anblick ihrer Nachkommenschaft gerieten die Erzeuger förmlich aus dem Häuschen.

Am Ufer standen zwei Australier, sonnengebleicht und ausgedörrt von Bali, die Knie behaart und barfüßig. Obwohl es noch früh am Tag war, hatten sie bereits schwer getankt, als müßten sie ein kulturelles Klischee erfüllen; um ihrer Rolle gerecht zu werden, schwenkten sie sogar die Flasche. Die indonesischen Väter packten ihre Kinder fester an der Hand und zischten Warnungen. Das war gar nicht nötig, denn die beiden Touristen unterhielten sich über ihre Verdauung mit der Hingabe eines Kaffeekränzchens, das sich über Badezimmereinrichtungen unterhält.

»Ein gottverdammter Scheißhaufen, Kumpel«, röhrte der eine, »so einer, der einfach daliegt und und einen anglotzt. Der erste, den ich seit zig Wochen geschissen habe.« Sie überlegten nun, was mehr Vergnügen mache, Geschlechtsverkehr oder Stuhlgang. Sie waren offensichtlich schon lange unterwegs und hatten sich an die Ungezwungenheit gewöhnt, die Folge des Bewußtseins ist, daß man von seiner Umgebung nicht verstanden wird. Ich zog den Kopf ein und versuchte, ihre Vertieftheit in die koprophile Unterhaltung zu nutzen, um mich an ihnen vorbeizuschleichen. Es sollte nicht sein.

Der Bootsführer winkte ihnen, zeigte auf mich und rief laut: »Sehen Sie, Freund!« Das war wahrscheinlich das einzige Englisch, das er konnte, aber es genügte, um todsicher die Aufmerksamkeit auf mich zu lenken. Er nickte und grinste in der Gewißheit, mir einen guten Dienst erwiesen zu haben. Die Australier grinsten ebenfalls und torkelten gegen die jungen Väter, die mit glühenden Augen ihre Kinder fortdrängten. Die Touristen hatten mich sofort als einen der ihren erkannt und wünschten, mir in bierseliger Verbrüderung die Zeit zu vertreiben. Sie stellten tiefsinnige Betrachtungen darüber an, was mit den Indonesiern nicht stimme, und machten süffisante Bemerkungen über die Leute auf der Anlegebrücke. Ich brauchte fast eine Stunde, um von ihnen loszukommen; kopfschüttelnd über die Unzugänglichkeit des arroganten englischen Schnösels blieben sie zurück. Kleine Jungen feuerten, kreischend vor Vergnügen, die leeren Flaschen der beiden ins Hafenbecken.

Alle Völker zeigen sich als Touristen von der häßlichsten Seite. Sind die schlimmsten Leute Touristen, oder bringt das Touristsein bei den Leuten die schlimmsten Eigenschaften ans Tageslicht? Man wird das ungute Gefühl nicht los, daß man auch so einer ist, zumindest in den Augen der Einheimischen. Der Tourismus verwandelt fremde Völker in Dekorationsstücke, die photographiert und gesammelt werden können. Ich frage mich, ob nicht in gewissem Sinn die Ethnographie genauso vorgeht. Ich habe Ethnologen gekannt, die in »ihrem« Stamm wenig mehr sahen als Versuchskaninchen, Objekte, deren Bedeutung sich darin erschöpfte, Mittel zum selbstherrlich ethnologischen Zweck zu sein, Wesen, die man fallenlassen oder wieder in den Käfig stecken konnte, wenn sie langweilig oder lästig wurden. Und doch hatte ich das Gefühl, in wirkliche Berührung mit Menschen gekommen zu sein. Man hatte mir Freundlichkeit und Hilfsbereitschaft erwiesen, die von Herzen kam, man hatte sich ohne zwingenden Grund meinetwegen Umstände gemacht, man hatte sogar *mich* zu einem umgänglicheren Betragen bewogen, als ich es mir selber zugetraut hätte. Ein ganz erfreulicher Gedanke, mit dem sich gut in die Gegend aufbrechen ließ, wo die *echte* Ethnographie meiner harrte. Für meinen Geschmack war Ujung Pandang zu heiß.

4
An der ethnographischen Front

»Touriis!« Das Kind zog seinen Finger aus dem Nasenloch, in dem es fleißig geschürft hatte, und deutete auf mich. Dann nutzte es den strategischen Vorteil des ausgestreckten Arms, öffnete die Handfläche und sagte: »Ich bitte um Süßigkeiten. Geben Sie mir Geld.« Zum ersten Mal hörte ich die schier unauflösliche Ideenverbindung – Tourist-Süßigkeiten-Geld –, mit der fast jedes Kind in Toraja Puttypersonen konfrontierte. Nicht, daß ich Toraja im strengen Sinn schon erreicht hatte. Ich befand mich an der Küste in der Stadt Pare-Pare und »war auf dem Sprung«. Die ersten Europäer benötigten vierhundert Jahre, um von der Küste bis zu den Bergen zu gelangen. Heutzutage braucht der Bus nur Stunden, aber die Fahrt kommt einem immer noch lang vor.

Mein Reiseführer, der Lügenbold, pries die Reize der Stadt, aber was mich bewog, aus dem Bus auszusteigen, war ein Gebäude, das den Namen »Museum« trug. Ansonsten war es die übliche schäbige Stadt, die sich entlang einer staubigen Straße erstreckte, mit chinesischen Händlern, die japanische Waren zu überhöhten Preisen verkauften. Etwas abseits lag das Verwaltungszentrum, wo sich staatliche Beamte um die Integrität der Republik verdient machten. Auf der einen Seite befand sich ein kleiner Hafen, wo Reis auf japanische Schiffe verladen wurde. Gerade in den Kleinstädten wird man sich bewußt, wie hoch der Anteil von Kindern an der indonesischen Bevölkerung ist. Es ist ungeheuer, was in den Bau von Schulen investiert wird. Man gewinnt den Eindruck, daß jedes dritte Gebäude eine Schule ist. In manchen Schulen wird täglich in drei Schichten unterrichtet, so daß durch die Hauptstraßen praktisch ununterbrochen in beide Richtungen eine Flut tadellos uniformierter Kinder strömt. »Hallo Miss!« riefen sie fröhlich.

Ich fand Unterkunft in einem kleinen Gasthaus, das sich aufs Wasser erstreckte und dessen Schlafräume aus kleinen Kartonwürfeln bestanden. Sie garantierten nicht nur die Teilnahme an allem, was in den anderen Räumen passierte; dank ihrer windigen Bauweise konnte man auch das lärmende Kartenspiel verfolgen, das allnächtlich den Vorsaal erzittern ließ. Mich zu beschweren wäre unbillig gewesen, da ich stets auf die denkbar freundlichste Weise eingeladen wurde mitzumachen.

Die beste Unterhaltung in der Stadt schien der benachbarte Tennisklub zu bieten, wo Verwaltungsbeamte mit großem Einsatz auf hohem Niveau spielten, inmitten einer Schar von Bengeln und Schiedsrichtern, die jede Aktion mit lautem Triumph- oder Wutgeheul kommentierten. Von morgens bis abends trugen sie auf dem Spielfeld mit geblähten Nüstern und bald knurrend vor Zorn, bald brüllend vor Lachen, ihren Kampf aus.

Die einzige andere Ablenkung bestand in der Ankunft eines großen deutschen Touristen, der die Hotelleitung mit seinem spatenförmigen Bart einschüchterte. Sooft er sich auf einen Stuhl oder ein Bett setzte, krachte das Möbel unter ihm zusammen. Merkwürdigerweise fand der Hoteleigentümer das überaus komisch.

»Sehen Sie«, sagte er und hielt die beiden Teile eines Stuhles hoch, »er hat es wieder geschafft.«

Merkwürdig war auch das Badezimmer. Wie in Südostasien üblich, mußte man das Wasser aus einem Betontank schöpfen und sich über den Körper gießen. Der Wasserbehälter versorgte zwei Räume, deren Trennwand wie ein Vorhang in das Wasser hineinreichte. In dem Tank hauste indes auch ein großer schwarzer Goldfisch von phlegmatischem Wesen. Wenn er sah, daß jemand auf der einen Seite zugange war, schwamm er unter Vermeidung jeden Blickkontakts auf die andere Seite hinüber. Waren beide Seiten besetzt, pendelte er ängstlich hin und her. Der Hotelbesitzer staunte nicht schlecht, als der haarige Deutsche sich aus Rücksicht auf den Fisch stur weigerte, das Badezimmer zu benutzen, solange auf der anderen Seite jemand war. Er gewann offenbar die Überzeugung, daß die Europäer einen so großen religiösen Abscheu gegen Fische hegten wie Muslime gegen Schweine.

*

Das Museum zu besuchen war schwieriger als vorhergesehen. Ich bestieg eine Fahrradriksha mit einem hochbetagten Fahrer. Die Lage, in die man dadurch gerät, ist immer einigermaßen heikel und zweideutig. Die Leute starren einen an. Aber starren sie, weil sie denken »Da schau! Da läßt sich so ein fauler Puttymann von dem armen Alten herumkutschieren, der sein Vater sein könnte«, oder sagen sie sich »Da schau! Das ist schön, daß er den alten Mann gemietet hat und nicht einen Jüngeren, der schneller wäre«?

Der Rikshafahrer selbst sprach wie jemand, der im Begriff ist, seinen Beruf aufgeben zu müssen. Die Regierung wolle die Fahrradrikshas abschaffen und durch Taxen ersetzen. Warum denn? Wer wußte schon, warum die Regierung etwas tat? Er würde aufhören müssen und seinem Sohn zur Last fallen, der sowieso schon zuwenig Land hatte. Jahrelang hatte er gespart, um sich eine eigene Riksha kaufen zu können und nicht die Einnahmen mit einem fremden Besitzer teilen zu müssen. Wie sollte er die Riksha jetzt loswerden? Er würde gezwungen sein, sie auseinanderzunehmen und die Räder einzeln zu verkaufen. Es war niederschmetternd, sich den alten Mann vorzustellen, wie er erst die Räder, dann den Sattel, schließlich die Klingel verkaufte, und das mit immer geringerem Gewinn.

Er radelte auf der Teerstraße langsam südwärts; unter der Kraftanstrengung, mit der er in die Pedale trat, neigte sich das ganze Gefährt von einer Seite auf die andere. Der motorisierte Verkehr surrte mit ungeduldigem Hupen an uns vorbei. Andere Radler klingelten, um ihre Solidarität zu bekunden. Beiderseits der Straße machten die Betonblöcke der Industriezone schönen, hölzernen Häusern auf Pfählen Platz, die im Schatten von Palmen standen, schlicht und geräumig, mit einem harten, schmucklosen, irgendwie männlichen Zug, als hätten sie für Zierrat keinen Sinn. In brusthohen Umfriedungen aus Beton oder Flechtwerk standen Leute und übergossen sich mit Wasser; oder sie lehnten auf den Balkonen und beschauten sich durch einen Schleier aus Zigarettenrauch die Welt.

Das Museum war geschlossen; außer einem schwachsinnigen Jungen trafen wir niemanden an. Es scheint ein unverrückbares Naturgesetz, daß Museen immer von schwachsinnigen Jugendlichen bewacht werden; wie es auch immer Tollhäuslerinnen sind, die in Universitätsinstituten die Sekretärinnenrolle übernehmen. Der Rikschafahrer regte sich meinetwegen fürchterlich auf, ließ sich beschreiben, wo der Museumsdirektor wohnte, handelte für die Fahrt dorthin einen neuen Preis mit mir aus und fuhr unter lauten Schmähungen gegen die Welt im allgemeinen los.

Wir kamen zu einem Gebäude, um das Fahnen der Republik knatterten, machten die Bekanntschaft einer außerordentlich zuvorkommenden Gruppe von Herren und wurden aufgefordert, uns in das unvermeidliche Gästebuch einzutragen. Erst dann wurde uns die Aufklärung zuteil, daß der Mann mit dem Schlüssel zum Museum zurückgekehrt und jetzt dort anzutreffen war. Nach einer ausgefeilten, freundschaftlichen Abschieszeremonie kehrten wir zur Fahrradriksha zurück. Beim Einsteigen wurde ich plötzlich fröstelnd gewahr, daß mein Hinterteil Frischluft genoß. Ich hatte mir am Schutzdach der Riksha die Hose von oben bis unten aufgerissen und bot mich der Welt in voller Blöße dar.

Einen Rundgang durchs Museum zu machen und sich dabei immer mit dem Rücken zur Wand zu halten, ist ein Exerzitium, wie geschaffen für einen britischen Kronprinzen. Der Schwierigkeitsgrad der Übung ist immens.

Das Museum war eine Stiftung der königlichen Familie der Stadt und legte Zeugnis von ihrem Reichtum ab, der es ihr erlaubt hatte, die schrecklichsten Handelsartikel aus Ost und West zusammenzutragen. Billige chinesische Holzschnitte drängelten sich mit holländischen Vasen und außerordentlich schlechten Schnitzereien von der Insel Borneo auf der anderen Seite des Meeres. Inmitten der Sammlung lebten der Museumsdirektor und seine Frau. Er war ein sehr sanfter, leise sprechender Mann; sie besaß eine auffällige Ähnlichkeit mit Bette Davis in ihren späten Rollen als pantoffeltragende, versoffene Schlampe.

Der Direktor hatte eine Schwäche für Wundergeschichten. Er erzählte von einer Kanone, die, ohne daß sie vorher scharf gemacht worden wäre, losgegangen war, um den Tod eines Mitglieds der hohen Familie anzuzeigen. Er hatte sich bemüht, sie ins Museum zu schaffen, aber sie war immer wieder ohne fremde Hilfe auf die Hügelkuppe zurückgekehrt. Er hatte Steine schreien gehört und Gespenster in antiken Gewändern gesehen. Die unauffälligen Dolche in dem Schrank da drüben waren Zauberdolche, die erst dann wieder in die Scheide zurückkehrten, wenn sie Blut gekostet hatten. Bette nickte in wortloser Zustimmung oder griff korrigierend in die Geschichte ein.

Eine Spende wurde verlangt und gewährt. Bette rauchte mit dem Ausdruck zynischen Weltüberdrusses eine Zigarette nach der anderen und schlurfte in schmuddeligen Pantoffeln umher. Wie es sich für einen Besucher bei Hofe gehört, wenn er sich verabschiedet, buckelte ich in zerrissenen Hosen rückwärts hinaus.

Auf der anderen Straßenseite stand ein Wegweiser »Zum Strand«. Ein steiniger Pfad zweigte unter den Palmen ab und schlängelte sich zwischen Holzhäusern auf Pfählen hindurch, auf deren Balkonen farbenfrohe Sarongs zum Trocknen aufgehängt waren.

Hier endlich hatte ich den Strand gefunden, der meinen typischen Tropenphantasien entsprach. Er war ordnungsgemäß von Kokospalmen gesäumt; hölzerne Fischerboote trieben vor Anker. Das Meer war ruhig und blau, die Oberfläche von keiner Welle gekräuselt; das Wasser spielte nur mit dem Sand. Ein Kind tauchte auf, gähnte. »Geben Sie mir Geld.« Ich ließ eine kleine Gardinenpredigt zum Thema Schamgefühl vom Stapel, der das Kind steinernen Gesichts lauschte. Am Rand des Wassers kauerte ein Mann, der ohne Frage irgendeiner alten Seebärenbeschäftigung frönte. Ich ging zu ihm hin, Begrüßungsworte auf den Lippen. Als er plötzlich merkte, daß hinter ihm jemand war, fuhr er mit entsetztem Ausdruck herum, gürtete wortwörtlich seine Lenden und raste davon, daß um ihn herum das laue Wasser nur so spritzte. Jetzt wußte ich, wie man hier seine Notdurft verrichtete.

Ich floh in die entgegengesetzte Richtung und wurde eines anderen Mannes ansichtig, der zwischen den Bäumen Verstecken spielte. Ein zweites Mal würde ich denselben Fehler nicht machen, deshalb hielt ich den Blick starr abgewandt. Jetzt war er an der Reihe, mich zu beschleichen.

»Guten Tag«, bellte er.
»Guten Tag.«
»Zweihundert Rupien bitte.«
»Wofür?«
»Kurtaxe.« Er zog rasch eine Schirmmütze hinter seinem Rücken hervor und hielt mir eine Quittung hin, schüchtern lächelnd wie ein Verehrer mit einem Strauß Blumen.

»Baden Sie nicht dort drüben. Da gibt es Seeigel.« Ich verstand das Wort nicht, also führte er eine ausführliche Pantomime auf, in der er einen Mann mit Stacheln im Fuß spielte.

»Ist das Wasser hier gut?«
»Sehr gut. Es ist warm wegen diesem da.« Er deutete auf eine steinerne Buhne.

Kinder schwammen wie Schildkröten in großen, schwarzen Autoschläuchen herum und warfen sich rassistische Beleidigungen an den Kopf.

»Chinesen haben keine Nase.«
»Buginesengesicht sieht aus wie bei einer Ziege.«
Über Puttymenschen fielen keine Bemerkungen. Versuchsweise planschte ich mit aufgekrempelten Hosenbeinen ins Wasser. Ich hätte noch ein geknotetes Taschentuch auf dem Kopf tragen müssen, aber den Stilbruch bekamen sie sicher nicht mit. Das Wasser war himmlisch warm, wie ein medizinisches Fußbad. Als ich mich zum Strand zurückwandte, sah ich warum. In der Buhne steckte ein großes Eisenrohr. Es war das Abwasserrohr der Stadt; ich planschte im warmen Ausfluß.

Aber selbst an einem scheinbar so unergiebigen Ort gab es Anzeichen dafür, daß Indonesien sich als fruchtbares Terrain für ethnographische Forschungen erweisen werde. Ich ging in ein kleines Lokal, das Krabbensuppe versprach.

»Keine Krabbensuppe. Keine Krabben«, sagte der Kellner.
»Wieso keine Krabben?« Am Strand wimmelte es von Fischern, Booten, Weichtierschalen.

»Weiß ich nicht. Wir sagen immer, der Vollmond ist schuld. Ich weiß nicht, warum. Wenn Sie den Fischer fragen wollen, er ist in der Küche.«

Tatsächlich, da saß er und trank Kaffee, ein winziger, verschrumpelter Mann, tiefbraun gebrannt von der Sonne, die Haut an allen Gelenken in losen Falten herabhängend, als hätte er sie sich von jemand beträchtlich Größerem geborgt. Ich erkundigte mich nach den Krabben und dem Vollmond.

»Ganz recht«, sagte er. »Bei Vollmond gibt es keine Krabben. Sie haben alle Monatsfluß.«

»Quatsch«, widersprach ein Koch und lachte. »Krabben sind alle männlich, sie haben keine Monatsregel.«

»Es ist das Licht«, erklärte einer der Kellner. »Krabben mögen kein Licht. Sie verziehen sich ins tiefe Wasser, so daß man sie nicht mehr fangen kann.«

»Nichts da«, meinte ein anderer Koch und nahm Platz. »Es ist so. Der Mond zerrt am Meer und macht Wellen. Die Krabben mögen kein bewegtes Wasser, deshalb ziehen sie sich unter Felsen zurück.« Der ganze Restaurantbetrieb stand mittlerweile still. Das war erfrischend neu im Vergleich mit meinem letzten Stamm in Afrika, wo die Leute zutiefst konservativ waren und jeder Versuchung trotzten, sich über die Weisheit der Vorfahren und deren Berechtigung den Kopf zu zerbrechen.

Der Fischer schüttelte verwirrt den Kopf. »Wah!« entschied er. »Die bilden sich was drauf ein, gebildet zu sein, Bücher gelesen zu haben. Sehen Sie, ich bin ein schlichter Fischer. Von all dem wissen wir nichts. Bei Vollmond können wir nicht einmal zum Fischen hinaus, weil dann unsere Frauen ihren Monatsfluß haben.« Damit war er offenbar wieder an dem Punkt angelangt, wo ich mich eingeschaltet hatte.

Zurück im Hotel hatte ich plötzlich genug von den Aufschüben und beschloß, sofort in die Berge aufzubrechen, wo die Toraja zu Hause waren. Das Wort bedeutet offenbar einfach nur »Bergbewohner« und kommt aus dem Buginesischen. Es handelt sich dabei zweifellos um eine ethnische Verunglimpfung, und wenn man heute nicht weiß, wen man als Toraja bezeichnen soll und wen nicht, dann verdankt sich das zum Teil dem Umstand, daß die Betreffenden traditionell sich selber nicht so nannten. Anfangen wollte ich bei der Stadt Mamasa. Ich ging zum Busbahnhof.

»Mamasa?«

»Polmas.«

»Äh ... ja, aber Mamasa?«

»Polmas... Steigen Sie ein.« Ich suchte Polmas vergeblich auf meiner Karte.

»Wo ist Polmas?« Der Querulant, der überflüssige Fragen stellt. Keine Antwort.

»Ist Polmas in der Nähe von Mamasa?«

Er zuckte mit den Schultern. »Ja, in der Nähe.«

»Wie nah? Komme ich von Polmas nach Mamasa in einem Tag?«

»Aber ja. Steigen Sie ein.«

»Bestimmt?«

»Ja. Steigen Sie endlich ein.« Ich glaubte kein Wort davon, aber was sollte ich machen. Es sind freundliche Leute, und ich hatte Geld in der Landeswährung und würde nicht Hungers sterben. Den angebotenen Sitz vorne lehnte ich ab (er war teurer, außerdem wurde einem dort leichter schlecht) und kletterte in den hinteren, offenen Teil. Wir fuhren los.

Wir fuhren los, aber nicht, um gleich abzufahren. Vielmehr durchstreiften wir die Stadt und hielten Ausschau nach Leuten, die so aussahen, als ob sie nach Polmas wollten – wo immer das liegen mochte. Wir paradierten gemächlich die Hauptstraße rauf und runter, um vielleicht Unentschlossene zum Mitkommen zu verführen. Wir hupten hinter *cewek* her und lehnten uns grinsend aus dem Auto. Wer eine schwere Last trug, den steuerten wir an und bedeuteten ihm mit ausgebreiteten Armen, wieviel Platz wir noch hatten.

»Sieh mal! Wir haben noch Platz. Steig ein! Komm mit nach Polmas.«

Ich sage *wir*, denn zwischen Mannschaft und Passagieren bestand in dieser Hinsicht kein Unterschied. Alle waren einer Meinung, daß dies jetzt ein gemeinsames Unternehmen war, daß sich unsere Geschicke unauflöslich miteinander verquickt hatten. Passagiere sprangen flink aus dem Bus, um Neuankömmlingen bei ihrem Gepäck zu helfen. Wir rückten zusammen, tauschten Zigaretten aus. Plötzlich waren wir eine Brüderhorde. Reissäcke wurden eingeladen, scharenweise tauchten Kinder auf und wurden wie Porzellan zwischen den Habseligkeiten verstaut. In bester Laune traten wir die Fahrt zu den Bergen an – und kehrten zum Busbahnhof zurück, um weitere Passagiere aufzulesen. Wir kurvten herum und suchten nach jemandes Bruder, fanden ihn und fuhren zu seinem Haus, um noch mehr Gepäck aufzuladen. Als schon gar nicht mehr zu hoffen war, daß wir heute noch abfahren würden, kehrten wir schließlich der Küste den Rücken und ratterten den dunkler werdenden Bergen entgegen.

Irgendwo wird die Straße von einer unsichtbaren Grenze überquert. Zuerst ändert sich der Straßenbelag, die Teerdecke verläuft sich im Dreck. Später wird aus dem Dreck harter Fels, über den der Bus holpert und rumpelt. Gelegentlich fährt man an riesigen gelben Maschinen mit einem Gewirr japanischer Schriftzeichen auf dem Kühler vorbei, die ohne Unterlaß Steine zermahlen und auf die Straße verstreuen. Aber bald schon weichen sie einer ungezähmten Wildnis, wo die Straße aufhört, ein Verbindungsweg zu sein, und vielmehr ein Hindernis für die Kommunikation wird. Zwei Dinge sorgen dafür, daß sich der Ketchup der westlichen Kultur über die Welt ergießt: zum einen das Verkehrswesen, zum anderen sein machtvollster metaphorischer Ausdruck – das Geld. Aber hier waren wir unvermittelt in einer anderen Welt, einer Welt, die nach innen, nicht nach außen gekehrt war, in der materielles Wohlergehen keine Selbstverständlichkeit war, die einem aber die Chance bot, von einer ganz anderen Wirklichkeit einen Blick zu erhaschen. Jeden, der dem ethnographischen Abenteuer verfallen ist, versetzt diese Aussicht in die denkbar größte Erregung. Ich stellte dem Mann neben mir eine Frage, die als eine Art Lackmuspapier für diesen Zustand gelten kann.

»Wann werden wir ankommen?«

Er zuckte mit den Schultern. »Woher soll ich das wissen?«

Ich hatte recht. Wir hatten die Grenze überquert. Er versank in seinem Ecksitz, und ohne sich mir weiter vorgestellt zu haben, schlang er die Arme um mich, versank in Schlaf und pustete mir seinen Atem sanft ins Genick. Wir waren in einer anderen Welt. Ich umarmte ihn meinerseits, und es dauerte nicht lange, da schlief ich ebenfalls.

»Touriis!« Es war dunkel. Ein Gefühl bitterer Kälte. »Touriis!« Eine Frauenstimme. Der Motor war abgestellt, und die Passagiere, die einen stark verkaterten Eindruck machten, krabbelten alle aus dem Gefährt. Ich hielt es nicht für verlorene Liebesmüh, der Frau einen finsteren Blick zu schenken. Sie lächelte zurück und streichelte einen kleinen Jungen, der zu ihr gerannt war und ebenfalls lächelte.

»Ihr Sohn«, erläuterte ein gähnender Mitreisender, »heißt Turis. Sie brachte ihn zur Welt, als gerade ein Fremder durchs Dorf kam, und ihr gefiel der Name.«

Turis sah mich an, bat aber nicht um Geld oder Süßigkeiten. Es war eine mittelalterliche Szene: Eine Karawane von Packpferden gab sich mit dem Bus ein Stelldichein; beim Schein flackernder Fackeln luden Männer, die Capes um die Schultern trugen, Kisten aus. Sie zogen Schwerter, um die Halterungen zu zerhauen.

»Kommen Sie und trinken Sie Kaffee«, sagte die Frau. »Ich muß die Laternen anzünden. Die Elektrizität wird um zehn abgeschaltet.«

Wir streckten uns und gähnten, mimten übertriebene Fröstelschauer und schlurften hinüber zu einem kahlen Betonhaus, das, in friedliches Sternenlicht getaucht, gottverlassen oben auf dem Berg stand. Der Fahrer war bereits drinnen und pumpte an einer Öllampe. Ein paar blieben stehen, um an der Hauswand ihr Wasser abzuschlagen. Als wir durch die Tür traten, ging das elektrische Licht aus, und die Winkel des Raums verschwanden in einem heimeligen Dämmerlicht. In der Küche wurde in einer Art Schattenspiel Kaffee gebrüht.

»Bitte keinen Zucker.«

»Keinen Zucker?« Die ganze Küche lief zusammen, um sich dieses Wunder zu besehen.

»Sie trinken Kaffee ohne Zucker?« Die Indonesier häuften fünf oder sechs Löffel davon in jede Tasse. Beim Trinken beobachteten sie mich, als hätten sie mich im Verdacht, in letzter Minute irgendeinen Ersatz hervorzuzaubern.

»Wirklich, Holländer sind merkwürdig.«

»Ich bin kein Holländer. Ich bin Engländer.«

»Sind sich nicht alle Puttymenschen gleich? Wir nennen sie alle Holländer.«

»Sind sich die Buginesen und die Toraja gleich?« Sie verstanden sehr wohl, was ich sagen wollte. Plötzlich ging mir auf, daß es stockdunkel war und ich immer noch nicht wußte, wo es hinging. Der Fahrer hatte eine Landkarte.

»Wie heißt dieser Ort?«

»Er hat keinen Namen. Es ist nur ein Haus.«

»Wo befindet es sich?«

»Polmas.«

Wohin fahren Sie als nächstes?»

»Weiter, Polmas.«

»Aber...« Plötzlich fiel bei mir der Groschen. Sie hatten die Namen der Orte an den beiden Ende der Straße, Polewali und Mamasa, verbunden und bezeichneten mit dieser Kombination die ganze Region. Ich war *in* Polmas und *war* unterwegs *nach* Polmas.

Wir saßen in Polmas und aßen kleine Kuchen, die uns die Mutter von Turis brachte. Auch hier wieder die üblichen Fragen. Ich kramte mein bißchen Indonesisch aus und gab damit an wie Eltern mit ihrem gehätschelten Kind vor Besuchern. Mehrere Reisende waren Lehrer. In der Dritten Welt sind sie ständig unterwegs. Sie konnten zwischen Indonesisch und Torajanisch, einer ganz eigenen Sprache, dolmetschen und sprachen auch ein wenig Holländisch, was uns aber nicht weiterhalf. Mir fielen ein paar Kinder ein, die ich einmal in Kamerun kennengelernt hatte: Sie hatten Norwegisch gelernt, weil sie hofften, sich dadurch neue Kommunikationswelten zu erschließen.

Wenigstens mußte ich nicht erklären, was ich so machte. Offenbar trieben sich andere Ethnologen in der Gegend herum.

»Droben im Norden gibt es eine französische Dame. Sie war einmal sehr schön, aber ich glaube, sie ist jetzt alt. Im Westen ist der Amerikaner. Er spricht unsere Sprache sehr gut. Dann ist da noch das amerikanische Mädchen, aber ich glaube, sie spricht nur Englisch, auch wenn sie Gott sehr nahe ist. Schließlich die Holländer. Sie haben Kinder.«

»Eigene Kinder?«

»Nein. Torajanische Kinder. Unsere Kinder sind sehr schön. Deshalb adoptieren wir unsere Kinder gegenseitig. Ich wurde als kleines Kind adoptiert. Vielleicht bleiben Sie hier und heiraten ein torajanisches Mädchen und adoptieren Kinder. Ich habe sieben, sie können welche von mir haben.«

»Ich nehme alle sieben. Sie können noch ein paar machen.« Wir lachten alle. Ich sah mir Turis Ohren an. Sie waren nicht im mindesten spitz. Man hatte mich falsch informiert.

Wir fuhren wieder los, rumpelnd und schaukelnd. Der Fahrer hatte den Aufenthalt genutzt, um den Kassettenspieler zu reparieren, der nun ununterbrochen ein und dieselben sechs Schlager winselte. Draußen neigten uns Riesenfarne ihre Wedel entgegen.

Erst lange nach Mitternacht trafen wir in Mamasa ein und hielten vor dem einzigen Hotel, einem hölzernen Schuppen mit fest verschlossenen Türen. Ich stand draußen und wußte nicht, was tun. Ich tat ihnen leid.

»Ist da jemand?« schrie der Fahrer und klopfte an die mondbeschienene Tür. Hundegebell breitete sich wie eine Kettenreaktion durch die Berge aus. Er klopfte wieder. Ein winziges, flackerndes Licht wurde in einem Winkel des Hauses sichtbar und schwankte heran. Der Fahrer packte fest meine Hand und schüttelte sie.

»Da kommt jemand. Alles in Ordnung. Schlafen Sie gut.«

Er gab heftig Gas und brauste mit quietschenden Rädern davon. Ich blieb zurück als der einzige, den man für den ganzen Aufruhr zur Rechenschaft ziehen konnte. Zahlreiche Riegel wurden zurückgezogen, und ein verschlafenes Gesicht starrte mich an.

»Es tut mir sehr leid...«, fing ich an.

»Morgen«, sagte er. Das Sprechen war ihm eine zu große Anstrengung. Im Vorbeigehen sah ich Flaschenbatterien und Sitzgelegenheiten aus Baumstümpfen; dann wurde ich eine steile Leiter hinauf in einen kleinen Raum aus Kiefernholz geführt. Sobald ich die Kerze angezündet hatte, machte er sich schweigend davon. Die Hunde stritten sich immer noch darum, wem das letzte Wort gebührte.

5
Roßtäuscher

Im Reiseführer wird Mamasa als »tirolerisch« beschrieben. Die Stadt ist umringt von Bergen, die aber in keiner Weise den alpinen Gebirgen ähneln, wie man sie in Österreich findet. Es sind finstere waldbedeckte Hänge mit Flecken kahler roter Erde, die wie ein Ausschlag wirken. Dennoch ist der Hinweis auf Tirol gerechtfertigt, und zwar wegen zwei weißen, spitztürmigen Holzkirchen am Eingang des Tales, in dem die Häuser sich entlang einem rauschenden Bach aneinanderreihen. Dort ist es sauber, rustikal, kühl.

In dem Reiseführer wurde aber nicht erwähnt, daß dieses abgelegene Bergtal kirchlichen Jugendchören als Sammelplatz diente.

Das Christentum ist eine Religion mit vielen Gesichtern. Sie kann miefig zeremoniös, irritierend gefühlsbeladen oder auch asketisch kalt sein. Bietet man Kulturen eine Religion an, so klauben sie sich heraus, was ihnen daran zusagt. Im Zuge des Exports westlicher Religionen mit überschrittenem Verfallsdatum hat das Christentum die Toraja immer wieder dadurch fasziniert, daß es ihnen die Möglichkeit zum Chorsingen bot. Ihre eigene, traditionelle Religion macht ausführlichen Gebrauch vom Chorsingen und verfügt über ein umfangreiches Repertoire von Liedern für jede Gelegenheit. Als sie mit dem Kirchengesang und der Gitarre bekannt wurden, trieb dieser alte Wurzelstock neue Blüten. Abends klingen torajanische Städte wider vom Klimpern der Gitarren und von schwungvollem Gesang, und sonntags läßt sie das machtvolle Vibrieren vieler Stimmbänder erbeben.

Zu keiner Tageszeit steht die eigene kulturelle Toleranz so sehr auf dem Prüfstand wie am frühen Morgen. Um diese Stunde sind wir alle geborene Fremdenhasser. Es ist die Zeit unerschütterlicher Vorurteile und hochgradiger Empfindlichkeiten. Der Anblick von Leuten, die große Mengen Knoblauch und Reis in sich hineinschaufeln, ist stets schwer zu verkraften. Die heitere

Großzügigkeit, mit der sie dem fremden Reisenden anbieten teilzunehmen, würde zu jeder anderen Tageszeit das Herz höher schlagen lassen. Am Morgen erregt sie nichts als mißmutiges Unbehagen. Das Lokal war voll schöner, lächelnder junger Menschen, die zutraulich waren wie junge Hunde. Sie boten mir Knoblauch an. Meinen Kaffeedurst stillten sie mit einem Choral, den sie in betäubender Lautstärke und strahlend vor Begeisterung sangen – extra für mich. Die jungen Damen führten mir vor, wie hervorragend ihre Stimmen trillern konnten. Die jungen Männer protzten mit der Klangfülle ihrer Bässe und mit ihrem tadellosen Gebiß. Ich fühlte mich alt, niedergeschlagen, verkatert von der Reise – vor allem aber betrogen. Denn ich hatte keinen so weiten Weg gemacht, um Christen zu begegnen, Menschen kennenzulernen, die sich stur weigerten, so malerisch, wie ich sie sehen wollte, zu erscheinen. Wo blieben die fremdartigen Bräuche und merkwürdigen Rituale? Das einzig Merkwürdige an diesen Menschen war, wie sie es schafften, absolut nett und unauffällig zu sein.

Drüben auf der gegenüberliegenden Seite saßen zwei Männer anderen Zuschnitts über ihren Kaffee gebeugt; sie sahen so aus, als tue die Musik ihren Ohren genauso weh wie meinen. Grimassierend versicherten wir einander unseres Mitgefühls. Einer streckte einladend die Hand aus und wies auf einen Baumstumpf-Stuhl. Ich setzte mich zu ihnen.

»Sie mögen die Musik?« fragte der eine.

»Sie ist ein bißchen laut.«

»Es sind Christen. Sie sind doch auch Christ, habe ich recht?«

»Eine Art Christ.« In Indonesien sind nur absolut Unzurechnungsfähige ohne Glaubensbekenntnis. Welcher Religion hingen diese Männer an? Vielleicht der alten heidnischen? Meine Stimmung hob sich.

»Wir«, sagte der andere, »sind Muslime.«

»Toraja?« Sie hoben in entsetzter Abwehr die Hände.

»Nein. Wir sind Buginesen von der Küste. Wir sind Schullehrer.«

Das Wort wurde wie eine Handgranate in die Unterhaltung geschleudert und war darauf berechnet, Respekt hervorzurufen, nicht die abschätzige Reaktion eines Godfrey Butterfield MA.

Angelockt durch die Stimmen der Kollegen, erschien ein weiterer Chor in der Tür. Es zeugte von christlichem Gemeinschaftsgefühl, daß die Neuankömmlinge sofort ihren eigenen Choral aufgaben und in den der ersten Gruppe einstimmten. Mittlerweile mußten wir brüllen, um uns verständlich zu machen.

»Ist es nicht schwierig, in einer christlichen Stadt zu leben?« erkundigte ich mich.

»Nein. Wir sind jetzt alle ein Volk.« Pancasila – die fünf Grundprinzipien der nationalen Ideologie: genau das, was man von einem Schullehrer erwartete.

»Nur manchmal gibt es Ärger.« Er beugte sich vor, und seine Stimme sank zu einem vertraulichen Stentorton herab.

»Das letzte Mal geschah es, als das fahrbare Kino diesen antichristlichen Film zeigte.«

»Welchen Film?«

Er fingerte in seinem Haar, als klaube er Spinnweben heraus. »Der Film, der Christus als dreckigen, drogensüchtigen Hippy zeigte.« *Hippy.* Sie kannten das Wort.

»Wie hieß er?« Er beriet sich mit seinem Freund.

»Jesus Christus Filmstar.«

»Superstar?«

»Ja. Das ist er. Es kam zu Prügeleien. Sie meinten, er müsse von Muslimen gedreht worden sein.«

»Ich glaube nicht, daß es sich so verhält.«

»Das andere Mal war, als ich den Kindern erzählte, daß die Körper muslimischer Heiliger nicht verwesen.«

»Aber wir behaupten dasselbe von den christlichen Heiligen.«

»Ich weiß, aber in diesem Fall möchte Gott sie erhalten, um den Gläubigen das erbauliche Beispiel ihrer Bosheit zu geben.«

Ich entfloh der Welt der Religionen und schlenderte über eine Art von Dorfanger mit einem Fußballplatz, auf dem Ziegen grasten. Die Straße führte weiter durch Reisfelder und schlängelte sich den Talgrund entlang; aus dem sandigen Boden sproß hohes Gras. Das Ganze sah aus wie ein englisches Landschaftsaquarell aus dem neunzehnten Jahrhundert. Auf den Feldern standen trübsinnige Pferde – bis zu den Fesseln im Wasser -, als müßten sie zur Strafe dort stehen. Der Tag war schön; die milde Hitze kühlte ein leiser Wind. Überall stürzte Wasser herab. Auf den Hügeln klickten und surrten kleine Windmühlen aus Bambus. Ein Reiter näherte sich auf einem Miniaturroß, das unter ihm tänzelte und bockte. Wir lachten uns an, und ich hielt ihm eine Zigarette hin. Er rückte sein Schwert zurecht und förderte ein uraltes Steinfeuerzeug zutage.

»Von wo kommen Sie her?«

Er wies mit dem Daumen nach den Bergen.

»Ich reite zum Markt, um das Tuch meiner Frau zu verkaufen.« Er wies auf den Mantel in verwaschenem Orange, den er anhatte.

»Sie weben dort oben noch Tuch?«

»Oh ja. Sie können es morgen auf dem Markt sehen, wenn Sie hinkommen.«

Ich deutete auf die Windmühlen. »Wozu sind die gut?«

Er sah gereizt zu den Hügeln. »Ach, nur Spielzeug. Für die Kinder.«

Wir trennten uns, und ich ging über eine gedeckte Holzbrücke mit Sitzen, die wie Chorgestühl in die Seiten eingelassen waren. Zwei kleine Mädchen liefen herbei und faßten mich mit schockierender Zutraulichkeit rechts und links an der Hand, so daß ich mir vorkam wie Jesus, der die Kindlein zu sich kommen läßt. Aus Mandelaugen blickte mich die reine Unschuld an.

»Geben Sie mir ein paar Süßigkeiten. Ich möchte Geld.«

»Von Süßigkeiten kriegt ihr schlechte Zähne.«

Eine alte Dame, die mit Gartenarbeit beschäftigt war, gakkerte zustimmend. »Ganz richtig. Die sollten sich schämen.« Sie schämten sich aber nicht, sondern rannten kichernd und verächtlich schnaubend davon.

»Guten Tag, Mutter.«

»Guten Tag. Wo wohnen Sie?« Ich erklärte es ihr, und wir durchliefen die üblichen Fragen. »Wo führt diese Straße hin, Mutter?«

»In die Berge. Nach Bittuang, wenn Sie wollen. Etwa zwei Kilometer von hier steht ein schönes Haus. Sie sollten dort hingehen.«

Einer Eingebung folgend, deutete ich auf die Windmühlen und fragte: »Wofür sind die da?«

Sie lächelte süffisant und zeigte eine Reihe mahagonifarbener Zähne. »Die erzeugen den Wind, um den Reis zu reinigen.«

Ich ging weiter und fühlte mich mehr und mehr wie ein Wanderer im Märchen. Die Straße gab alle Bemühungen auf, wie eine englische Landstraße auszusehen, und kehrte ein Kopfsteinpflaster hervor, das merkwürdig von den Bananenhainen auf beiden Seiten abstach. Über den Bäumen tauchte das Dach eines Hauses auf, eine massige, geschwungene, mit Holzziegeln gedeckte Konstruktion.

Die torajanischen Häuser sind zu Recht berühmt. Es sind riesige Holzbauten, die sich auf Pfählen über dem Boden erheben, raffiniert zusammengefügt und durch Pflöcke verklammert. Die ganze Oberfläche ist mit großartigen Schnitzereien und Malereien bedeckt: Die komplizierten Muster zeigen Büffelköpfe, Vögel, Blätter. Die Häuser können Hunderte von Jahren alt sein; sie sind die Fixpunkte, mit deren Hilfe die Menschen ihr System persönlicher Beziehungen organisieren. Sie weisen nach Norden, der Himmelsrichtung, die mit den Ahnen in Verbindung gebracht wird. Vor vielen Häusern erhebt sich ein Pfahl, der bis zum Dachfirst reicht, wo die Hörner von Büffeln übereinander geschichtet sind, die bei Festen geschlachtet wurden. Vis à vis des Hauses stehen die Reisscheunen, bei denen es sich um kleinere Ausgaben desselben Bautyps handelt. Unter dem Hauptspeicherraum befindet sich eine Plattform, wo die Leute sitzen und den kleinen, aber vitalen Geschäften des gesellschaftlichen Lebens nachgehen. Hier kann jeder ein Schwätzchen halten und Freunde empfangen; hier weben die Frauen, reparieren die Männer ihr Werkzeug, schlafen die Gäste.

Eine Gruppe von Männern saß mit gekreuzten Beinen da und sah mir entgegen. Wir tauschten Grüße aus, und ich wurde aufgefordert, Platz zu nehmen. Wieder einmal verfluchte ich meine Schnürstiefel, die umständlich aufgeknotet werden mußten, wenn ich sie auszog, um Privaträume betreten zu können. Nachdem ich Zigaretten angeboten und mich zu meiner Identität als christlicher Engländer bekannt hatte, stellten wir uns der unglaublichen Tatsache, daß in meinem Heimatland kein Reis wuchs und daß wir deshalb auch keine Reisscheunen hatten, wo man sitzen konnte. Ob ich Lust hätte, mir das Haus anzuschauen? Ein erschrockenes Gesicht, das aus einer kleinen Luke gut sechs Meter über dem Erdboden spähte, sah uns anrücken und zog sich unter Fußgetrappel fluchtartig zurück. Ich arbeitete mich ungeschickt die Leiter hoch und durch eine Tür, auf der im Flachrelief ein Büffelkopf geschnitzt war.

Das Haus war in kleine Räume unterteilt, deren Türschwellen wie bei wasserdichten Abteilungen in einem Schiff erhöht waren. An den Seiten verliefen zwei offene Galerien, die gleichfalls an ein Schiff erinnerten, weil sie wie Decksgänge aussahen. Kein Wunder, daß die ersten Reisenden den Bewohnern hatten einreden wollen, ihre Häuser seien den Schiffen irgendeiner ursprünglichen Wanderung nachgebildet – mittlerweile glauben die Toraja selber daran; die Ethnologen mußten es schließlich wissen. Die Fensterläden waren offen, um ein bißchen Licht hereinzulassen, durch dessen Strahlen Sonnenstäubchen tanzten, ganz wie in einer Kirche. Die uralten Wände schmückten Fotos westlicher Filmstars, die aus Zeitschriften gerissen waren, und handkolorierte Fotos von Hochzeiten, mit Gesichtern, die knollig und entstellt wirkten, als hätte man sie nach der bloßen Beschreibung koloriert. Wir machten einen Rundgang. In einem Raum schlummerte eine Katze behaglich in der Asche eines Feuers. In einem anderen Raum hing ein Arm wie ein Stock aus dem Moskitonetz, das ein Bett umhüllte.

»Mein Vater«, erklärte der Mann. »Er möchte Sie begrüßen, aber er ist krank.«

Ich schüttelte die von rauher, pergamentdünner Haut überzogene Hand; sie war heiß und trocken. Im Dunkel glühten rote

Augen. Dünne weiße Lippen murmelten Höflichkeiten. Wir kehrten zurück in den Eingangsraum und setzten uns auf blau bemalte Rohrstühle. Zu Häusern dieser Art paßt kein Mobiliar; die Möbel wirken deplaziert und die Räume vollgestopft. Ein unglaublich süßer Kaffee wurde gebracht, den die Plätzchen aus rotem Palmzucker nicht angenehmer machten, die überall in Toraja als Zeichen der Gastfreundschaft gereicht werden. Es war ein wohltuendes Gefühl, aus dem Trampelpfad der Touristen ausgeschert zu sein und diese freundlichen, einfachen Menschen kennenzulernen. Die Frage meines Ehestands kam wieder einmal aufs Tapet. Heiraten ist in Indonesien etwas so Unausweichliches, daß ein Junggesellendasein oder auch ein Leben in Scheidung schier unvorstellbar ist. Wenn Kinder von sich aus nichts zuwege bringen, dann kümmern sich die Eltern darum. Ich habe Indonesier getroffen, die sich nicht einmal zu einem kurzen Besuch nach Hause trauten, weil sie Angst hatten, sich über Nacht mit Gewalt verehelicht zu finden. Zu den brauchbarsten Utensilien im Ethnologengewerbe gehört ein Foto, das in der Brieftasche mitzuführen ist. Darauf sieht man eine blonde, großbusige Frau, deren Kleid zwar züchtig ist, aber auch nicht unterschlägt, daß sich beachtliche Reize darunter verbergen. So ein Foto ist ein unschätzbares Hilfsmittel, um alle möglichen Probleme zu meistern beziehungsweise um ein Gespräch über Heiratspraktiken in Gang zu bringen. Man kann behaupten, das Foto zeige die Frau oder Schwester oder sogar – wobei man die Schwierigkeit anderer Kulturen ausnutzt, das Alter von Menschen aus dem Westen zu schätzen – die eigene Tochter. Dieses Täuschungsmanöver hat nur den Nachteil, daß man rasch die Übersicht verliert, für welche Kreise man als verheiratet gilt und für welche nicht. Auch Informanten neigen unglücklicherweise dazu, sich untereinander zu verständigen. Schon aus diesem Grund verwendet man solche Tricks am besten nur bei Zufallsbegegnungen; dort können sie dann aber außerordentlich hilfreich sein, wenn man sich von der Aufgabe überfordert fühlt, das Heiratswesen in Europa lang und breit zu erörtern, und deshalb nach einer Möglichkeit sucht, die Diskussion abzukürzen. Diesmal indes nahm ich dankbar die Gelegenheit wahr, still und heimlich ein bißchen Ethnographie zu treiben.

In meinem Land, erklärte ich, müßten wir für unsere Frauen nichts bezahlen. Ja, so verhalte es sich auch in anderen Gegenden von Toraja – nicht allerdings hier, wo man die Frauen achte –, und deshalb heirateten die Buginesen gern torajanische Frauen von dort. In meinem Land müßten wir bei der Scheidung Geld zahlen. Hier auch. In meinem Land allerdings könne ein armer Mann, der eine reiche Frau geheiratet habe, von ihr Geld verlangen. Sie schauten mitleidig drein. Wie wir es zulassen könnten, daß Menschen aus unterschiedlichen Klassen heirateten? Klar, daß das nicht gutgehe. Ohnehin solle eine Frau im Interesse ihrer Kinder nie unter ihrem Stand heiraten, da ihre eigene soziale Stellung bestimmend sei für die ihrer Kinder. Schon steckten wir in einer Erörterung des Klassen- und Heiratssystems – eine Aufgabe, die so schwierig ist, wie das Entgräten eines Fisches –, und mein Informant geriet immer mehr durcheinander und verlor zunehmend den Überblick. Höchste Zeit, Schluß zu machen. Aber er wollte nicht.

»Warten Sie«, sagte er. »Ich prüfe das mal.« Er schlüpfte in den benachbarten Raum, um seinen Vater zu fragen – das nahm ich jedenfalls an und empfand ein Schuldgefühl beim Gedanken, daß der arme alte Mann gestört wurde. Es dauerte nicht lange, da kam er zurück und blätterte in einem großen blau eingebundenen Buch.

»Hier haben wir es. Hier steht alles drin.«

Es war seine Doktorarbeit zum Thema Heiratssystem, mit der er an der Universität Ujung Pandang promoviert hatte. Er war Ethnologe.

Als ich mich verabschiedete, holte er ein Gästebuch, in das ich aufgefordert wurde, meinen Namen einzutragen, meinen Eindruck vom Haus und – Wink mit dem Zaunpfahl – die Höhe meiner Spende für die Erhaltung des Hauses. Mit Unmut registrierte ich, daß sich im Monat zuvor eine Gruppe von dreißig amerikanischen Ethnologiestudenten in der Gegend herumgetrieben hatte. Bei den Toraja schien ein ganz schönes Gedränge zu herrschen. Ich empfand das dringende Bedürfnis, mich für meine enttäuschten Erwartungen schadlos zu halten und zeigte auf die Windmühlen auf den Hügeln.

»Wozu dienen die dort?« fragte ich in beiläufigem Ton. Er runzelte die Stirn.

»Komisch, daß Sie mich das fragen. Mir ist aufgefallen, daß man die alten Leute so oft danach fragen kann, wie man will, jedes Mal erhält man eine andere Antwort. Ich bin überzeugt davon, daß sie einfach für die Bestimmung der Erntezeit eine Rolle spielen und Teil eines umfassenderen Komplexes sind, zu dem auch Stockkämpfe und der Einsatz von Drehkreiseln gehören; aber es ist nicht auszuschließen, daß sie eine praktische Funktion als Vogelscheuchen erfüllen.« Am Boden zerstört, trat ich den Rückzug an.

Als ich in die Herberge zurückkam, hatten sich die jungen Christen wie Tau unter den Strahlen der Morgensonne verflüchtigt. Nur das Durcheinander des Mobiliars und ein leicht säuerlicher Geruch von Erbrochenem zeugten von den Ausschweifungen jugendlicher Frömmigkeit. Die Familie und ich waren die ganze Belegschaft, zusammen mit einem Taubstummen, der hereinschneite, und einem japanischen Bauarbeiter, der kein Indonesisch sprach. Der Japaner zeigte tränenreiche Fotos von der Familie, die er zurückgelassen hatte, um hier beim Straßenbau zu arbeiten. Ich kämpfte mit der Versuchung, meine blonde Frau herauszukramen, unterließ es aber. Der Sohn des Hauses diskutierte in beredten Gesten mit dem Taubstummen über die Gefahren des Fliegens, während ich seine Englisch-Hausaufgaben machte. Am nächsten Tag kamen sie voller Verbesserungen zurück; es wimmelte nur so von unverständlichen Fragen à la »Ist der Mond um sieben Uhr oder hinter der Tür?«

Unterdes war die kapriziöse Tochter des Hauses den ganzen Abend damit beschäftigt, dem Japaner weiße Haare auszureißen. Ihr dick aufgetragenes Make-up und das eindeutig halbeuropäische Kind, mit dem sie trotz fehlenden Ehemanns von Bali zurückgekehrt war, stempelten sie nach den dort geltenden Vorstellungen mit ziemlicher Sicherheit als »nichtsnutzige Frau«

ab. Sie legte es den Abend über darauf an, mich zu fixieren, während ich bemüht war, von ihrer Aufmerksamkeit keine Notiz zu nehmen.

Unvermittelt sagte sie: »Ich bin mit jemandem befreundet, der Sie gut kennt.«

Ich täuschte höfliches Interesse vor. »In Indonesien?«

»Ja. Auch in Indonesien. Man kennt Sie sehr gut.« Dem unbestimmten Fürwort ließ sich nicht entnehmen, welchen Geschlechts die betreffende Person war.

»Ist die Person, die mich kennt, männlich oder weiblich?«

Sie lächelte hintergründig. »Ein bißchen von beidem.« Sie wiegte den Kopf des Bauarbeiters in ihren Händen.

Ein Transvestit? Doch nicht etwa die Darstellerin vom Theater in Jakarta?

Sie fuhr fort: »Aber die Person möchte Sie besser kennenlernen und hat mir eine Botschaft für Sie gegeben.« Sie riß ein weiteres weißes Haar aus dem Schädel des Japaners.

Ich war dieses geheimnistuerische Kommunizieren leid, das buchstäblich über den Kopf des Japaners hinweg stattfand. »Hören Sie«, sagte ich, »wer ist die Person, und wie lautet ihre Botschaft?« Sie kicherte, ließ den Kopf so plötzlich los, daß der arme Mann fast auf den Boden gepurzelt wäre, und tänzelte durch den Raum, um mir ein Stück Papier unter die Nase zu knallen.

»Das ist die Botschaft«, strahlte sie. »Mein Freund ist Jesus.« Es war ein religiöses Traktätchen.

Da Markttag war, hatten sich die Ziegen widerwillig bereitgefunden, das Fußballfeld zu räumen und Haufen von Erzeugnissen aus der ländlichen Umgebung Platz zu machen. Merkwürdige klumpenförmige Gemüse, die wie Krebswucherungen aussahen, und aufgeschnittene Jackbaumfrüchte, die an Hirnhälften erinnerten, waren zu blassen glitzernden Haufen aufgetürmt. Die Holzläden hatten ihre Harmonikatüren geöffnet und boten Billigwaren aus China und Japan feil, Makrelendosen, parfümierte Seife, Streichhölzer, Schlüsselanhänger in Gestalt von Mädchen, deren Büstenhalter herabfiel, wenn man sie umdrehte. Mitten aus der Menge hörte man eine Stakkatostimme, die durch einen pfeifenden Lautsprecher die Leichtgläubigen zum Hindernisrennen über den Markt antrieb. Hatte man sich unter Seilen und zwischen Kabeln durchgeschlängelt, war über Tomatenhaufen gesprungen und durch Abwasserpfützen geschliddert, gelangte man endlich ins windstille Zentrum.

Dort stieß man auf einen Kurpfuscher, der Pülverchen feilbot, mit denen man vom Durchfall bis zur Sterilität alles heilen konnte. Ab und an mußten sich sämtliche Damen entfernen, damit eine heikle »männliche Schwäche« erörtert werden konnte. Ungeheures Interesse fand ein Körper aus Plastik, dem man die Organe entnehmen konnte, um an ihnen die jeweilige Krankheit zu demonstrieren. Dem herrschenden Geschmack zuliebe stellte er eine westliche Blondine dar, mit enormen, aufgesetzten Brüsten und mit Haar, das man büschelweise ausreißen konnte, um sich über die Folgen von Schorf zu verständigen.

Im übrigen war das Angebot an materiellen Gütern mehr als enttäuschend. Man konnte zwischen ein paar Stoffen wählen, die wenig Begeisterung weckten und auf ganz und gar chemischer Basis gefärbt waren. Der teuerste bestand aus Kunstseide. Während ich trübsinnig den Stoß durchwühlte, spürte ich, wie mir jemand mit der Hand unter das Hemd fuhr und mich kitzelte. Ich warf mich herum und sah dem Reiter von gestern ins grinsende Gesicht. Mit einer Gebärde, die eines Erroll Flynn würdig war, schlang er sich seinen röhrenförmigen Umhang um den Hals, so daß er hinten herunterhing, und drückte mich ans Herz.

»Wenn Sie Stoffe wollen«, flüsterte er, »kommen Sie mit!«

Kurz darauf steckten wir in einer hölzernen Kaffeebude, umgeben von einer dicken Wolke parfümierten, nach Gewürznelken duftenden Zigarettenrauchs. Die Wirtsleute stammten aus den Bergen, waren kleingewachsen, drahtig, mit reichlich Haar und vielen Falten. Die Männer hatten ihre Umhänge um die Ohren geschlungen und sahen aus wie Fledermäuse. Unter dem Tisch wurden Stoffe hervorgezogen, in Bündeln, die ein

Strick zusammenhielt. Sie leuchteten rot und orange, mit einem Muster aus kardierten Streifen. Die Farben waren natur und würden allmählich ausbleichen.

»Von den Pflanzen«, sagte mein Führer und tippte mit der Fingerspitze auf die Farben. Wir fingen an zu handeln. Es war ein freundliches Geschäft. Wieder war ich verblüfft, wie anders es zuging als beim Feilschen in Afrika – aggressionslos und ohne wildes Imponiergehabe. Wir schoben merkwürdig desinteressiert Preise hin und her, ein bißchen wie Weinkoster, die mit edlen Weinen den Mund spülen. Bald waren wir uns handelseins, und ich hatte einen schönen neuen Umhang erworben. Das Treffen hatte mir noch einen anderen Gedanken eingegeben. Ich würde mir ein Pferd mieten und hinauf in die Berge reiten.

In der Ethnologie wird traditionell angenommen, daß die körperlichen Strapazen, die der Feldforscher auf sich nimmt, ein Maß für den Wert seiner Erhebungen abgeben. Wie viele andere Vorurteile läßt sich auch dieses durch noch so viele Gegenbeweise nicht aus dem Feld schlagen. Ähnlich steht es mit der Vorstellung, daß unter der komplizierten Oberfläche, wo Traditionelles und Modernes aufeinandertreffen, eine Schicht *wirklicher* Ethnographie, das reine, unverfälschte Indonesien verborgen liege. Man müsse sich nur weit genug von den Städten entfernen, dann finde man es garantiert. So gesehen, schien ein Ritt in den Wald ein guter Einfall zu sein.

*

Pferde habe ich nie gemocht. Meine Erfahrung mit dem Reiten ist ebenso schrecklich wie spärlich. Pferde spüren, wenn man Angst vor ihnen hat.

Während der nächsten Tage verbrachte ich viel Zeit damit, mich in der Stadt umzuhören. Das Feilschen wird außerordentlich kompliziert, wenn man keine Vorstellung davon hat, was als vernünftiger Preis gilt. Es ist auch extrem unangenehm, wenn man die besten Pferde für eine Reise auswählen muß und weder weiß, wie ein gutes Pferd aussieht, noch, wo die Reise hingehen soll.

Die Leute erzählten mir von Dörfern in den Bergen, wo es alte Häuser gebe, die Menschen noch Heiden seien und die Schmiede merkwürdige Bräuche pflegten. Offenbar mußte ich mich einfach nur in nördliche Richtung aufmachen. Noch mehr Zeit verbrachte ich damit, Pferde anzuschauen. Daß übertrieben dürre Reittiere oder solche mit großen eiternden Abschürfungen auf dem Rücken zu meiden seien, auf diesen Gedanken kam ich von selbst. Eine Eingebung riet mir auch, einen Blick auf die Hufe zu werfen; ich tat es, ohne allerdings zu wissen, wonach ich eigentlich Ausschau hielt. Jedenfalls war eindeutig, daß die Besitzer der Pferde dieses Verhalten von mir erwarteten. Der Volksmund empfahl mir, dem Gaul ins Maul zu schauen – auch das tat ich. Mich erinnerte das alles an damals, als ich einen Gebrauchtwagen kaufen wollte und vor den Besitzern Sachkenntnis heuchelte. Was meine Gegenüber allerdings nicht wußten, war, daß ich schon lange alle Hoffnung auf Pferdeverstand hatte fahren lassen, und mich darauf beschränkte, die Besitzer zu taxieren.

Zwischen Roßtäuschern und Gebrauchtwagenhändlern besteht unverkennbar eine enge verwandtschaftliche Beziehung. Beide Gruppen scheinen ungebührlich viele Personen von zutiefst zweifelhaftem Charakter in ihren Reihen zu haben, die an allen möglichen Stellen ihres Körpers dicke Geldscheinbündel verbergen. Die Preise waren offenbar immer eine hochkomplizierte Sache. Es ging stets darum, eine gewisse Summe sofort zu zahlen, wobei ein bestimmter Preisabschlag für dieses und jenes in Rechnung gestellt wurde, was umständliche Kalkulationen erforderte. Die Arithmetik schien sich hier auf ein ganz neues, merkwürdiges Gebiet vorzuwagen. Ich hatte Mühe zu verstehen, warum ein Mensch mindestens drei Pferde brauchte, und erst im letzten Augenblick wurde mir klar, daß einer der Händler für den Sattel extra kassieren wollte. Fragte ich, wer für das Futter zuständig sei, starrten sie mich ausdruckslos an.

»Pferde fressen Gras«, erklärte einer freundlich. Wie stand es mit dem Futter für mich selbst und einen Führer, mit Decken, Zigaretten? Sie zuckten die Schultern. Das war meine Sache. Was sie betraf, so forderten sie nichts und erwarteten nichts. Sie verließen sich ganz auf mich.

Schließlich fand ich den richtigen Mann für das Unternehmen; er hörte auf den großartigen Namen Darius. Sein offenes, ehrliches Gesicht, der gerade Blick, die lebhafte Intelligenz – kein Zweifel, all das verriet den Typ des guten Indonesiers. Wir hockten uns neben die Hufe der Pferde, die ich gerade begutachtet hatte, und rauchten gemeinsam eine Zigarette. Ich erklärte, worum es bei meiner Expedition ging. Er nickte verständig. Es gebe interessante Leute in den Bergen und auch schöne Häuser, und bei ihm sei ich bestens aufgehoben. Er wisse, daß ich neu in diesem Land sei und Hilfe brauche. Die Pferde seien gut. Ich solle jenes da reiten – wie ich sehen könne, stehe es gut im Futter. Wir könnten morgen aufbrechen. Treffpunkt an der Brücke um 5 Uhr 30 in der Frühe.

6
In dieser Stadt ist nicht Platz für uns beide

Daß ich um sechs Uhr dreißig immer noch unter der Brücke saß, überraschte mich nicht sonderlich. Die *Gummizeit* gehört hier so sehr zum Leben, daß sogar die Indonesier Witze darüber reißen. Wegen des indonesischen Systems der Zeitangabe, in dem fünf Uhr dreißig mit »halb sechs« ausgedrückt wird, sind Mißverständnisse an der Tagesordnung, und die Treffen kommen stets nur mit Mühe zustande. Ich saß *unter* der Brücke, weil es in Strömen goß; große Wassertropfen klatschten herunter und hatten mir rasch deutlich gemacht, wie löchrig das Dach über der Brücke war. Als ich in der Ferne Pferdegeschirr bimmeln hörte, sah ich hoffnungsvoll auf. Aber es war nicht Darius. Ich sah in das braune Wasser, das drunten vorbeischoß, während die Pferde hinter mir auf den Bohlen rutschten und ruckelten, bis sie dampfend und die Köpfe werfend zum Stehen kamen.

Ich wandte mich um und erblickte einen Gartenzwerg, der einen andeutungsweise wohlwollenden Eindruck machte und in einen grasgrünen Plastikregenmantel gehüllt war. Das Schweigen zwischen uns dehnte und dehnte sich. Er hüstelte, und ich versuchte eine Begrüßung und mußte erwartungsgemäß feststellen, daß er fast kein Indonesisch sprach und außerdem zahnlos war. Während der Zwerg skeptisch dreinschaute, betrachtete ich wieder die Pferde. Das Leitpferd sah aus wie ein normales torajanisches Pferd, kleingewachsen, zottig und bösartig. Es musterte mich abschätzend und kräuselte die Lippen. Das zweite war unter seiner Last von Plastikkanistern fast nicht zu sehen. Das dritte kam mir bekannt vor und war fraglos das pummelige Geschöpf, das man mir als Reittier zugedacht hatte.

»Wo ist Darius?«

Der Zwerg raschelte, streckte schließlich einen Arm aus und wies hinauf in die Berge. Er zeigte auf sich selbst, dann auf mich und wies erneut in die gleiche Richtung.

»Er ist vorausgeritten?« Der Zwerg gurgelte zustimmend. Vor diesem Moment hatte ich mich gefürchtet: Ich mußte aufs Pferd.

Ein Rundgang um das Biest wies mir keinen erkennbaren Einstieg. Augenblick mal, hier stimmte doch irgendetwas nicht. Es gab keine Steigbügel. Ich ging nach vorn, um die Zügel zu richten, und stellte fest, daß auch sie fehlten.

»Wie komme ich rauf?« Ein unidentifizierbarer Vokalbrei lief in das indonesische Wort für »springen« aus. Ich sprang und landete bäuchlings quer auf dem Rücken des Pferdes. Pferde merken instinktiv, wenn ein Idiot bei ihnen an Bord geht. Meines wählte diesen Moment, um loszupreschen und mit dem Pferd vor ihm Karambolage zu spielen, das sich daraufhin umdrehte und nach ihm biß. Der Sattel war anders als alle, die ich bislang kannte. Er schien aus einem Bündel Brennholz zu bestehen, war mit Sackleinen bespannt und so breit, daß man mit weit gespreizten Beinen darauf Platz nehmen mußte. Er saß locker, kurvte unter mir abwärts und beförderte mich zurück auf den Boden. Gott sei Dank sind torajanische Pferde nur halb so groß wie die im Westen; der Sturz war also nicht sehr tief. Dumm war nur, daß sich das vordere Biest aufbäumte. Es kam prompt auf mich herabgedonnert und umstampfte wie ein schottischer Tänzer meinen Kopf. Ich verzichtete darauf, seine Hufe zu inspizieren, und rollte wimmernd zur Seite, während der Zwerg fluchend mit der Ladung Kanister kämpfte.

Fraglos war nun der Augenblick gekommen, das Ruder in die Hand zu nehmen und den Kurs für unser künftiges Verhältnis abzustecken. In solchen Situationen fallen Sprachprobleme nicht mehr ins Gewicht. Ich stand auf, erklärte, ich sei noch nie auf einem Pferd geritten, und verlangte, belehrt und eingewiesen zu werden. Inzwischen hatte sich eine kleine dankbare Zuschauermenge angesammelt, von der Art, wie sie auch der unbedeutendste Vorfall auf die Beine bringt. Glücklicherweise sind torajanische Kinder nicht schüchtern, und eines trat vor, um mir die elementaren Steuervorrichtungen zu erklären. Das Kind war etwa zehn Jahre alt und schwang sich mit unverschämter Grazie in den Sattel, von wo es mir zeigte, wie man sich mit den Knien festhalten sollte. Mit den Händen mußte man vorne den Brennholzsattel umklammern. In schwierigen Situationen wie etwa beim Durchschwimmen von Flüssen (würde ich durch Flüsse schwimmen müssen?) sei es das beste, sich mit den Fingern einfach in der Mähne festzukrallen. Das Pferd kenne die indonesischen Wörter für »links« und »rechts«.

»Vielen Dank. Und nun sag mir noch, wie man das Tier in Gang setzt – nein zuerst, wie man es anhält.« Er langte nach vorn, griff sich einen Büschel Haar von der Stirnlocke des Pferds, riß dessen Kopf heftig herum und brüllte »Stop«. Das sah so aus, als könne es funktionieren. Das Pferd war absolut willfährig. Das Kind sprang leichtfüßig zu Boden, und ich versuchte, seinen Platz einzunehmen. Ich bot ein trauriges Schauspiel, wie eine Greisin im Feriendorf, die sich bemüht, die Verrenkungen der tanzenden Mädchen zu imitieren. Das Kind seufzte und ging an den Straßenrand, wo es einen Dolch zog, um einen gewaltigen Stock damit abzuschneiden.

»Um das Pferd in Gang zu bringen, schlagen Sie es hiermit und rufen laut ›husch‹.« Ich probte ein paar leise »Huschs« ohne Stock.

»Nein, nicht so. *Husch*«, kreischte das Kind und versetzte dem Pferd einen mächtigen Klaps auf den Leib. Mit einem Ruck, der mir das Genick verrenkte, schlingerten wir los, während ich verzweifelt nach einem Halt für Füße, Knie und überhaupt alles suchte. Die Zuschauer johlten und hohnlachten. Die Bewegung war über die Maßen unangenehm, als höben sich entgegengesetzte Enden des Biests gleichzeitig, so daß auf dem Brennholzgestell kein Ruhepunkt zu finden war. Der Zwerg und das Kanisterpferd kamen von hinten heran und überholten mich. Offenbar waren wir bereits unterwegs. Ein gigantisches Grinsen war unter der grünen Plastikkapuze zu sehen.

Wir ritten an diesem Tag zwölf Stunden, ohne Halt zu machen. Die Straße verlief schnurgerade und war deprimierenderweise kilometerweit überschaubar, eine tiefrote Narbe, die sich quer durch die Landschaft zog. Zuerst folgten wir den sanften Windungen des Tales in einem leichten und durchaus erfrischenden Regen. Doch bald schon ging es bergauf. Die Felder schrumpften und verschwanden. Nachdem wir eine halbe

Stunde stetig geklettert waren, erreichten wir den Wald. Das war nicht der tropische Wald, den ich aus Afrika kannte, kein kühler, schattiger Ort. Dumpfig war es und feuchtheiß. Die Pflanzen schienen alle mit scharfen oder stachligen Blättern bewehrt, die sie ausstreckten, um einen zu zerfleischen. Es überraschte, die Zimmerpflanzen anzutreffen, die man in Europa zu einem gemäßigten Wachstum beschwatzt hatte. Hier wirkten sie mit ihren fetten grünen Blättern abstoßend wucherfreudig. Man wurde das Gefühl nicht los, man müßte nur anhalten, und schon würden sie einen von allen Seiten umschlingen.

Wäre der Weg häufiger benutzt worden, es hätte Brücken gegeben. Statt dessen hörte man alle paar Kilometer Wassertosen, und ein langsamer Abstieg begann, bei dem die Pferde auf nassen Felsen hinunter sprangen und schlidderten, bis sie am Fluß anlangten. Um diese Jahreszeit stand das Wasser niedrig, so daß es den Pferden nur bis zu den Keulen reichte und die Tiere hineinstampfen und sich durch das felsige Flußbett hinübertasten konnten. Über der tiefsten Stelle lagerte regelmäßig eine dichte Wolke von Mücken oder Schmetterlingen, die sich auf uns niederließen und an unserem Schweiße gütlich taten.

Das Pferd unterzog mich ausgeklügelten Tests. Rasch hatte es herausgefunden, daß ich, wenn es bei »husch« nicht beschleunigte, seltsam zögerte, den Schößling einzusetzen, und so wurde es langsamer und verfiel schließlich in einen Bummelschritt. Ich hoffte, mich mit ihm ins Benehmen setzen zu können, und erfragte seinen Namen. Der Zwerg murmelte etwas wie »Meine Fresse«. Das Pferd reagierte darauf und begann zu traben. Allmählich fand ich kleine technische Finessen heraus. Ich stellte fest, daß es besser ging, wenn ich mich beim Abstieg nach hinten und beim Anstieg nach vorn lehnte.

Wir mußten immer höher gestiegen sein, denn es wurde stetig kälter. Der Regen nahm zu. Die Rücken der Pferde dampften. Ich war dankbar für die Wärme, die von Meine Fresse aufstieg. Der Zwerg hielt an, um die Kanister zu richten, und ich schlenderte fort, um zu pinkeln. Wir rauchten zusammen eine Zigarette. Wo Darius sei, erkundigte ich mich.

»Darius?« Er wies in die Richtung, aus der wir kamen, und flatterte mit den Fingern, um anzudeuten, wie weit weg er war. »Darius ist krank.«

»Darius kommt nach?«

Er grunzte.

»Darius kommt nicht nach?«

Dasselbe Geräusch. Ich war allein im Wald, ohne Proviant, mit einem Mann, mit dem ich mich nicht verständigen konnte, und ohne die Spur einer Ahnung, wohin es ging. Aber immerhin schien mein Begleiter ein Ziel im Auge zu haben und darauf bedacht zu sein, möglichst rasch dort anzukommen. Mit dem Tempo, in dem wir vorankamen, war er eindeutig unzufrieden und drängte vorwärts. Er ersann einen neuen Trick, fiel zurück und zog Meiner Fresse plötzlich eins von hinten über. Das Ergebnis war das gleiche wie beim ersten Mal. Meine Fresse schoß in irrem Galopp los und drohte, mir entweder den Sattel unter dem Hintern wegzureißen oder mich nach vorn mit dem Gesicht zuerst in das rasiermesserscharfe Laub zu katapultieren. Ich brüllte, und schließlich gelang es mir, sein Pferd zu pieken, so daß es sich höchst zufriedenstellend aufbäumte. Danach beschränkte er sich darauf, in so bösartig drohendem Ton auf Meine Fresse einzuflüstern, daß er haargenau denselben Effekt wie vorher erzielte.

Die Stunden verrannen. Das bösartige Flüstern des Zwergs hörte sich im Wald an wie lautes, schweres Atmen. Der Regen fiel dichter und Blutegel ließen sich von den Bäumen auf uns herabfallen und sammelten sich um Hals und Handgelenke wie verheddertte Schmuckketten. Von den Stellen, wo sie gesaugt hatten, tropfte Blut. In Reisebüchern heißt es, daß man Blutegel mit Zigaretten killen kann. Zigaretten lassen sich an ihnen hervorragend ausdrücken, aber umbringen tut es sie nicht. Gelegentlich erspähten wir zwischen den Bäumen bebaute Felder, die in dieser Höhe nicht mit Reis bepflanzt waren, sondern mit Maniok, das an nahezu senkrechten Hängen wuchs.

Die rote Erde war regenüberströmt und glitzerte und glitschte vor Nässe. Ich dachte an die tröstlichen Passagen meines lügenhaften Reiseführers, in denen dem Reisenden empfohlen wurde, eine gemächliche Wanderung mit dem Rucksack durch dieses Gebiet zu unternehmen. Vor meinem inneren Auge sah ich mich in wachsender Verzweiflung und Erschöpfung diese gefährlichen Geröllhänge hinaufkraxeln und hinunterschlittern. Wir erreichten ein Dorf, aber meine Hoffnung auf ein trockenes Plätzchen zerstob. Der Ort war seit langem verlassen und überwuchert mit haarigen Kriechpflanzen, in denen es von Spinnen wimmelte.

Wir ritten die Dorfstraße entlang. Die großen Steinblöcke, mit denen sie einst gepflastert war, hatte das Wurzelwerk der Pflanzen auseinandergedrückt und umgestürzt. Wir kämpften uns eine riesige Treppe hinauf, deren Stufen teilweise über einen halben Meter hoch waren. Der Boden war übersät mit Bruchstücken von Getreidemörsern, als hätte ein gigantischer Hauskrach stattgefunden.

Ich hätte gern etwas gegessen, aber der Zwerg dachte nicht daran, er schien nicht einmal trinken zu müssen. So versuchte ich meinen eigenen Durst bei strömendem Regen zu ignorieren, und es dauerte nicht lange, da vermengte sich das Stampfen der Pferdehufe mit einem pochenden Kopfschmerz. Just da fiel mir ein, daß ich zwar jede Menge Arzneimittel mitgebracht, leider aber das Aspirin zu Hause vergessen hatte.

Am späten Nachmittag gelangten wir hoch oben auf einem Bergkamm ins Freie und überblickten geschlossene Waldflächen, die sich unglaublich weit nach allen Seiten erstreckten. Mamasa mußte irgendwo hinter uns sein, aber es war nicht zu sehen. Wie ein Swimmingpool auf dem Dach eines Hotels dehnte sich einsam und großartig ein Reisfeld in jenem unvorstellbar tiefen Grün, das man nur bei Reispflanzen findet. Auf einer Seite stand ein schönes, festgebautes Haus, hinter dem Rauch aufstieg, der nach geröstetem Kaffee roch. Von einer Veranda winkten Kinder fröhlich herüber. Es würde gut tun, wieder einmal festen Boden unter den Füßen zu haben.

Der Zwerg rief etwas, überholte mich und setzte sich an die Spitze. Ich konnte es nicht fassen, aber wir ritten am Haus vorbei, ließen es hinter uns und stürzten uns erneut in den Urwald. Ein Wort verstand ich, *terlambat,* »zu spät«. Ich wurde dafür bestraft, daß ich zu langsam geritten war; in mir wuchs ein richtiger Haß auf den Zwerg.

Die letzte Stunde fügte zu den Leiden des Tages noch die Qualen der Verzweiflung. Der Regen fuhr zischend durch das Laub rings um uns, und es war schon dunkel, als wir bei einer armseligen Hütte am Wegesrand anlangten.

Ich bin noch nie mit der Situation konfrontiert worden, daß bei Einbruch der Nacht zwei völlig Fremde bei mir eintrafen, die unter ihrer dicken Schlamm- und Blutkruste ganz selbstverständlich erwarteten, sich an meinen Lebensmitteln satt essen und in meinem Haus schlafen zu können. Hoffentlich wird mir das auch erspart bleiben. Ich fürchte, ich würde mich weniger gastfreundlich zeigen als unser Wirt, ein junger Bauer, der mit seiner Familie von der heißen Küste heraufgezogen war, verführt durch die Aussicht auf ein Stück eigenes Land.

Das Haus war ein modernes Blockhaus mit vielen Ritzen für den Wind. Obwohl wir mitten im Wald saßen, wäre niemand auf die Idee gekommen, Holz für etwas anderes als fürs Kochen zu verwenden. Wir hockten also in unseren durchnäßten Kleidern auf dem Boden und fröstelten. Das war die Gelegenheit, meinen neuen Umhang aus Mamasa auszupacken. Er war zwar durchweicht, aber er würde mich wenigstens vor der Zugluft schützen. Ich vergrub mich in seinen feuchten Falten.

Der Bauer sprach indonesisch. Vor drei Jahren hatte er sich vom Staat zur Umsiedlung bewegen lassen. Aber das Leben hier oben war hart. Von den Behörden erhielten sie keine Hilfe mehr, und das Wichtigste war natürlich, die Moschee fertigzubauen. Wegen der Kälte blieb es bei einer Reisernte pro Jahr, man mochte tun, was man wollte. Ob ich von der anderen Touristengruppe in den Bergen gehört hatte? Vier Franzosen, zu Pferd unterwegs. Es wurde finster, aber für eine Öllampe fehlte Geld. Wir saßen im Dunkeln, und unsere Gesichter leuchteten dann und wann im Schein der Zigarettenglut auf. Kinder krochen herein, in dünne Umhänge gehüllt. Nicht zum ersten Mal fühlte ich mich durch die Situation hoffnungslos überfordert und wünschte, Flöte spielen oder in der Sprache, in der sie sich flüsternd unterhielten, Witze reißen zu können.

Essen wurde hereingebracht, Hähnchen – für einen Bauern wie diesen in der Tat ein fürstliches Mahl. Auch ich würde mich daran laben, anders als bei Aeroflot. Es roch köstlich, aber plötzlich war ich zum Essen zu müde. Als ich es versuchte, kam ich mit den Zähnen einfach nicht hinein. Ich versteckte das Hähnchen unter meinem Umhang, um mich am nächsten Tag seiner zu entledigen. Der Zwerg und der Bauer vertilgten den Rest und dazu einen großen Berg Reis. Ich erinnerte mich an ein Restaurant in Ujung Pandang, wo man mir ein riesiges Sieb mit Reis als »eine Portion« aufgetischt hatte.

Ein kleines Kind kam herein und setzte sich mir ohne viel Umstände auf den Schoß. Im Schutz der Dunkelheit schob ich ihm das Hähnchen hin, das es in konspirativem Schweigen verzehrte.

Als nächstes bekam ich mit, daß heller Tag war. Ich hatte mich als Gast nicht von der besten Seite gezeigt, hatte es an Appetit fehlen lassen, war wenig gesprächig gewesen und hatte die Ungehörigkeit besessen, mitten beim Essen einzuschlafen. Meine Glieder wirkten verkrampft, mein Mund war pelzig, wie ich es von nächtlichen Kanalüberfahrten her kannte. Die Kopfschmerzen waren weg, aber dafür hatte sich ein neues Problem eingestellt: Ich war blind. Zwar konnte ich hell und dunkel unterscheiden, aber von den Dingen sah ich nur unbestimmte, verschwommene Umrisse. Meine Augen fühlten sich heiß und geschwollen an; jemand stach mir mit einer heißen Nadel in die Iris beider Augen. Mit meinem Atmen stimmte ebenfalls etwas nicht. Aus meiner Nase strömte Rotze, und ich erlitt einen endlosen Niesanfall, nach dem ich erschöpft und keuchend zurücksank. Das mußte Lungenentzündung sein. Während ich hilflos und zu Tode erschrocken dalag, trieb eine Gestalt in mein Blickfeld. Der Stimme nach war es der Bauer. Er lachte, amüsierte sich regelrecht über meine Qualen. Da wußte ich, daß er mich vergiftet hatte. Wut und Selbstmitleid rangen miteinander um die Vorherrschaft, bis schließlich das Selbstmitleid den Sieg davontrug. Er streckte den Arm aus und nahm meinen Umhang an sich. Nicht einmal, bis ich tot war, wartete er, ehe er die Leiche fledderte! Ich war zu schwach, um Widerstand zu leisten. Er kicherte.

»Chili!« sagte er.

»Was?«

»Chili. Sie verwenden Chili, um das Tuch zu färben. Sie sollten nie ein Tuch aus Mamasa tragen, bevor es nicht mindestens dreimal gewaschen worden ist, oder besser noch kaufen Sie die neuen Tücher, bei denen keine Pflanzenfarben verwendet werden. Es gibt eine neue glatte Sorte.« Ich wußte, er meinte Kunstseide.

Er nahm das Tuch weg und brach in ein gesundes, fröhliches Lachen aus. Eine Stunde später hatte ich mich gewaschen und ein bißchen gebackenen Maniok gegessen. Ich konnte wieder sehen und atmen und empfand die Erleichterung, die man immer spürt, wenn man sich von einer Krankheit erholt hat. Nur der Zwerg sah unzufrieden aus, fieberte vor Ungeduld oder tat metaphorisch, was die Pferde buchstäblich machten: auf der Gebißstange mahlen. Auf Meine Fresse zu springen war ich nicht mehr imstande; ich mußte mich auf den Brennholzsattel hieven. In meiner Dankbarkeit und Erleichterung drückte ich wahrscheinlich dem Bauern zuviel Geld in die Hand. Zum Abschied gab er dem Pferd einen Klaps worauf es wie verrückt losstürmte. Ein neuer Tag war angebrochen.

Es fällt mir schwer, die folgenden vier Tage voneinander zu unterscheiden. Sie haben eine eigene gespenstische Wirklichkeit, die erfüllt ist vom Stampfen der Pferdehufe und dem dröhnenden Widerhall in meinem Kopf. Manchmal regnete es, und ich war völlig durchnäßt, manchmal schien die Sonne, und mir war sehr heiß. Die Pferde wurden immer streitsüchtiger, und die Beißereien zwischen ihnen wuchsen sich zu einem regelrechten Problem aus.

Der Zwerg weigerte sich, irgendwo Halt zu machen; er war besessen von einer ebenso ungewissen wie fixen Zielvorstellung. Toraja, die das vom Adel der Schlichtheit geprägte Leben führten, das den ethnographischen Erwartungen genügt hätte, traf ich keine. Je tiefer wir in den Wald eindrangen, um so dichter wurde er und um so spärlicher war er besiedelt, bis wir fast keine Menschen mehr trafen.

Nur gelegentlich stießen wir auf einsame Holzfäller, die entweder in verfallenen, undichten Unterkünften am Wegrand hockten oder mit der Hand Baumstämme zu Brettern zersägten. Wenige Aufgaben im Leben dürften gräßlicher sein, als in einem verregneten Wald am unteren Ende einer Zweimannsäge zu stehen, wo einem das Sägemehl voll ins Gesicht stiebt. Ich konnte mich mit diesen Menschen nicht verständigen und der Zwerg, glaube ich, auch nicht. Wir mußten eine unsichtbare Sprachgrenze überquert haben. Wir versanken also in völligem Schweigen, abgesehen davon, daß der Zwerg nach wie vor Meine Fresse Drohungen zuflüsterte. Eine Nacht verbrachten wir in einer dieser Unterkünfte, eingehüllt in eine dichte Wolke aus Sägestaub, Rauch und Moskitos. Wegen der rasselnden Blechbüchsen, die der Holzfäller, der dort wohnte, zur Abwehr von Ungeziefer in einem komplizierten System angeordnet hatte, das er mittels einer am großen Zeh befestigten Kordel betätigte, wachte ich immer wieder auf. Wir lebten von Reis und Chili. Ich hatte das Essen fast völlig aufgegeben.

Am letzten Tag spürte ich, daß etwas in der Luft lag. In unsere Einsamkeit brach jäh ein Pferdekonvoi ein, der aus der Gegenrichtung kam. Unser eigener Pfad stellte sich als Abzweigung eines größeren Weges heraus. Generationen von Reitern hatten in der Mitte des Weges eine tiefe Spurrinne hinterlassen. Alle Äste in Kopfhöhe und unmittelbar darüber waren dem ständigen Verkehr zum Opfer gefallen. Leider erstreckte ich mich seitwärts und nach oben weiter als die meisten Einheimischen; deshalb war ich gezwungen, die Füße zu heben, um nicht an den Wänden der Rinne anzustoßen, während ich gleichzeitig den Kopf einziehen mußte, um den Zweigen auszuweichen. Zusammen mit der ständigen Gefahr eines Kampfes zwischen den Pferden sorgte dies dafür, daß die Reise eine Tortur blieb.

Die Indonesier haben Linksverkehr. Wir ritten im Uhrzeigersinn auf der Außenseite des Weges bergauf und waren deshalb in einer ungünstigen Position für das Zusammentreffen mit dem bergabwärts ziehenden Konvoi, dessen Pferde so ausladend mit Paraffinkanistern bepackt waren, daß sie gegen unsere Pferde stießen und bummerten und sie über den Rand zu drängen drohten. Aufregung und Gebrüll; die Pferde rutschten auf dem losen Gestein. Im Gefühl, daß Vorsicht die Mutter der Porzellankiste und Feigheit die beste Form der Vorsicht sei, ließ ich mein Reittier im Stich und kletterte zu Fuß weiter. Oben traf ich einen Mann in mittleren Jahren, der einen hellfarbenen Umhang trug und bei meinem Anblick kicherte, während er vor Ausgelassenheit Luftsprünge vollführte.

»*Belanda* – Holländer!« schrie er und zeigte mit dem Finger auf mich.

»Toraja!« hielt ich dagegen und zeigte mit dem Finger auf ihn. Das war das Lustigste, was ihm je begegnet war, und er führte erneut seinen kleinen Freudentanz auf. Nach Tagen absoluten Schweigens stieg einem die Unterhaltung zu Kopf.

»Ich dachte, Sie wären die Gruppe Franzosen, die durch die Berge reiten – acht Franzosen auf Pferden. Aber Sie sind allein. Oder sind die anderen tot?« Auch das fand er witzig.

»Wo kommen Sie her?« fragte ich, ehe er es tun konnte.

Er wies über die Schulter. »Aus dem Norden.«

»Was ist da im Norden?«

»Zwei Kilometer von hier gibt es ein schönes Haus, danach die Stadt.«

Wir schwatzten weiter, bis der Zwerg herankam, der die Pferde vor sich hertrieb. Mein neuer Freund runzelte die Stirn.

»Eins verstehe ich nicht.« Er zeigte auf die Pferde. »Warum sind Sie mit zwei Hengsten und einer Stute in Brunft unterwegs? Macht das die Dinge nicht schwierig?« Ich hätte meine Musterung wohl nicht auf die Hufe beschränken sollen.

Die Erfahrung hatte mich gelehrt, Entfernungsangaben nicht allzu wörtlich zu nehmen. Ich freute mich auf die Gelegenheit, studieren zu können, wie die geschnitzten Häuser in dieser Gegend aussahen. Mochte der Zwerg sagen, was er wollte, ich war entschlossen anzuhalten. Ich nahm den Photoapparat zur Hand.

Nach fast genau zwei Kilometern kamen wir tatsächlich aus dem Wald. Der Zwerg zügelte seine Pferde, streckte die Hand in einer Art »Na bitte«-Geste aus und äußerte sich seit Tagen zum ersten Mal wieder auf Indonesisch: »Wir sind am Ziel«, verkündete er mit der ganzen Würde des geborenen Leibdieners.

Wir standen mitten auf einem makellosen Einlochplatz, dessen Rasen so aussah, als würde ein unfeines Wort reichen, ihn zu beschädigen. Eine Gruppe von Japanern, picobello gekleidet in mutmaßliche »Freizeitkluft«, bestehend aus Shorts und karierten Hemden, starrte uns in ziemlicher Bestürzung an. Sie fuchtelten mit funktionsoptimierten Einlocheisen und bedeuteten uns, wir sollten einen Bogen um ihren Golfkurs machen, statt ihn zu durchqueren. Sie wirkten keineswegs überrascht durch unser Erscheinen, und während wir unter den Bäumen am Saum des Rasens entlangritten, wandten sie sich wieder ihrem Geschäft zu und beugten sich unter ihren Baseball-Schirmmützen konzentriert über die Golfbälle, mit denen sie Zwiesprache halten wollten.

Bei dem schönen Haus handelte es sich nicht, wie ich angenommen hatte, um ein altes geschnitztes Bauwerk. Es war ein Bungalow im amerikanischen Stil, das Dach mit gleißendem Aluminium gedeckt und der Fußboden mit Fliesen aus Kunststoff belegt. Für jemanden, der Essen und Trinken hatte entbehren müssen, war indes am wichtigsten, daß es sich offensichtlich um eine Art Klubhaus oder jedenfalls Bar handelte. Einen Augenblick lang überfiel mich die absurde Panik, ich würde ohne Schlips nicht hineinkommen.

Die Kinoklischees in eigener Person nachzustellen, macht immer Spaß. Wir stiegen mit steifen Gliedern vom Pferd, klopften uns den Staub von den Kleidern, wie es sich für einen Roy Rogers gehörte, und banden unsere Pferde an das Geländer vor dem Gebäude. Mit den steifen Beinen eines John Wayne stakten wir ins Haus und traten an die Bar. Mein Photoapparat baumelte anklagend an meinem Hals.

Obwohl ich nicht damit rechnen konnte, verstanden zu werden, mußte ich es sagen.

»Her mit 'nem Hellen!« Der Barkeeper grinste mich an.

»Klar, Chef. Wollen sie japanisches oder welches von hier?«
»Von hier. Sie sprechen gut Englisch.«
»Klar. Ich war drei Jahre in den Nickelgruben oben im Norden bei den Kanadiern. Ich spreche ziemlich gut. Gehören Sie zu der Gruppe von Franzosen, die zu Pferd unterwegs sind – zwölf Leute und drei Führer?«
»Nein. Was ist das hier für ein Ort?«
»Das ist eine Kaffeeplantage. All die japanischen Filialleiter kommen von ihren Außenstellen hierher. Bei uns wird Kaffee gekocht. Wo sind Sie her? Sie haben irgendwie eine merkwürdige Aussprache.«
»Aus Mamasa. Wir sind über die Berge geritten.«
»Sie sind verrückt. Warum kommen Sie nicht mit dem Lastwagen wie alle anderen auch?«
»Mit dem Lastwagen?« Wie auf ein Stichwort hörte man draußen einen Lastwagen den Rückwärtsgang einlegen.
»Oh.« Der Zwerg süffelte Bier und verlangte gestikulierend Nachschub. Eigentlich hätte ich jetzt wütend werden müssen, aber ich konnte mich nicht dazu aufraffen.
»Sind alle, die hierher kommen, Japaner?«
»Es gibt ein paar Typen, die droben an der Funkstation arbeiten. Sie sehen die ganze Zeit Pornofilme, die sie über Satellit aus Thailand empfangen, deshalb lassen sie sich hier nicht oft sehen.«
An der Wand über seinem Kopf hing ein säuberlich geschriebenes Schild, das in Englisch die Klubregeln kundtat.
»Die Palmbäume westlich des Rasens sind als natürliches Risiko zu erachten; das gleiche gilt vom Gefallenen der Tiere.«
»Kann man hier irgendwo unterkommen?«
»Klar. Unten an der Hauptstraße ist ein Schuppen.«
Ich führte Meine Fresse die Straße hinunter, die behelfsmäßige Häuser im Wildweststil säumten. Gefallenes vom Tier war weit und breit nicht zu sehen.
Der »Schuppen« war unschwer an dem Stapel Bierflaschen und an den Bettüchern zu erkennen, die über dem Zaun hingen. Der Zwerg und ich beendeten unsere Geschäftsbeziehung mit

dem Austausch von Banknoten. Als ich das dicke Bündel rötlicher Geldscheine aus meiner Tasche nahm, steckte mittendrin ein Blutegel – der verkörperte Wucherer.

Das Etablissement wurde von einem deprimierten Chinesen betrieben, dessen wachsende Familie sich in praktisch alle Räume ausgedehnt und damit gleichzeitig seine Ausgaben vergrößert und seine Einnahmen beschnitten hatte.

Die jüngste Erwerbung war ein knochiger Sohn, der vom Architekturstudium zurückgekehrt war und auf einem Balkon lebte, wo er Zeichnungen von Wolkenkratzern anfertigte, die nie gebaut werden würden. Er hatte einen extrem lauten Kassettenrecorder, auf dem er mit demselben Vergnügen Popmusik und christliche Predigten hörte.

Für mich gab es nicht viel Platz; um also die Störung, die ich für den familiären Betrieb bedeutete, möglichst gering zu halten, bekam ich ein Stück Fußboden in einem Zimmer zugewiesen, das ansonsten die kichernden, halbwüchsigen Töchter des Hauses beherbergte. Vor meinem unkeuschen Blick waren sie durch Vorhänge geschützt, die ihr Baldachinbett umgaben. Ein ununterbrochener Strom von Mädchen trippelte hinein und heraus, so daß ich nie genau wußte, wie viele sich drinnen befanden und hinter dem tanzenden und sich bauschenden Vorhang unbekannten weiblichen Verrichtungen nachgingen.

Diese Ablenkungen waren allerdings nichts im Vergleich zu den Störungen, die von der Uhr ausgingen, deren stündliches elektronisches Schlagen dem Lärm eines britischen Schlachtschiffes glich. Als ich dies dem Wirt gegenüber zur Sprache brachte, wollte er vor Stolz schier platzen.

»Mein Sohn hat das gemacht«, sagte er. »Vorher war sie ganz still.«

Da ich keine Hoffnung hatte, Schlaf zu finden, machte ich mich auf und suchte den Zwerg. Er hatte schon seine Plastikkanister mit Paraffin gefüllt und war gerade im Aufbruch, um nach Mamasa zurückzukehren. Was mich betraf, warum sollte ich nicht einfach die Autostraße benutzen und nach Rantepao weiterfahren?

7
Der Reis und seine Menschen

Was ich als erstes sah, als der Lastwagen nach Rantepao hineinfuhr, war eine in bekömmlichem Grün gehaltene Moschee, die eine Kuppel aus Aluminiumblech krönte. Da Fastenmonat war, würde vor Sonnenuntergang kein Muslim etwas essen oder trinken. Von drinnen drang ein frommes Gemurmel. Der zweite Anblick war ein Mann, der vor der Moschee zusammengekrümmt stand und ausgiebig kotzte. Offensichtlich war er betrunken und damit beschäftigt, dem Gott, dem er diente (wer es auch immer sein mochte), Besserung zu geloben. Die Mitreisenden machten mißbilligende Geräusche und versicherten mir, das sei kein Toraja. Auf dem Armaturenbrett war ein Aufkleber: »Christus starb für deine Sünden.« Zwei flankierende Bilder von leichtgeschürzten chinesischen Mädchen und einem Starkbier trinkenden Mann deuteten darauf hin, welcher Art die Sünden waren.

Nach dem Ritt von Mamasa fühlte ich mich unendlich gereizt – ich fror, war hungrig, müde und angeödet, ohne daß ich die mindeste Vorstellung davon hatte, wie ich mein Wohlbefinden wiedererlangen konnte.

In der Nähe des Markts gab es ein kleines Hotel. Klein, sauber und preiswert, machte es den Eindruck, als könne es Balsam auf die Wunden gießen, die dem Geist geschlagen worden waren. Mitten im Garten stand eine torajanische Reisscheune. Auf diese schönen Gebäude stößt man überall im Bergland. Sie stehen auf großen röhrenförmigen Beinen gut acht Meter über der Erde und sind über und über reich verziert und bemalt. Im Wortsinne die Krönung des Ganzen ist das Dach, eine anmutig nach innen gewölbte Linie aus Bambusziegeln, die nach vorne und hinten wie ein Admiralshut überragt. Unter der Scheune befindet sich die Tenne, der wichtigste gesellschaftliche Raum in einem torajanischen Dorf. Dort ist es kühl, und man findet stets eine passende Fläche, gegen die man den Rücken lehnen kann. Ich zog die Schuhe aus und ließ mich zurücksinken, um ein Schläfchen zu machen.

Was das Schicksal für uns bereithält, wissen wir nicht. Wir können nicht sagen, wann der blinde Zufall auf eine Weise in unser Leben eingreift, daß wir später im Rückblick geneigt sind, den Eingriff unseren eigenen Absichten und Planungen gutzuschreiben. Während ich, seelisch und körperlich am Boden zerstört, auf der Tenne unter einer Reisscheune mitten in Indonesien saß, hatte das Schicksal beschlossen, mir jemanden zu schicken, nach dem ich nicht einmal Ausschau gehalten hatte – einen Feldforschungsassistenten. Er sprang nicht aus einer Rauchwolke hervor, sondern trat in der Uniform eines Kellners auf.

»Hallo, Chef!« Ich öffnete widerstrebend die Augen und sah eine kleine, dunkelhäutige Gestalt, die von einem Ohr zum anderen grinste und ein Tablett in die Luft warf, um es mit den gespreizten Fingern der Hand wieder aufzufangen. Er setzte es mit lautem Geklapper ab.

»Ich bringe Ihnen ein Bier?«

»Ja, ist gut.« Im Gehen pfiff er einen süßlichen Popsong und trat gegen das Tablett. Er kam mit einem Bier zurück und öffnete die Flasche mit einer so jähen Drehung des Handgelenks, daß der Korken hoch in die Luft flog, nur um beim Herunterfallen geschickt von ihm aufgefangen zu werden. Er knallte das Bier hin und glitt zu mir herauf.

»Haben Sie was zu rauchen, Chef?« Ich förderte eine Zigarette zutage.

»Wo sind Sie her? Ich heiße Johannis.« Wir begannen mit dem üblichen Frage- und Antwortspiel. Ein weiterer Kellner tauchte auf; er gähnte und kratzte sich, als sei er aus einem zehnjährigen Schlaf aufgewacht, und setzte sich ebenfalls auf die Tenne. Bald gesellte sich noch der Koch zu uns.

»Der Chef ist heute weg«, verkündeten sie und beäugten das Bier. Nicht lange, da spielten wir Karten – eine Art Domino – und teilten uns das Bier. Ein Kind erschien auf einem ramponierten Fahrrad, wurde vom Rad heruntergehoben und auf einen Schoß verfrachtet.

»Mein Vetter«, erklärte der Koch. Ein dicker Mann – ein Nachbar – schlurfte herbei, um die Zeitung zu lesen. Er war

Fahrer bei einer sehr wohlhabenden christlichen Dame, die Pilgerfahrten ins Heilige Land in Mode gebracht hatte. Bezüglich ihres Privatlebens ließ er seiner Phantasie freien Lauf.

»Holen wir doch ein bißchen Palmwein«, sagte eine Gestalt im Hintergrund. Es war der Sohn des Chefs, der offenkundig mit den Ruchlosen gemeinsame Sache machte. Bald standen Bambusröhren mit dem schäumenden Gebräu in der Gegend herum. Johannis bestand pingelig darauf, den Inhalt in eine emaillierte Teekanne umzufüllen, ehe er in die Gläser gegossen wurde.

Unverhofft sah ich mich in die Palmweinkunde eingeführt und mit den verschiedenen Sorten bekanntgemacht. Wir probierten Hochland- und Tieflandlagen, die Sorte mit roter Baumrinde, in frischem und in tagealtem Zustand. Es war ein köstliches, schäumendes Getränk. Vielleicht ist es das stärkste bis dato vorgetragene Argument für die Existenz eines gütigen Gottes, daß man Palmen mit dem Messer anstechen und aus ihnen einen Saft zapfen kann, der ein bekömmliches, berauschendes Gebräu, eben den Palmwein, ergibt. Der Zucker des Safts wird durch natürliche Gärstoffe fermentiert. Je länger das Gebräu steht, um so mehr nimmt der Zucker ab und der Alkohol zu. Wenn nicht gepanscht wird, ist der Saft außerordentlich rein, da er durch den Filter des ganzen Baumstamms gelaufen ist. Der einzige Nachteil ist seine stark abführende Wirkung.

»Sie mögen?« Ich mochte und erhielt zum Lohn dafür Klapse und Umarmungen. Die Unterhaltung nahm eine Wendung ins eher Philosophische. Das indonesische Fernsehen schätzt Großbritannien als Lieferanten billiger Filmkopien, und deshalb haben die Indonesier dezidierte Ansichten über das Land. Mrs. Thatcher wurde ausführlich diskutiert und als gut, weil stark eingestuft. In der indonesischen Politik gilt Stärke als ein Wert an sich, ohne Rücksicht auf Zwecke. Schön sei sie auch. Merkwürdigerweise stand sogar hier das britische Königshaus im Mittelpunkt des Interesses. Die kürzliche Heirat von Prinz Andrew war begrüßt worden, obwohl das Verständnis nicht ganz mit der Begeisterung hatte Schritt halten können. Man war weithin der Überzeugung, daß es sich bei dem Bräutigam um

Prinz Charles handelte, der eine zweite Frau genommen hatte und mithin zum Islam übergetreten sein mußte. Mittlerweile ritt uns allesamt der Teufel.

»Gehen wir zum Hahnenkampf. Mögen Puttymänner Hahnenkämpfe?«

»In früheren Zeiten«, erklärte Johannis, »war das mehr als eine Unterhaltung. Wenn man mit jemandem Ärger hatte und der Streit entschieden werden mußte, konnte man ihn mit Kampfhähnen austragen.«

Man führte uns auf die Rückseite von einigen Häusern und durch einen Hinterhof. Dem Koch bereitete das Gehen ersichtlich Schwierigkeiten. Wir tauchten unter einer Leine mit Wäschestücken durch und kamen auf einen großen freien Platz, auf dem sich etwa fünfzig Männer und Knaben befanden, denen das schlechte Gewissen ins Gesicht geschrieben stand. Jemand trat auf uns zu und machte Johannis Vorhaltungen.

»Es ist ihnen nicht recht, daß ein Tourist dabei ist. Hahnenkampf ist verboten. Aber ich habe erklärt, daß sie ein Freund sind. Der Mann da ist übrigens Polizist.«

Die Menge löste sich in kleine Grüppchen auf, und die Unterhaltung wurde heftiger. Man wedelte mit Geldscheinen. Jemand rief und sammelte das Geld in einen Strohhut. Zwei riesige, schillernde Hähne wurden aus den Sarongs gezaubert und schonungslos für den Kampf vorbereitet. Die Afterklauen wurden mit bösartigen Stahlsporen bewehrt, und die Besitzer der Vögel hetzten und stießen die Tiere gegeneinander, um ihre Aggressivität anzustacheln. Allerdings schien es sich diesmal um besonders friedfertige Tiere zu handeln; sie wirkten weit weniger aggressiv als torajanische Pferde. Sie girrten sich an und rieben liebevoll die Hälse aneinander. Um zwischen der Männlichkeit des Hahns und der seines Besitzers einen Zusammenhang herzustellen, muß man nicht ethnologisch gebildet sein oder seinen Freud für den Hausgebrauch gelesen haben. Die Torajaner jedenfalls machten sich ihren Reim darauf. Gekicher brach los, und die Besitzer wurden rot, das heißt, ihre Gesichtsfarbe nahm einen tieferen Braunton an. Johannis schlang den Arm um meinen Hals und kicherte, während er den kleinen Finger ausstreckte und vielsagend sinken ließ. Einem der Besitzer traten dicke Schweißtropfen auf die Stirn; er fing an, den Hahn zu schlagen. Der kreischte plötzlich auf und schoß in die Luft. Dort kam es zu einem kurzen Federgestöber, als ob beide Vögel sich bemühten aufzufliegen, aber zu schwer beladen wären. Durch die Brustfedern des gegnerischen Hahns sickerte Blut; er sackte vornüber. Der schwarze Hahn trampelte triumphierend auf dem Kadaver des besiegten Rivalen herum. Der Gegenstand des Stolzes hatte sich in etwas Blamables verwandelt. Jetzt brach unter den Männern Streit aus; sie brüllten und fuchtelten mit den Fäusten. Der Mann mit dem Strohhut stülpte diesen mitsamt dem Geld auf den Kopf, verschränkte die Arme über der Brust und stand wie ein Fels in der Brandung mit grimmigem Gesicht da.

»Sie wollen ihr Geld zurück«, erklärte Johannis.

»Aber wieso?«

»Der Mann da hat seinem Vogel eine zerbrochene Chilischote in den Hintern geschoben.«

»Ah, ich verstehe.«

Der Polizist tauchte aus der Menge auf und ersuchte pantomimisch darum, sich zu mäßigen, wobei er flatternde Finger in einer flehenden Geste hob, als wolle er Flammen niederschlagen.

»Jetzt will er das Geld«, sagte Johannis entzückt. »Können Sie sich jemanden vorstellen, der einem Polizisten Geld anvertraut?«

Der Sieger schnappte sich Wäsche von der Leine und fuchtelte dramatisch mit einem Tischtuch herum.

»Er will das Bein des toten Hahns. Das steht ihm zu.«

Der Besitzer des besiegten Hahns packte den Kadaver an einem Bein und fuhr damit dem Gegner drohend ins Gesicht.

»Jetzt will er für *seinen* Hahn Geld haben.«

Eine Frau tauchte auf und erhob ein Geschrei, mit dem sie alle anderen übertraf.

»Was will sie? Hatte sie eine Wette abgeschlossen?«

»Nein. Es ist ihr Tischtuch.«

Für jemanden, der ein Nachtleben sucht, hat Rantepao wenig zu bieten. Die meisten Häuser machen um acht Uhr abends dicht und werden verrammelt und verriegelt. Auf dem Markt treiben sich vereinzelte späte Genießer auf der Suche nach Seife oder Kochöl herum. Ab und an bietet das Kino Attraktionen wie den Film *Die sich im Schmutz wälzen,* eine harmlose erotische Geschichte um »Nachtfalter«. Abgesehen davon, gibt es nur die Straßenkreuzungen als Brennpunkte nächtlicher Aktivität. Hierher kommen die Leute, sitzen, in ihre Umhänge gehüllt, einfach da und starren auf die leeren Straßen. Die Rikschafahrer dösen in ihren Sitzen oder plänkeln miteinander; alle Busse haben ihr lautstarkes Werben um Fahrgäste bei Einbruch der Dämmerung – ungefähr um sechs Uhr – eingestellt.

Ein oder zwei Straßenlampen verbreiten einen blassen Lichtschein, der auf Haufen von Gemüseresten fällt, die vom täglichen Markttreiben übrig geblieben sind. Hunde wühlen darin mit dem Optimismus, den die Verzweiflung gebiert. Gruppen von Kindern im Schulalter sammeln sich unter den Lampen wie die Motten – nein, *nicht* wie Motten – die Jungen hier, die Mädchen dort; die beiden Gruppen beäugen einander mit der Faszination, die mangelnder Kenntnis des anderen Geschlechts entspringt.

Als ich später an diesem Abend vorbeikam, löste sich eine einsame Gestalt in dem dünnen Hemd eines Oberschülers von einer Gruppe und rief mir zu.

»Hallo, Chef. Wohin gehen Sie?«

»Johannis! Warum steckst du in einer Schuluniform?« Es fiel immer schwer, Indonesier ihrem Alter nach einzuordnen. Er war doch wohl zu alt, um noch in die Schule zu gehen.

Er schwenkte ein Buch vor meiner Nase. *Einführung in die Biologie.* »Bei mir zu Hause gibt es keine Elektrizität, und wenn ich Paraffin nur fürs Lesen verbrenne, schimpfen sie; deshalb müssen wir herkommen und unter den Straßenlampen lernen.« Mich befiel ein jähes, nachimperialistisches Schuldgefühl. Ich dachte an meine eigene Welt der Bettischlampen, Stipendien und Bibliotheken.

»Du bist noch in der Schule?«

Er seufzte. »Ich sollte schon verheiratet sein. Jawohl, ich bin noch in der Schule. Ich muß immer wieder mit dem Lernen aufhören, zurückgehen und in den Reisfeldern arbeiten. Oder ich arbeite in Hotels, um mir das Geld für die Schulgebühren zu verdienen. Es dauert so lange. Noch ein Jahr, und ich kann den Abschluß machen und mich nach einer Stelle umsehen.«

»Was für eine Art von Stelle?« Er sah mich an, als wäre ich verrückt.

»*Irgendeine* Stelle. Meine Eltern werden alt, sie können nicht mehr auf dem Feld arbeiten. Wir Söhne müssen helfen.«

»Arbeitest du morgen?«

»Nein. Morgen gehe ich zu einer Beerdigung.« Die Aussicht schien ihn merklich aufzuheitern. »He, kommen Sie doch auch!«

»Ein Begräbnis. Wäre das den Leuten denn recht?«

Er lachte. »Aber sicher. Je mehr Teilnehmer, um so größer die Ehre. Ich will nicht ins Hotel. Ich könnte dem Chef über den Weg laufen. Sie kommen morgen um acht hierher und dann suchen wir uns einen Lastwagen. Es gehört sich, etwas Schwarzes anzuziehen.«

Ich wurde durch das Krähen von Hähnen geweckt. Meine Missetaten holten mich ein. Gedämpftes Brüllen und Türknallen deuteten darauf hin, daß der Chef zurück war und daß die Ausschweifungen vom Vortag nicht unbemerkt geblieben waren. Eine Atmosphäre leisetreterischen Schuldgefühls lastete auf dem Etablissement. Ich stahl mich ohne Frühstück davon.

Johannis trug ein schwarzes T-Shirt mit der Aufschrift »Der geborene Sieger« und ein Paar Jeans, die auf den Namen »Bing Crosby« hörten. Das einzige schwarze Hemd, das ich hatte, stammte von einer thailändischen Geburtenkontrollkampagne und zeigte Kondome in der Haltung der drei weisen Affen. Johannis versicherte mir, das könne ich gut tragen. Die Regierung mache sich für Geburtenkontrolle stark. Man werde mich für einen großen Bapak aus einem Ministerium halten.

Die torajanischen Begräbnisse sind von der Anlage her vergnügliche Ereignisse, zumindest in den späteren Stadien; der traurige Anlaß liegt nämlich schon lange zurück. Es kann ohne weiteres vorkommen, daß man die Leiche mehrere Jahre aufbewahrt, um in der Zwischenzeit die finanziellen Mittel für das Fest zu organisieren und die Leute aus der Ferne zusammenzuholen. Auswanderung ist schon lange die Antwort auf die harten Lebensbedingungen in den Bergen. Aber die Toraja kommen immer wieder zurück – insbesondere zu Festlichkeiten wie diesen.

Nach landläufigen Vorstellungen handelte es sich nur um eine kleine Veranstaltung. Manche Beerdigungen kosten Hunderttausende von Dollars; unter den Gästen findet man Botschafter und Staatsminister. Dies aber war nur ein lokales Ereignis. Die Familie, Freunde, Nachbarn – damit hatte es sich. Der Lastwagen setzte uns am Ende der Asphaltstraße ab. Wir mußten noch einen mehrere Kilometer langen Fußmarsch auf glitschigen Pfaden zurücklegen; zertrampelt, wie er war, legte der Weg Zeugnis davon ab, welch großen Zuspruchs das Ereignis sich erfreute. Ich stolperte und rutschte in meinen Schuhen aus. Johannis grinste, zog sich seine Plastiksandalen aus und grub die gespreizten, schwieligen Zehen in die Erde.

Wir holten eine Gruppe von Leuten ein, die sich den Berg hinaufarbeiteten, bepackt mit Lasten, die ich nie im Leben hätte meistern können, mit langen Bambusröhren voll Palmwein, der leise vor sich hin schäumte; zwei Männer hatten Schweine mittels Rotangstricken in Handgepäck verwandelt, das sie sich unter den Arm klemmen konnten. Sechs Männer stöhnten unter der Last einer riesigen Sau, die mit dem Bauch am Boden schleifte; sie quiekte und zappelte. Alle waren lustig und riefen durcheinander.

»Sie werden Fleisch zu essen kriegen«, erklärte Johannis. »In Toraja kriegt man nur selten Fleisch. Oft müssen wir uns mit Reis und Chili begnügen.« Ich dachte zurück an die traurigen Mahlzeiten auf dem Ritt von Mamasa.

Aus der Ferne erklang ein Gong und ein plötzliches, unpassendes Jubelgeschrei. Als wir um eine Ecke bogen, lag der Festplatz drüben auf der anderen Seite des Tales in voller Breite vor uns. Der Konvoi kam jäh zum Stehen. Man hatte eine große, zweistöckige Scheune errichtet, die an eine Filmkulisse erinnerte. Sie überragte die traditionellen Häuser, ihre frische Bemalung gleißte im Sonnenlicht. An Stangen flatterten lange Tücher und schlängelten durch die Luft über den Köpfen einer Menge, die um die Stelzen der Scheune wimmelte und brodelte. Die Atmosphäre war mit Holzrauch geschwängert. Den Häusern gegenüber lagen die Reisscheunen, die sich unter der Last der dichtgedrängten Besucher bogen.

»Wah!« Johannis streckte aufgeregt die Hand aus. »Ein Stierkampf.«

Es war kein Stierkampf, wie wir ihn uns vorstellen, ein Kampf zwischen einem schwerbewaffneten Mann und einem domestizierten Rind. Zwei riesige Wasserbüffel stemmten sich gegeneinander und schnaubten und keuchten wie japanische Ringer. Ihre Besitzer führten ihre schwergewichtigen Schützlinge an Leinen, die an einem Nasenring befestigt waren. Ihre Hörner waren mit roten Girlanden geschmückt. Wie bei den Hähnen bestand das Geheimnis darin, sie so lange zu pieken und aufeinander zu hetzen, bis sie die Geduld verloren, ihre Hörner ineinander verkeilten und kämpften. Die Besitzer mußten sich möglichst nonchalant aus der Gefahrenzone bringen, als ob sie einfach zur Seite träten. Als die Köpfe der Tiere zusammenrasselten, Horn auf Horn und Schädelknochen auf Schädelknochen, knallte es gewaltig. Die Menge raste. Die Hörner bogen sich unter dem Druck. Unvermutet gab sich der größere geschlagen und ergriff wie eine kummervolle alte Dame die Flucht; eine Horde kleiner Jungen stob vor ihm auseinander. Zu ihrer Freude flog der Besitzer in seinem ganzen Sonntagsstaat kopfüber in den Dreck. Den ausbrechenden Büffel brachte ein Gassenjunge mit einer Salve Lehmklumpen zum Stehen. Der Mann rappelte sich auf und sah dem Tier vorwurfsvoll in die Augen.

»Sehen Sie«, sagte Johannis und warf sich in die Brust, »der eine ist groß, aber der kleine ist tapfer und zäh. Genau wie bei uns beiden!« Er gab mir einen Klaps auf den Rücken und lachte.

Wir waren zur rechten Zeit eingetroffen. Rotbemalte, verkaterte Gesichter sahen uns trüben Blickes aus jedem Hauseingang an. Kinder wanderten verloren zwischen den Aufbauten umher, auf denen das Essen stand. Aus allen Richtungen hörte man, wie Leute sich räusperten, husteten und geräuschvoll die Nase putzten. Kinder winkten und riefen: »Hallo Mister!«

Johannis erkundigte sich, wo wir hin mußten, und wir wurden zu einem der Häuser gewiesen. Nachdem wir reichlich von oben ausgefragt worden waren, stieg ein verschrumpelter kleiner Mann die steile Leiter herunter. In einem langen Rock elegant die Sprossen herabzusteigen ist ohne Frage eine Übung, an der sich Debütanten die Zähne ausbeißen können. Dieser Mann beherrschte die Kunst. Er hielt mit der einen Hand seinen schwarzen Sarong hoch und kam mit dem Gesicht nach vorn die Leiter herab, wobei er sich irgendwie mit den Fersen an die Sprossen klammerte. Ich zog ein Päckchen Zigaretten aus meinem Beutel, und sie verschwanden zwischen den Falten seines Gewandes. »Nummer fünfzehn!« sagte er. Alle Gebäude waren numeriert.

Die Bewohner von Nummer fünfzehn waren ein munteres Völkchen und mit Johannis entfernt verwandt. Sie waren schon beim Palmwein; die geflochtenen Wände dufteten angenehm nach dem Nelkenaroma der Zigaretten und trugen die Spuren früherer Exzesse. Es entspann sich eine lange Unterhaltung, in deren Verlauf Johannis immer stiller wurde und sich rötlich verfärbte. Je stiller er wurde, desto heftiger lachten die anderen. Ein Gruppe von alten Damen in der Ecke murmelte und versteckte die Nase hinter der Hand. Johannis wollte nicht damit herausrücken, worum sich die Unterhaltung drehte.

Seine Freunde indes waren nur zu begierig, die Unterhaltung zu übersetzen und sein Unbehagen noch zu vergrößern.

»Es geht um Bambus«, erläuterten sie und stießen sich gegenseitig an. Bambus?

»Ja. Sehen Sie, bei solchen Festen, die mehrere Tage dauern, gibt es immer die Gelegenheit, sich nach Einbruch der Dunkelheit mit Mädchen zu treffen – aus Familien, die von weit her gekommen sind. Manchmal, wenn sie mögen, verabreden sie sich mit uns an einem abgelegenen Ort. Beim letzten Mal hat sich

Johannis mit einem Mädchen im Bambusgebüsch getroffen. Aber Bambus – müssen Sie wissen – verursacht Juckreiz. Man muß sich kratzen. Die Mutter des Mädchens hat auf dem Rücken ihrer Tochter Kratzspuren gefunden und sie verprügelt.« Er klatschte in die Hände. »Es war herrlich! Wie sie geheult hat! Aber sie war klug. Sie hat Johannis' Namen nicht verraten. Sie hat nur gesagt, sie sei hingegangen, um an den Blüten zu riechen?« An den Blüten zu riechen?

»Ja«, sagte Johannis niedergeschlagen. »Mein Familienname ist *Bunga,* 'Blüte'. An den Blüten riechen, Bunga küssen – in unserer Sprache ist das der gleiche Ausdruck.« Er sah liebeskrank und plötzlich sehr kleinlaut aus.

Ein Kind tauchte am Fuß der Leiter auf und strahlte zu uns herauf. Johannis sah wütend aus und drohte ihm mit der Faust. Das unschuldige Kindlein hielt in der Hand die Geschlechtsteile eines am Vortag geschlachteten Bullen. Wenn es an bestimmten Stellen die Finger hineinsteckte, konnte es das Ding zu einer plötzlichen und erschreckenden Erektion bringen und vor den Gästen damit herumfuchteln.

»Kommen Sie«, sagte Johannis kurzentschlossen. »Wir gehen und schauen uns die Leiche an.«

Wie sich herausstellte, handelte es sich bei der Toten um eine Frau; nach dem Tod war die Leiche fast vier Jahre lang im Haus aufbewahrt worden. Die zahlreichen Stoffhüllen hatten die Verwesungssäfte aufgesogen. Von dem großen Bündel, das den Kadaver barg, ging tatsächlich kein unangenehmer Geruch aus.

»Heutzutage schummeln sie«, sagte Johannis, »und besorgen sich Formalin aus dem Krankenhaus«.

Der Körper war im Vorderraum des Hauses aufgebahrt, prächtige Tücher und Flickendecken bedeckten die Wände. Die äußere Hülle um den Leichnam war leuchtend rot und hatte denselben Farbton wie das Dreirad, das daneben parkte. Johannis schenkte der Leiche keine Beachtung.

»Was für ein schönes Dreirad«, sagte er. »Schauen Sie.« Er zog an einem Hebel, darauf ertönte eine Polizeisirene, und Rot- und Blaulichter blinkten. »Wah!«

Ein Mann lehnte an der Leiche und rauchte. In Abständen stand er auf und schlug gegen einen Gong. Das war das Geräusch, das wir quer durch das Tal gehört hatten. »Nicht jeder darf das machen, müssen Sie wissen«, sagte er mit dem Machtbewußtsein eines Parkplatzwächters.

Man weiß nicht recht, wie man sich verhalten soll, wenn man eine Leiche gezeigt bekommt. Bewunderung zu äußern scheint nicht ganz passend. Soll man über ihre Größe eine Bemerkung machen? Es schien mir ratsamer, mich auf nichtssagende Fragen nach dem Muster »Königliche Hoheit besucht Industrieausstellung« zu beschränken. Wie lange tot? Wie gestorben? Religionszugehörigkeit der Toten? Höfliches Interesse mit einem Schuß Betroffenheit schien die Emotion, die es hier an den Tag zu legen galt.

Ein junger Mann trat ein und langte hinter den Leichnam. Er mußte sich fast auf die Tote drauflegen, um die hinter ihr versteckte Kassettensammlung herauszuziehen. Er knallte sie auf die Leiche und grub als nächstes ein großes, schwarzes Abspielgerät aus. Er legte eine Michael Jackson-Kassette ein und tanzte mit kreisendem Hintern zum Geplärr der Saxophone aus dem Raum. Entlang dem Leichnam lagen Kassetten wie bunte Opfergaben verstreut. Daß die Gegenwart des Todes nicht eben Furcht und Zittern erregte, war unübersehbar.

Vom Dach kam ein Geräusch anhaltenden Hämmerns. Ich sah hinauf. Das Haus war mit verzinktem Blech gedeckt, auf das der Regen trommelte. In den guten alten Zeiten wäre er sanft auf Bambusziegel geprasselt.

»Ja«, sagte Johannis, »die Leute hier sind reich. Das Beste daran ist, daß man ohne traditionelles Dach auch nicht soviel Geld für Zeremonien verschwenden muß – Schweineschlachten und so. Es ist Geld für die Erziehung der Kinder da.« Johannis war unverkennbar beim Thema seines Lebens.

Von draußen drang lautes Geplärr und Gebell herein. Die lukenähnlichen Fenster wurden aufgestoßen, und drunten konnte man die stattliche Gestalt eines Chinesen in tadellosen Shorts sehen, der durch einen tragbaren Lautsprecher brüllte. Am eindrucksvollsten war sein riesiger Spitzbauch, der mehr einem anschraubbaren Zusatzgerät als einem natürlichen Teil seines Körpers glich. Erst nach und nach bekam man mit, daß er auf Französisch brüllte und daß in seinem Schlepptau etwa zwanzig Puttyleute trotteten, die sich alle lautstark beklagten. Den Schluß des Zuges bildeten drei oder vier Indonesier, die an nervösen Zuckungen zu leiden schienen.

»Wah!« sagte Johannis vergnügt. »Touristen!« Sie zogen wie eine Invasionsarmee in das Dorf ein, hielten den Leuten Fotoobjektive vor die Nase, setzten sich uneingeladen auf die Plattformen der Reisscheunen, ohne ihre Schuhe auszuziehen. Sie gaben nichts, sondern verkündeten lauthals, daß ihnen die Sache keinen Spaß mache und sie sich langweilten. Die Toraja sahen sich verblüfft an und wollten sie mit Kaffee bewirten. Die meisten lehnten ab. Dann wurde Reis angeboten.

»Wir essen keinen Reis!« tönte eine rotgesichtige Frau.

Eine andere grabschte nach den Tüchern an der Vorderseite des Hauses und wollte eines kaufen. Der Dolmetscher erklärte ihr, daß es sich um ein geliehenes Erbstück handle, das nicht verkäuflich sei. Beleidigt stakte sie davon.

Johannis und ich zogen uns nach Nummer fünfzehn zurück und verkrochen uns im Halbdunkel, wurden aber von den Führern entdeckt. Einer kam und starrte Johannis wütend an.

»Sie haben keine Genehmigung. Wie kommen Sie dazu, als Führer zu arbeiten?«

»Ich bin Toraja«, schnauzte Johannis zurück. »Wo sind Sie her – von Bali?«

»Die Sache ist so«, schaltete ich mich ein. »Dieser Mann ist nicht mein Führer, er ist mein Freund.« Verblüfftes Schweigen. Es hörte sich lächerlich an, was ich gesagt hatte – absurd unverblümt – etwas, das man eher durch eine Geste ausdrückte oder am besten unausgesprochen ließ. Aber während ich es aussprach, wußte ich, daß es die Wahrheit war. Ich hatte vorher bereits an die achtzehn Monate in einem afrikanischen Dorf gelebt und nicht einen einzigen Menschen kennengelernt, den ich als Freund bezeichnet hätte. Hier hingegen schien es fast unvermeidlich, daß man

Freundschaften schloß. Hatte mich ein unbewußtes Vorurteil gegen Afrika geleitet? Ich mochte es nicht recht glauben. Verhielt es sich einfach so, daß es in dem betreffenden Teil von Afrika keine Vorstellung von Freundschaft gab, die der unseren entsprach? Ein Mann rekrutierte seine Freunde zwangsläufig aus dem Kreis derer, die zusammen mit ihm beschnitten worden waren. In ihrer Kultur war es einfach nicht vorgesehen, daß sich Menschen trafen, die keine verwandtschaftliche Beziehung unterhielten und die sich trotzdem zueinander hingezogen fühlten und gegenseitige Zuneigung empfanden. Bei den Toraja waren die Familienbande stark und in der Tat unzerreißbar, denn sie reichten über das Grab hinaus. Aber gleichzeitig war auch Raum für Freundschaften. War es einfach so, daß in dem betreffenden Teil von Afrika die Menschen einem entweder mit peinlicher Unterwürfigkeit oder mit anmaßender Feindseligkeit begegneten, wohingegen ein torajanischer Bauer einem offen ins Auge sah und sich von gleich zu gleich mit einem unterhielt? Vielleicht waren die Erwartungen kulturell verschieden, die das Gesicht eines Weißen weckte – aufgrund einer unterschiedlichen Kolonialgeschichte. Aber was es auch war, es machte einen höchst realen Eindruck.

Plötzlich ein ohrenbetäubendes Gonggetöse. Ein französisches Kind war ins Haus eingedrungen und ließ das bejahrte Instrument in ein, zwei Minuten um weitere Jahre altern. Wieder fielen dicke, schwere Tropfen herab, und immer noch trafen Gäste in kleinen Grüppchen wie auch in förmlicheren Abordnungen ein. Letztere stellten sich vor dem Dorf in Reih und Glied auf, und nachdem sie sich fleißig herausgeputzt hatten, wurden sie von Männern empfangen, die als Krieger gekleidet waren, gehörnte Helme trugen und Speere schwenkten. Unter lautem Jodeln und Freudengeschrei formierten sie sich ihnen gegenüber, gaben ihnen das Geleit, während die Geschenke überreicht wurden, und führten sie an ihre Plätze. Fortschrittlichere Besucher hatten sich passende T-Shirts gekauft, mit dem Namen ihres Heimatdorfs auf der Brust. Ohne viel Aufhebens schleppte man Schweine an, das Kleingeld des rituellen Gebens und Nehmens, wohingegen Büffel mit großem Brimborium herumgeführt wurden. Elegante Damen schwebten mit Arekanüssen und Kaffee umher. Ein Mann mit einer Schulkladde schrieb die Geschenke auf. Er nickte freundlich.

»Wenn es ein Fest in *ihrem* Dorf gibt, dann werden wir das alles zurückgeben«, erklärte er mir.

»Bringen nur Leute aus anderen Dörfern Geschenke?«

»Nein. Jeder gibt. Freunde geben, Kinder geben. Sie müssen Büffel geben, wenn sie Reisfelder erben wollen. Kein Büffel, keine Felder.«

»Was haben die Leute aus deinem Dorf gegeben, Johannis?«

»Ach, wissen Sie. Wir sind nicht so eng verwandt. Außerdem haben wir sowieso keinen Büffel mehr übrig. Mein Bruder hat gerade an der Universität in Ujung Pandang Examen gemacht. Das hat fünfzehn Büffel gekostet. Wenn es nicht noch die Kaffee-Ernte gäbe, würde ich überhaupt nicht in die Schule gehen können.«

Ein klangvolles Stampfgeräusch wehte von der Rückseite eines der Häuser.

»Ah, das möchten Sie sicher sehen.« Er führte mich hin. Frauen standen um einen leeren Reismörser herum, einen riesigen ausgehöhlten Baumstamm. Ihre schwarzen Kleider flatterten, während sie fleißig stampften. Dirigiert von einer strengen Dame, schlugen sie mit schweren Stößeln einen raschen Rhythmus auf dem Holz.

Torajanische Feste sind in strikter Aufteilung entweder dem Osten und dem Leben oder dem Westen und dem Tod geweiht. Reis steht in engstem Zusammenhang mit dem Leben, deshalb dürfen die nahen Verwandten eines Toten in der Trauerzeit keinen Reis essen. Der leere Reismörser tat der Welt diese Verzichtshaltung kund. Ironischerweise diente er gleichzeitig als eine Art Essensgong. Frauen trugen Fleisch und Reis in die Unterkünfte oder schwankten unter Eimern voll dickflüssigem Kaffee. Zur Feier des Tages war der Reis mitten auf dem Fußboden zu einem glitzernden roten Berg aufgehäuft.

»Mit Blut gekocht«, verkündete der Führer nebenan den Touristen auf Französisch. Es folgten Bekundungen gallischen Abscheus. Ich übersetzte für Johannis.

»Das stimmt nicht. Er wächst schon rot auf dem Feld.«

»Blut von Schweinen und Büffeln, manchmal von Hunden«, fuhr die Stimme rechthaberisch fort. Man konnte die paar Franzosen, die vom Reis gekostet hatten, würgen hören... »Man läßt es über Nacht gerinnen, bevor es abgeschöpft und gebraten wird.« Man hörte, wie eine Frauenstimme »Nein« hauchte.

»Sie schlitzen den Tieren die Gurgel auf und fangen das warme Blut in langen Bambusröhren auf...«

Eine Männerstimme sagte auf Französisch: »Ich hab' mir diesen Palmwein angeschaut. Er sieht ein bißchen rosig aus. Sie meinen doch nicht...«

Johannis bot mir ein Gericht aus Büffelfleisch und Schweinefett an. Das Fleisch war sehr zäh. Ich begnügte mich mit einem gekochten Ei oben am Ende der Tafel. Ein hinreißend schönes Mädchen mit langem schwarzem Haar und makelloser goldbrauner Haut kam, um abzuräumen.

Johannis gaffte. »Ich werde ihr helfen.«

Die nächsten anderthalb Stunden bekam ich ihn nicht mehr zu Gesicht, aber dann tauchte er freundlicherweise wieder auf und führte mich hinunter aufs Feld, wo Monolithen standen, die wie Stonehenge im Taschenformat aussahen.

»Kommen Sie. Ein Büffel wird geschlachtet.«

Ein Mann mit langem Haar, das mit einem Stirnband hochgebunden war, führte einen Büffel herein, wobei er tanzte und den Kopf nach hinten warf. Dann folgte eine lange und unerklärliche Stockung von der Art, wie sie überall auf der Welt Ereignissen vorausgeht. Die Franzosen tauchten in der alten erregten und unzufriedenen Stimmung wieder auf. Sie deuteten auf mich.

»Da, schau. *Er* war zuerst hier. Nein wirklich, diese Führer.«

Der Mann mit dem Rechnungsbuch erschien und inspizierte den Büffel wie ein Prüfer vom Finanzamt. Er sah im Buch nach und fing an, den Mann, der das Tier hereingeführt hatte, lang und breit auszufragen. Schließlich wurde es weggeführt.

»*Zut*, alors. Merde.«

Nach endlosem Warten wurden zwei kleinere Büffel hereingebracht und mit den Füßen angepflockt. Der Buchhalter wuselte herum und machte sich Notizen. Kinder mit boshaftem

Gesichtsausdruck kamen und lehnten sich auf spitz auslaufende Bambusröhren. Das Kind mit der tragbaren Erektion führte den französischen Damen dieselbe mit unverhohlenem Stolz vor.

»Ihh! Ekelhaft! Es sieht aus wie du, Jean.«

Ein älterer Herr, der gebeugt unter der Last seiner Jahre ging, nahte und hob an mit einer sehr langen, sehr langsamen feierlichen Rede.

»Ein *to minaa*, ein Hohepriester der alten Religion...«, erläuterte der Führer. Johannis schnaubte verächtlich. »Es ist einfach nur der Hausherr.«

Die Franzosen machten ein großes Gesums um Belichtungszeiten und Einfallswinkel.

»Ein Sprechgesang, der seit Jahrtausenden unverändert geblieben ist...«, sagte der Führer.

»Er erklärt gerade, daß er Christ ist und deshalb von diesem Fleisch nichts essen wird«, berichtete Johannis.

»...erzählt einen Mythos aus uralten Zeiten...«, sagte der Führer.

»...und die Heilige Jungfrau Maria«, schloß der alte Mann.

Der Mann mit dem Stirnband zog eine abscheulich scharfe Machete aus ihrem Futteral. Er hielt das Seil, mit dem der Büffel angebunden war, und strich dem Tier fast liebkosend quer über die Gurgel. Eine rote Linie erschien dort. Dann schnappte das Tier nach Luft und verdrehte die Augen, während ein Blutstrom herausschoß. Die kleinen Jungen strebten nach vorn, aber der Schlächter hielt sie mit ausgestrecktem Arm zurück, während der Büffel wankte und strauchelte. Schließlich hustete er und brach in die Knie. Die Kinder stürzten sich in den versiegenden Blutstrom und stießen ihre scharfen Bambusröhren kichernd in die klaffende Wunde, um das heiße Blut aufzufangen. Ihre Hände und Gesichter wurden davon überströmt. Es netzte ihr Haar und spritzte ihnen in die Augen. Sie stolperten mit ihren schräg emporragenden Röhren davon, wobei sie gegen die Älteren stießen, die dem noch zuckenden Kadaver das Fell abzogen, während sie die dampfenden Eingeweide herauswühlten und aufs Gras schleuderten.

Der zweite Büffel zerrte an seinem Strick und suchte zu entkommen, aber der Mann mit dem Stirnband trat zu ihm hin und schlitzte ihm die Gurgel auf. Wie zuvor ergoß sich ein Blutstrom, und die kleinen Jungen mußten zurückgehalten werden. Aber diesmal stürzte das Tier nicht zu Boden. Es riß sich vielmehr los und raste den Hügel hinauf in Richtung Festplatz, verfolgt von Männern, die Schwerter schwangen. Die Menge droben kreischte und stob vor ihm auseinander – die Männer, weil sie um ihr Leben, die Frauen, weil sie um ihre Garderobe bangten. Schließlich gelang es, das Tier zu umstellen und zu beruhigen. Der Schlächter schnitt ihm erneut durch die Gurgel. Abermals riß es sich los und verspritzte nach allen Seiten Blut. Noch zweimal mußte ihm der Todesstoß versetzt werden. Erst ganz allmählich ging von den Füßen aufwärts ein leises Zucken durch den Körper, und dann stürzte es nieder. Aus der Menge vernahm man Seufzer der Erleichterung. Johannis lachte in sich hinein.

»Magie. Jemand versucht, das Fest zu sabotieren.« Er schürzte die Lippen und nickte wissend. Die kleinen Jungen wirkten verärgert. In dem Tier war kein Tropfen Blut mehr. Die Franzosen machten sich ängstlich aus dem Staub. »Furchtbar, abscheulich«, hörte man, während der Führer seine endlosen Erläuterungen herunterspulte.

»So, das reicht«, sagte Johannis. »Wir fahren zurück in die Stadt.«

Ein unternehmerischer Geist hatte einen Bus gemietet und für den Anlaß eine Verbindung nach Rantepao eingerichtet. Er lachte, als ich einstieg.

»Vorsicht. Ein Riese steigt ein.« Er fing an, das Fahrgeld einzusammeln, zwischen seinen Fingern sammelten sich fächerförmig rote Hundertrupienscheine.

»Augenblick mal«, rief eine stattliche Dame, als er mir Geld abnahm. »Warum muß er mehr bezahlen?«

Der Fahrer wechselte augenblicklich in Torajanisch über. Johannis übersetzte vergnügt: »Ich nehme ihm mehr ab, weil er größer ist.« »Ja, aber er hat kein Gepäck. Na gut, dann setze ich mich auf seinen Schoß.« »Es ist meine Sache, wieviel ich ihm abnehme.« »Ja, aber der Mietpreis für diesen Bus beträgt fünfzehntausend. Wenn Sie ihm mehr berechnen, zahle ich weniger.«

Der Fahrer kam zurück und drückte mir Geld in die Hand. Er grinste. »Ermäßigung für Puttymänner.«

Johannis lachte in sich hinein, verschränkte die Arme hinter dem Kopf und führte eine jener entsetzlichen Rückgratsverrenkungen aus, von denen die Indonesier meinen, sie seien gut für den Rücken.

»Morgen«, sagte er verträumt, »gehe ich heim in mein Dorf, Baruppu'. Kommen Sie doch mit!«

»Warum nicht? Danke, Johannis.«

An der Endstation des Busses kam einer jener Augenblicke, in denen über Freundschaften ein für allemal entschieden wird. Ich fuhr mit der Hand in die Tasche.

»Äh ... Johannis ...«

Er fuhr zurück. »Hören Sie. Sie sind ein reicher Mann. Ich bin sehr arm. Wenn Sie abfahren, geben Sie mir etwas. Vielleicht Ihre Schuhe.« Er faßte meine riesigen, höchst unansehnlichen Schuhe ins Auge. »Nun, vielleicht nicht Ihre Schuhe, aber etwas Ihren Schuhen *Vergleichbares*. Aber geben Sie mir kein Geld. Das wäre kränkend.« Ein Freund also.

»Ich hole Sie morgen ab. Jetzt gehe ich ins Haus meines Onkels essen. Dann gehe ich möglicherweise zurück zum Fest.«

»Um nach dem Bambus zu sehen?«

Er grinste. »Ja, vielleicht schaue ich nach dem Bambus. In dem Dorf dort gibt es an manchen Stellen herrlichen Bambus.«

Im Hotel strahlte der Besitzer übers ganze Gesicht. Entweder war meine Beteiligung an den gestrigen Ausschweifungen unentdeckt geblieben, oder mir war verziehen worden, weil sich von einem Gast ohnehin nur asoziales Betragen erwarten läßt. Aber eine ruhige Nacht sollte es nicht werden. Jemand zupfte verstohlen an meinem Ärmel, und als ich mich umdrehte, erblickte ich einen kleinen Mann, der an ein Frettchen erinnerte, mit unsteten, huschenden Augen.

»Hallo, Chef. Ich bin Hitler. Vielleicht haben Sie von mir gehört.« Ich wußte nicht recht, was ich darauf antworten sollte. Hatte ich mich etwa verhört?

»Hitler?«

»Ja, Pak, mein Vater hörte vor meiner Geburt den Namen immer im Radio, und er gefiel ihm.«

Er zog mich zur Tür und schob mir im Licht der schwachen Glühbirne ein Polaroidfoto unter die Nase. Noch ein Transvestit mit haarigen Beinen? Nein. Eine hölzerne Grabfigur von der Art, wie sie die Toraja vor ihren Gräbern aufstellen, ein ziemlich gutes Exemplar.

»Sie kaufen, Pak? Ich höre, Sie von Museum.«

»Nein. Sie wissen, ich habe keine Erlaubnis, alte Sachen zu kaufen. Ich will keine Scherereien.«

»Ich schaffe es nach Bali für Sie. Von Bali aus können Sie es überall hinbringen. Jeder macht es so. Ich habe einen Freund.« Er nannte den Namen eines Händlers in London.

»Nein.«

Er wechselte die Taktik. »Das ist keine alte Grabfigur. Nur eine sehr gute. Ich mache Ihnen einen guten Preis.« Es dauerte seine Zeit, bis ich ihn, ohne grob zu werden, los war, aber schließlich hatte ich es geschafft und sank in Schlaf. Energisches Klopfen an der Tür. Noch ein Mann. Er sah entrüstet aus.

»Mein Bruder war bei Ihnen.«

»Ihr Bruder?«

»Hitler.«

»Oh Gott.«

»Warum wollen Sie von ihm nicht kaufen? Sie haben ein besseres Angebot?«

»Nein. Ich möchte einfach nur schlafen.« Ich versuchte, die Tür zuzudrücken. Er drückte zurück.

»Ein Sarg – ein alter, geschnitzter Sarg. Sie kaufen?«

»Nein!« Endlich hatte ich die Tür zu, aber meinem Eindruck nach waren nur Minuten vergangen, als es erneut klopfte. Durchs Fenster strömte helles Sonnenlicht. Ich machte die Tür auf. Eine dicke Hand schob mich ins Zimmer zurück.

»Sie kennen mich?« zischte die Stimme. Es war der Polizist vom Hahnenkampf.

»Ja. Ich kenne Sie.«

»Gut. Draußen ist ein Mann. Er heißt Hitler. Er ist ein Hehler. Er wird versuchen, Ihnen eine Grabfigur zu verkaufen. Egal, welchen Preis er verlangt, Sie werden annehmen. Sie helfen der Republik Indonesien. Ich will ihn festnehmen.«

»Nun, hören Sie mal. Nicht so rasch...« Es war klar, daß hier jemandem was angehängt werden sollte, aber wie konnte ich sicher sein, daß nicht ich der Jemand war? Ein reicher Tourist. Der auch noch für ein Museum arbeitete. Meiner Meinung nach gab ich einen ziemlich guten Verdächtigen ab.

»Stimmen Sie einfach allem zu«, zischte der Polizist. Warum flüsterte er bloß? »Ich möchte doch nicht annehmen, daß Sie kein Freund der Republik sind. Ihr Name wird nicht erwähnt.«

Ohne meine Antwort abzuwarten, machte er die Tür auf und zog Hitler herein. Hitler schwärmte von den Vorzügen der Figur, ihrem Alter, der Schlichtheit ihrer Linien. Der Polizist stieß mich von Zeit zu Zeit in die Rippen und nickte mir aufmunternd zu. Ich war entschlossen, mich nicht zum Kauf bereden zu lassen. Aber gleichzeitig war die Atmosphäre höchst bedrohlich. Wie konnte ich sie daran hindern, sich auf meine Kosten eine Lügengeschichte zurechtzubasteln? Es war klar, daß ich ihnen nicht einfach die kalte Schulter zeigen konnte.

»Sie werden verstehen«, begann ich, »daß ich äußerst vorsichtig sein muß. Es ist eine sehr schöne Grabfigur.« Der Polizist lächelte. »Aber ich mache mich vielleicht strafbar, wenn ich sie kaufe.« Er schubste mich und runzelte finster die Stirn. »Ich muß die Figur sehen. Ich kann nichts kaufen, was ich nicht gesehen habe.« Beide blickten jetzt besorgt drein. »Vielleicht können wir uns anderswo noch einmal treffen.« Die beiden sahen sich an.

»Vielleicht«, sagte Hitler, »könnte ich sie heute abend hierher bringen?«

»Gute Idee!« Abends würde ich bereits in Johannis Dorf sein. Der Polizist schubste mich wieder. »Sie können sie doch sicher jetzt schon kaufen.«

»Nein. Ich muß sie unbedingt erst gesehen haben, ehe ich kaufe.« Sein Gesicht hellte sich auf.
»Sie kaufen? In Ordnung, wir kommen abends wieder.«
Sie gingen zurück zu ihrem Motorrad. Im Gehen zwinkerte mir der Polizist grauenerregend zu.

Kein Busunternehmer hätte der Strecke nach Baruppu' seine neueren Fahrzeuge anvertraut. Unser Bus war fürchterlich verschrammt und narbenbedeckt. Keine Frage, daß es Perioden gegeben hatte, in denen man ihn noch kosmetischer Operationen gewürdigt hatte, aber diese Zeiten waren lange vorbei. Jetzt war er klapprig und schrottreif und machte kein Hehl mehr daraus. Johannis musterte die Insassen abschätzend.
»Zu viele *cewek*. Nicht genug Männer.«
Eine seltsame Bemerkung.
»Wenn der Bus nicht weiterkommt«, erläuterte er, »bleiben die Frauen und Schweine drin. Nur die Männer steigen aus und schieben.« Schweine? Ich schaute hinein. Da lagen sie, mit Bambus zwischen den Beinen, woran sie festgeschnürt waren.
Johannis hatte Fleisch, Eier, Knoblauch und Chili gekauft. Baruppu' schien eine Hungerregion zu sein. In der geschilderten Manier, an die ich mich mittlerweile gewöhnt hatte, fuhren wir mehrfach kreuz und quer durch die Stadt. Der Fahrer machte Halt, um zu essen. Einem Fahrgast gelang es wunderbarerweise, beim Zahlschalter der Elektrizitätsgesellschaft Geld abzuheben. Kokosnüsse wurden uns unter die Sitze geschoben. Das Fahrzeug sank immer tiefer auf seine Federung herab. Eine bedrohlich schwangere Frau wurde in den Bus eingeladen, ein Fahrrad auseinandergenommen und hinten verstaut. Kinder wanderten auf den Schoß; Gepäck wurde in weniger bequeme Positionen geschoben. Alle rauchten, wobei die Fenster fest geschlossen blieben, obwohl der Tag alles andere als kühl war.
Dem Armaturenbrett zufolge befanden sich alle Funktionen des Minibusses in einem so kritischen Zustand, daß man es gar nicht glauben mochte. Das Warnlicht für die Bremsen leuchtete ebenso wie das für den Ölstand; kein Benzin, kein Kühlwasser.

Die Batterie entlud sich, wenn man der Anzeige trauen durfte, ununterbrochen. Bei jeder Wasserstelle hielt der Fahrer an und goß eimerweise Wasser auf und neben den Beifahrersitz. Dort befand sich nicht die Heizung, sondern die Kupplung, die so heiß wurde, daß die Plastiksandalen des Beifahrers zu schwelen anfingen.

Fahrgeld wurde kassiert. Es hieß, das sei nötig, damit der Fahrer Benzin kaufen könne. Schließlich hielten wir an der Tankstelle. Der Tankwart deutete auf mich und verkündete mit einem breiten Lächeln: »Turiis!«

Zwischen dem Busunternehmen und dieser Zapfstelle bestand eindeutig irgendeine Verbindung, denn der Tankwart riß sich seine Schirmmütze wie ein Knechtsmal vom Kopf, sprang auf den Fahrersitz, ließ den Motor aufheulen und schoß mit Triumphgeheul davon. Ich war offenbar als einziger überrascht.

»Wah!« schrie Johannis mit einer so ungetrübten Freude, daß ich mir alt und abgelebt vorkam. Die anderen Männer schlugen sich im Überschwang der Gefühle auf die Schenkel und stimmten in den torajanischen Kriegsschrei ein – denn darum handelte es sich, wie ich später herausfand.

8
Auftritte in den Bergen

Ein frühmorgendlicher Dunst hing noch in den Tälern und trieb zwischen den Bäumen und im Unterholz. Obwohl es gerade erst hell geworden war, rollte schon die erste große Woge von Schulkindern heran. Sie tauchten aus dem dichten Buschwerk beidseits der Straße auf und wiegten in Vorwegnahme künftiger Mutterfreuden liebevoll ihre Schulbücher im Arm, während sie sich ihren Weg zwischen den Steinbrocken suchten, die bald schon jede Spur von Teerdecke verdrängt hatten.

Der Bus holperte und rüttelte Serpentinen hinauf, bis wir plötzlich die Wolken durchstießen und den siedenden Kessel von Rantepao in Dampf gehüllt unter uns sahen, während sich dahinter eine Bergkette nach der anderen auftürmte, soweit das Auge und die Phantasie reichten. Die Gipfel glitzerten unter den ersten taufeuchten Strahlen der Sonne. »Wah!« schrie eine Stimme, die vom Himmel zu kommen schien. »Wunderschön.« Ich reckte mühsam den Hals aus dem Fenster und wurde erstmals gewahr, daß auch das Dach bevölkert war. Zwei vor Glück strahlende kleine Kinder hockten droben mit dem innigen Vergnügen, das der Jugend, solange sie richtig jung ist, die Todesgefahr bereitet.

Nach ungefähr einer Stunde Fahrt, die das Gesäß arg in Mitleidenschaft zog, machten wir eine Pause. Der Fahrer drehte sich auf seinem Sitz zu mir um und grinste mich hinterhältig an. »Nyonya Bambang«, sagte er. Ich wußte wieder nicht recht, was ich davon halten sollte. Dem Ton seiner Stimme nach zu schließen, mußte es sich um etwas Gutes handeln. Mit *Nyonya* bezeichnet man eine achtbare verheiratete Frau, während Bambang ein Männername ist. Die Auflösung ließ nicht lange auf sich warten.

Aus einem Haus in der Nähe trat ein Mann von geradezu anstößiger Reinlichkeit und vor Sauberkeit förmlich strahlend. Wieder einmal fand ich mich in Schulzeiten zurückversetzt. Das war der typische Lieblingsschüler des Lehrers. Ehe er sich auf dem Beifahrersitz niederließ – den er ganz selbstverständlich in Anspruch nahm –, staubte er ihn mit einem makellosen Taschentuch ab. Er sprach mich an als den einzigen, den er seiner Aufmerksamkeit für würdig befand. »Mein Name ist Bambang. Ich bin ein Architekt aus Jakarta.« Er streckte mir eine kalte, fischige Hand hin. Die angebotene Zigarette schlug er aus. Statt dessen bestand er darauf, daß die Fenster geöffnet wurden, damit der Rauch abziehen konnte. Er überreichte mir seine Visitenkarte und schien ungehalten, daß ich ihm keine im Austausch geben konnte. Wir durchliefen die übliche Folge von Fragen, um uns unserer Vertrauenswürdigkeit im Hinblick auf Beruf und Zivilstand zu versichern. Er halte sich hier auf, um Verwandte zu besuchen, erklärte er, und um die traditionelle torajanische Architektur zu studieren. Seine Tragödie war, daß er Babies mochte, aber Kinder haßte. Das logische Resultat dieser Ausgangsbedingungen waren zwölf Kinder, die ihn von zu Hause vertrieben, bis er der Versuchung erlag, ein neues zu zeugen, das ihm ein oder zwei trostreiche Jahre schenkte, am Ende aber sein Mißbehagen nur noch vergrößerte. Sein derzeitiger Aufenthalt bei den Verwandten war einer von vielen Versuchen, seiner zahlreichen Brut zu entrinnen.

Die Straße wurde abrupt schlechter oder vielmehr hatte man den Eindruck, daß der Fahrer die Schlaglöcher ansteuerte, statt sie zu vermeiden. Bambangs Gesichtsfarbe wechselte ins Grünliche, und er fing an zu würgen, wobei er sich in damenhafter Manier den Mund betupfte. Der Fahrer wirkte ungeheuer zufrieden mit sich und paffte aggressiv vor sich hin. Zum größten Teil landete der Rauch in Bambangs Gesicht. Johannis saß ruhig da, sah aus dem Fenster und umklammerte seine Lebensmittel, um sie vor Beschädigungen zu schützen.

»Wie«, fragte ich höflich, »geht es den Eiern?« Die Belegschaft kreischte vor Lachen. Ich hatte unabsichtlich meinen ersten schmutzigen Scherz gelandet. Mir wurde erklärt, ich müsse mich nach den *Hühner*eiern erkundigen, sonst klinge es so, als wollte ich wissen, ob die Genitalien der männlichen Mitreisenden die Strapaze überstünden.

Ein bißchen später hielten wir an einem roh gezimmerten Schuppen und tranken Kaffee, während der Fahrer Kokosnüsse entlud. »Sehen Sie«, sagte der Eigentümer, »ich habe meinen Namen mit Kuli draufgeschrieben.« Mir fiel die Höhle in Londa, direkt außerhalb der Stadt, ein, wo die Schädel der Toten dadurch kenntlich gemacht sind, daß man die Namen mit Kugelschreiber auf sie geschrieben hat. Der Handel mit Kokosnüssen war etwas Merkwürdiges. Die einen verfrachteten sie ins Gebirge, die anderen brachten sie in die Ebene. Vielleicht waren es ein und dieselben Kokosnüsse, die das Kalkül eines verrückten Antiquitätenhändlers rauf- und runterwandern ließ.

Wir saßen auf einer rohen Holzbank und sahen zu. Johannis wirkte irritiert. »Der Fahrer«, erklärte er mir, »versucht zu erreichen, daß es Bambang schlecht wird. Aber sehen Sie, Bambang fährt weiter mit, gleichgültig, was er aushalten muß. Bambang ist töricht, aber feige ist er nicht. Der eigentliche Blödmann ist der Fahrer.«

Während wir noch über die Ungerechtigkeit der Welt nachsannen, sauste ein großes, glimmendes Holzscheit dicht über unseren Köpfen vorbei, gefolgt von einem gackernden Lachen, das wahnsinnig klang.

Eine alte Frau, dünn wie ein Stock, schlingerte in unser Gesichtsfeld, zahnlos und mit strähnig verklebtem Haar. Sie trug einen zerrissenen, schmuddeligen Kittel, den einst ein auffälliges Blumenmuster geziert hatte. Eine dicke Schicht Schmutz bedeckte ihr Gesicht und ihre Arme; sie schwenkte drohend ein weiteres Holzscheit. Johannis und ich sahen uns an. »Verrückt?« fragte ich. »Und wie!« antwortete er. In wortlosem Einverständnis ergriffen wir die Flucht und zogen uns in die Hütte zurück, von wo wir sie durch das drahtgeschützte Fenster beobachteten.

Sie stand draußen und sang unter dem Beifall der Buspassagiere auf Japanisch ein Lied. Daran schloß sich ein Gassenhauer an, bei dem es offenbar um die amerikanische Außenpolitik in der Sukarno-Zeit ging. Wie mir schien, erhielt ich eine Lektion in politischer Geschichte. Unmittelbar darauf folgte ein Lied, das sich um die Sexualmoral der derzeitigen indonesischen Führung drehte und das bei den Männern entweder Gekicher oder Protestschreie provozierte, während es die Frauen dazu brachte, sich in züchtiger Empörung die Hand vor die Nase zu halten. Mir machte es klar, wie löchrig mein Wortschatz war.

Der Fahrer scheuchte sie weg; danach begnügte sie sich damit, unanständige Wörter in den Staub auf beiden Seiten des Fahrzeugs zu schreiben und um Münzen zu betteln, die man ihr ängstlich gab.

Der Fahrer beugte sich nach hinten und erklärte flüsternd, als verrate er ein großes Geheimnis: »Sie ist eine Lehrerin, die ihr Bücherwissen verrückt gemacht hat.« Er machte eine Pause. »Sind Sie auch Lehrer?« Mir fiel Godfrey Butterfield MA ein. Ihm hätte das gefallen.

»So etwas ähnliches.«

Wir machten uns wieder auf den Weg und fuhren durch einen Sprühregen, der durchs Laub zischte. Toraja gehört zu den wenigen Gegenden, in denen Bananenstauden neben Bergkiefern gedeihen. Die Straße stieg wieder in die Wolken hinauf. Man hatte den Eindruck intensiver Kälte. Auf einer tristen, mit stoppeligem Gras bewachsenen Hochebene hielten wir unvermittelt an. Eine Ziege, die dort graste, beäugte uns reserviert. Der Motor wurde abgestellt, und die Welt war still, abgesehen vom Ton rinnenden Wassers und von den Kaugeräuschen der Ziege. Ein junger Mann stieg aus und ging auf ein entfernt gelegenes Haus zu – kein nobles Bauwerk aus geschnitztem Holz, sondern eine dem Anschein nach planlos zusammengezimmerte Hütte. Frauen kamen heraus, standen wehklagend da und heulten so laut und verzweifelt, daß sie nach Atem rangen. Plötzlich fing der junge Mann an zu schluchzen. Der Kopf sank ihm auf die Brust, und große, dicke Tränen rannen ihm über die Backen. Andere Männer stiegen aus, umarmten sich und weinten im Nebel. »Er weint, weil sein Freund gestorben ist«, erklärte der Fahrer. Offenbar war zwischen Malaysia und Sumatra eine Fähre gekentert. Unter den Matrosen hatten sich viele Toraja befunden; da die Toraja so sehr um ihren Lebensunterhalt kämpfen müssen, gehört ihr Land zu den wenigen gebirgigen Inlandsregionen in der Welt, die in großer Zahl Seeleute hervorbringen. Viele waren ertrunken. Der Fahrer und Bambang stiegen ebenfalls aus und standen mit den anderen eng umschlungen und naß wie die Katzen im Regen. Verlegen kletterte ich ebenfalls aus dem Bus und stand daneben, weil ich sie in ihrem Kummer nicht stören wollte. Ich starrte in die durchweichte Landschaft; man hätte meinen können, ich sei in den Anblick der Ziege versunken. Eine Hand wurde ausgestreckt, griff blind nach meiner Schulter, packte mich am Ellenbogen und zog mich in ihre Welt gemeinschaftlichen Empfindens. Da brach ich ebenfalls in Tränen aus.

Ich habe keine Ahnung, wie lange wir schluchzend im Regen standen. Es mögen zehn Minuten gewesen sein, vielleicht auch viel länger. Als wir zum Bus zurückgingen, fühlten wir uns alle irgendwie gereinigt und geläutert, brüderlich einander verbunden, so wie Brüder sein sollen, es aber nie richtig sind. Der Fahrer vermied jetzt die Schlaglöcher und blies Bambang keinen Rauch mehr in die Augen. Die Unterhaltung wandte sich dem harten Leben des Seefahrers zu, der von einer langen Schiffsfahrt zurückkehrt, nur damit ihn habgierige Verwandte um sein schwer verdientes Geld bringen. Allmählich konnten wir auch wieder lachen.

Auf dem Gipfel eines Hügels angelangt, sahen wir unter uns die Stadt Pangala' liegen. Um sie zu erreichen, mußten wir uns eine weitere halbe Stunde lang in Biegungen und Windungen den Hang hinabquälen. Auch diesmal handelte es sich um eine Barackenstadt, die in einer Flut von Schulkindern ertrank. »Wenn ich vom Gebirge herunterkam, um hier in die Schule zu gehen«, sagte Johannis, »schleppte ich die zwölf Kilometer einen Sack Reis mit, damit ich genug zu essen hatte. Damals war ich stark. Nach den vielen Jahren in der Stadt bin ich schwach.«

Nach dem Aussteigen flüchteten wir uns erneut in eine Kaffeestube, weil abermals ein Gewitterguß auf uns niederprasselte. Auch hier kamen die Leute aus der Küche, um sich diesen merkwürdigen Menschen anzusehen – merkwürdig nicht, weil er ein Weißer war, sondern weil er Kaffee ohne Zucker bestellt hatte. An der Wand sah man in einem Glaskasten einen Präservativ, der dort wie eine Trophäe ausgestellt war – eine Aktion der Geburtenkontrollkampagne. Immerhin erfuhren wir, daß uns das Glück lachte. Ein Zementlaster fuhr mit Baumaterial für die neue Mittelschule die Straße zu Johannis' Dorf hinauf. Gegen Bezahlung konnten wir uns mitnehmen lassen.

Bambang zog davon, aber viele andere Mitreisende wechselten auf den Lastwagen über – einschließlich der Kokosnüsse. Hinten waren der Länge nach Seile gespannt; in die schmiegten wir uns hinein oder machten es uns darauf bequem, als wären wir in einer Absteige.

»Die Straße ist ein bißchen beschwerlich«, gestand Johannis. Tatsächlich mußte man für die Fahrt hinauf ins Gebirge und für den Rückweg von dort verschieden viel bezahlen. Die Strecke war offenbar seit Jahren nicht repariert worden, und an den unpassendsten Stellen erwarteten uns bedrohlich aussehende tiefe Wasserlöcher. Das Hauptproblem bildeten die Reifen des Lasters, die völlig abgefahren waren, so daß sie nichts mehr greifen konnten. Wo ein normaler Lastwagen mühelos durch den Schlamm gekommen wäre, blieb unserer stecken und rutschte wie verrückt. Bei Steigungen, die ein normaler Lastwagen hinaufgetuckert wäre, grub unserer einfach nur große Löcher in die Straße und verbreitete den Gestank brennenden Gummis. Sooft wir stecken blieben, spielte sich dieselbe Prozedur ab. Erst saßen wir wie die Ölgötzen da und taten so, als hätten wir das Problem nicht bemerkt. »*Turun! Dorong!*« schrie dann der Fahrer. »Absteigen und schieben!« Wir kletterten herunter und rannten durcheinander. Die einen sahen zu, während andere schoben. Wenn fast genug Leute schoben, um den Lastwagen wieder flott zu kriegen, beteiligten sich auch die übrigen – woraufhin die Hälfte derer, die anfangs geschoben hatten, ihre Mitarbeit einstellten. Wie man einen Lastwagen aus dem Schlamm herausbringt, gehört zu den Dingen, über die jeder seine eigene Theorie hat.

»Bohlen!« sagte ein Mann entschieden. »Was wir brauchen, sind Bohlen.«

»Aber meinen Sie nicht, wenn die Reifen...?«

»Nein. Bohlen.«

Manche waren felsenfest davon überzeugt, man müsse vor den Vorderrädern des Lastwagens Erde wegschaufeln und sie hinter die Hinterräder schippen; das meiste landete auf denen, die schoben. Einige kehrten Gras und Blätter unter die Räder, nur damit beides von Anhängern einer anderen Schulrichtung wieder entfernt werden konnte. Manche bauten auf Steine, das einzige, was helfe. Sie gruben die Steine aus der Straße und schoben sie unter größter Gefahr mit nackten Füßen vor die durchdrehenden Räder. Ein alter Mann löste langsam und sorgsam die Stricke und spannte sich mit dem Gestus des heroischen Einzelkämpfers vor das Auto. Johannis setzte sich hin, rauchte eine Zigarette und scherzte mit den Mädchen. Als ich schon alle Hoffnung aufgegeben hatte, schlenderte ein Mann mit einem großen Büffel vorbei, der von einem winzigen Jungen geführt wurde. Der kleine Junge spannte das Tier vor, und es zog den Lastwagen mit beschämender Leichtigkeit aus dem Dreck. Von hinten erscholl eine Stimme. »Mit Bohlen wäre es leichter gegangen.«

»Ich dachte, die Toraja setzten keine Büffel für die Zugarbeit ein«, sagte ich zu Johannis.

»Das da«, erklärte er, »ist ein Sklavenbüffel. Schauen Sie sich seine Farbe an.«

Ethnologen werden mit Büchern über die Nuer gefüttert, ein Volk im Sudan, das sich leidenschaftlich für Rinder und deren Schönheit begeistert. Zur Beschreibung ihrer Tiere haben die Nuer ein reichhaltiges Vokabular für Farbnuancen und Fellzeichnungen ausgebildet. Nun machte ich erstmals Bekanntschaft mit einer ähnlichen Leidenschaft der Toraja, die ihren Niederschlag in einer anscheinend endlosen Reihe von Begriffen für Größe, Farbe, Zeichnung und Hörnerform von Büffeln gefunden hat. Später sollte ich dasselbe bei Holzschnitzern erleben, die unendlich viele Muster unterschieden, die ich als gleich angesehen hätte.

Johannis, den die abstrakte Erörterung von Fragen des Wortschatzes zu langweilen begann, wandte sich einem aktuelleren Thema zu. Mußte der Fahrer uns nicht einen Rabatt dafür gewähren, daß wir weite Strecken gelaufen waren, die wir doch eigentlich in seinem Lastwagen hätten fahren sollen? Mußte nicht, recht besehen, *er uns* bezahlen, da er es ja nur unserer Schiebearbeit zu verdanken hatte, daß er seinen Zement abliefern konnte? Der Fahrer, das muß man ihm lassen, erkannte, wie stichhaltig Johannis' Überlegung war. In der Tat erkannte er so klar, wie gefährlich sie seinem Lebensunterhalt werden konnte, daß er kurz darauf Johannis und mich absetzte und wir gezwungen waren, das Dorf zu Fuß anzusteuern. »Der Mann da«, verkündete Johannis, »ist ein Feind meiner Familie. Er stammt von Sklaven ab.«

»Ich dachte, all diese sozialen Klassen, Goldklasse, Bronzeklasse, Eisenklasse und so weiter, gäbe es nur in den Königreichen im Süden.«

»Mag sein«, sagte Johannis mißlaunig, »aber wir erkennen, ob einer Sklave ist oder nicht, auch wenn wir den Begriff nicht mehr in den Mund nehmen dürfen.«

Wie dem auch sein mochte, es war jedenfalls das erste Mal, daß ich mir vor dem Eintreffen auf der Feldforschungsszene bereits Feinde gemacht hatte. Ich fing an, mich zu fragen, ob Johannis nicht entschieden zuviel Klugheit für einen Feldforschungsassistenten hatte – denn daß er dies inzwischen war, wurde mir unvermittelt klar.

Johannis' Haus war ein moderner Bau nach dem Vorbild der buganesischen Bungalows an der Küste. Da es auf Pfählen erbaut war, um die in diesen Gegenden übliche sengende Hitze zu mildern, stand fest, daß es sich nachts als bitterkalt erweisen würde. Wir machten halt, um uns von einem Hund anbellen zu lassen, unsere Schuhe auszuziehen und eine Leiter zur Eingangstür hinaufzusteigen, wo ich mir zum nicht geringen Vergnügen der Zuschauer am Türrahmen den Kopf stieß. Für jemanden aus dem Westen besteht das Leben in Indonesien aus einer einzigen Reihe von Kopfnüssen. Das ganze Land ist auf der Voraussetzung konstruiert, daß kein Mensch größer als 1,65 Meter ist.

Einen wirklichen Haß auf Indonesien faßte ich nur dann, wenn ich wieder einmal so richtig mit dem Dez angedonnert war. Hatten sich die Schmerznebel verzogen und öffnete man die Augen, so sah man vor sich eine Reihe unendlich heiterer Gesichter, die einen anlachten. Gewöhnlich wurde einem dann erklärt, das passiere, wenn man zu groß sei.

Johannis' Mutter war in ihrer Jugend zweifellos eine Schönheit gewesen. Sie war feingliedrig und von einer natürlichen Anmut, die durch die abgerissenen Kleider und das verhärmte Gesicht schien. Man sah auf den ersten Blick, daß sie eine sehr fromme Frau war. Das Haus war ausgeschmückt mit einem seltsamen Gemisch religiöser Symbole. An einer Wand hing das obligatorische Bild des Präsidenten und seines Vize, flankiert von Abbildungen des Space Shuttle und des Abendmahls – letzteres eindeutig eine Version des Leonardoschen Gemäldes, aber mit Jüngern, die allesamt wie Wahnsinnige aus riesigen, blauen Augen starrten. Anschließend ein vage biblisches Bildwerk mit Schäfchen und Kindlein. Der Kalender vom letzten Jahr zeigte muslimische Pin-up-Damen in weiten Gewändern vor Moscheen und heiligen Texten. Der diesjährige Kalender wartete mit halbnackten Chinesinnen auf, die ihre Reize weitgehend hinter einem sittenstreng vorgehaltenen Spiegel verbargen.

Erst später machte sich jemand die Mühe, mich Johannis' Vater vorzustellen, einem verbrauchten, schrumpligen Mann, dessen verbitterter Ausdruck verriet, daß er öffentliche Mißachtung gewohnt war. Johannis und seine Mutter ließen sich lang und breit über seine Untaten aus, seine sündhaften Versäumnisse und Verrichtungen. Offenbar trank er, lag auf der faulen Haut und ging nicht in die Kirche. Wir tauschten Blicke stummen Einverständnisses.

Aus der Küche klapperte es und drangen Holzrauchschwaden. Verwandte wieselten ein und aus in der buckelnden Haltung, die der Respekt vor dem hohen Gast erheischte. Uns wurde widerlich süßer Kaffee in Gläsern serviert, während die Mutter ins Indonesische wechselte, um sich in ihren Kümmernissen zu ergehen – Armut, schlimmes Bein, Mann ein Herumtreiber, nichtsnutzige Söhne, Zwiebelknappheit im Dorf. Den Toraja, die nicht die Schule besucht haben, fällt es schwer, den »ch«-Laut und einige andere Konsonantenhäufungen der indonesischen Sprache zu artikulieren, so daß *kecil,* »klein«, zu *ketil* und *pergi,* »gehen«, zu *piggi* wird. Das verleiht ihrer Sprache einen merkwürdigen, an Shirley Temple erinnernden Zug von lispelnder Verschämtheit. Sie schloß mit den Worten: »Wir sind alt. Wir haben keine Hoffnung mehr. Die Jungen haben alles im Stich gelassen, um in die Stadt zu gehen. Wir beten für einen guten Tod, zu dem uns Gott den Weg öffnen möge.« Das war ein niederschmetternder Empfang; Johannis war grantig, wie es die Jugend überall wird, wenn sie sich ihrer Eltern schämt.

Andere Leute schneiten herein – ein Vetter, ein Halbbruder. Den Männern wurde eine Mahlzeit aus Reis und Chili serviert, und dann mußten wir uns irrwitzigerweise auf Matratzen zur Ruhe betten, die mitten im Zimmer ausgelegt wurden, während um uns herum die weibliche Hausbesorgungsschlacht tobte.

Nach und nach wurde deutlich, daß der Tag als beendet galt, obwohl es kaum später Nachmittag war. Bei Einbruch der Dunkelheit kam ein Nachbar mit stechenden Augen herüber und zündete die Öllampe an – eine komplizierte, mittels Druck funktionierende Technik, auf die sich niemand im Haus verstand. Er legte sich zu uns ins Bett, und gegen die durchdringende Kälte wurde Decke auf Decke gehäuft, die wegen eines merkwürdigen Schimmels im Dunkeln leuchteten. Schließlich wurde noch die Matte vom Boden genommen und zu den Decken dazugefügt. Nicht ohne Stolz packte ich meine Wärmflasche aus. Um so etwas in die Tropen mitzunehmen, muß man schon ein ziemlich alter Hase sein. Der Erfolg war durchschlagend. Von allen Seiten tasteten ungeschickte Füße nach ihr.

Sogar Johannis war beeindruckt. »Ich hoffe doch sehr, daß Sie dieses Ding zurücklassen, wenn Sie nach Hause fahren.«

Während die Nacht hereinbrach, lagen wir alle wach, erzählten uns mit glänzenden Augen Geschichten und waren aufgeregt wie kleine Jungen auf einer Zelttour. Jemand erzählte von einem buginesischen Zauberer, den er in Ujung Pandang gesehen hatte. »Er stellte einen Speer auf und legte oben eine Melone drauf. Sie fiel herunter. Sie war aufgeplatzt. Dann nahm er diesen kleinen Jungen, er muß fünf oder sechs gewesen sein, balancierte ihn mit dem Bauchnabel auf dem Speer und drehte ihn im Kreis. Wir hielten uns alle die Hände vors Gesicht, weil wir schon das Blut spritzen sahen. Aber er war unverletzt.«

»Wah!«

»Das ist noch gar nichts«, sagte Johannis. »Ich kenne diese chinesischen Mädchen, diese zwei Schwestern. Man schreibt irgendwas auf ein Blatt Papier, zerreißt es, packt es in eine Streichholzschachtel. Sie halten es so in der Achselhöhle (er quetschte die Arme gegen den Körper), und sie können dir sagen, was du aufgeschrieben hast.«

»Wah!«

Stumm und fragend wandten sich ihre Augen mir zu. Hier hatten sie einen exotischen Fremden, der die Wunder der Welt geschaut hatte. Womit mochte er wohl aufwarten?

»In Afrika habe ich einen Mann getroffen«, sagte ich, »der Regen machen konnte.«

»Gähn! So was kennen wir hier auch.« Sie klangen gelangweilt.

»Ich habe einmal bei einem Volk gelebt, das Köpfe abschnitt und sammelte.«

»Ach, das haben wir früher auch gemacht. Na und?«

»Ich bin einmal nur mit einem Speer bewaffnet auf Löwenjagd gegangen.«

»Ich nehme an, das ist so wie mit dem Zwergbüffel hier, der im Wald lebt, nur daß der noch gefährlicher ist.«

Sie drehten sich schon zum Schlafen auf die Seite. Es war Zeit für den großen Hammer. Ich zog aus meiner Gesäßtasche eine Kreditkarte aus Plastik.

»Das hier«, sagte ich, »ist wie Geld.« Sie setzten sich auf und untersuchten die Karte im flackernden Licht, ließen die Strahlen über das holographische Bild gleiten, das in die Karte eingelassen war, und reichten sie andächtig im Kreis herum.

»In meinem Land, in den Städten, gibt es in den Wänden Apparate. Man kann das hier hineinstecken und eine Nummer eintippen, dann gibt einem der Apparat Geld.«
»Wah! Wah! Wah!«
Sie gaben mir vorsichtig die Karte zurück, und wir legten uns alle schlafen. Ich träumte von Speeren und chinesischen Zauberern. Wovon die anderen träumten, weiß ich nicht.

Ein Ethnologe ist wahrscheinlich der schlimmste Gast, den man sich vorstellen kann. Ich würde keinen ins Haus lassen. Er kommt ungebeten, nistet sich uneingeladen ein und geht seinen Gastgebern mit dummen Fragen so auf die Nerven, daß sie fast den Verstand verlieren. Anfangs weiß er selber kaum, was er sucht. Wie fängt man es überhaupt an, einer unbekannten Lebensweise auf die Schliche zu kommen? Die Ethnologen sind sich ja nicht einmal untereinander einig, hinter was sie eigentlich her sind – ob ihre Beute in den Köpfen der Leute, in den konkreten Fakten der materiellen Realität, in beidem oder in keinem von beiden steckt. Andere halten das »Wissen« des Ethnologen zum großen Teil für eine Fiktion, die sich irgendwo zwischen dem Beobachter und dem Beobachteten bildet und die abhängig ist von den unausgewogenen Machtverhältnissen zwischen den zweien. Die fast unvermeidliche Reaktion auf diese Situation besteht darin, einfach weiterzumachen und die genauere Analyse des eigenen Vorgehens auf später zu verschieben.

Den Anfangspunkt zu finden, war in meinem Fall kein Problem. Johannis verkündete, daß wir noch an diesem Morgen zu einem *ma'nene'*-Fest aufbrechen würden. Sein Großvater würde uns auf dem fünf bis sechs Kilometer langen Fußmarsch dorthin begleiten. Tatsächlich saß in der Küche ein bedächtiger älterer Herr, der an einem Klumpen gekochten Manioks kaute und einen Speer trug, dessen Spitze in einem Futteral steckte. Der alte Mann lachte freundlich bei meinem Anblick und ließ mich auf dem Maniokbrocken kauen, den er dann in die Tasche steckte, um ihn später zu vertilgen.

Das ganze Dorf schien auf den Beinen. Kinder lehnten sich aus den Häusern und starrten mich an. Beim Wort *Belanda,* »Holländer«, brachen sie sich fast die Zunge ab, statt dessen riefen sie *Bandala,* »Schachtel«. Aus den Häusern strömten die Leute, die meisten von ihnen in Schwarz, der Farbe des Todes. Die torajanischen Feste waren auch hier in zwei Klassen eingeteilt: es gab die Feste des Westens und »sinkenden Rauchs« – die Feste des Todes – und die des Ostens und »aufsteigenden Rauchs« – die Feste des Lebens. Die Rituale der Toraja wirken völlig unausgewogen und scheinen den Tod viel stärker als das Leben zu betonen. Das könnte allerdings auf die Missionare zurückzuführen sein, die für die Unterdrückung der relativ ausschweifenden Fruchtbarkeitsriten sorgten und damit die Todesriten aus ihrem Zusammenhang rissen und wie einen gestrandeten Wal zurückließen. Die verschiedenen Formen des Christentums haben mit den alten religiösen Traditionen unterschiedliche Kompromisse geschlossen. Manche Kirchen verlangen, daß ihre Anhänger sich von bestimmten Teilen der Todesfeste fernhalten und kein Fleisch von Opferbüffeln essen. Andere verlangen von den Gläubigen, daß sie der Kirche Büffel darbringen. Manche konzentrieren sich auf die Grabbilder: Ein Christ darf keine haben, und damit basta. Andere lassen ein Bild zu, solange es als bloßes Gedenkbild gilt.

Ringsum wurden Grußworte ausgetauscht, und es herrschte überall Heiterkeit. Johannis' Großvater hielt sich zurück; er blickte ernst und würdevoll drein wie ein englischer Butler bei einer Orgie. »Ich spreche nicht viel Indonesisch«, erklärte er, »aber Sie müssen wissen, daß in diesem Dorf ich die alte Religion bin. Diese Menschen sind jetzt Christen, aber trotzdem müssen sie respektieren, was ich sage. Ich habe *ma'nene'* verkündet. Bis ich es für beendet erkläre, können jetzt keine Felder bestellt oder Häuser gebaut werden. Sogar die Christen halten sich daran.«

Ich wandte mich zu Johannis. »Du bist auch Christ?«

»Ja, ich bin Protestant wie Sie, aber für uns junge Leute ist das weniger wichtig. Wir sind...«, er suchte nach einem passenden Wort, »weitherziger als die Leute aus Neneks Generation.«

Nenek schnaubte. »Als ich jung war, war ich schon genauso. Als ich anfangen wollte, die Religion, die alte Dichtung zu lernen, sagten mir alle, ich solle es sein lassen: ich würde immer arm sein. Sie hatten recht, aber es gibt wichtigere Dinge. Er wird auch lernen. Er ist kein dummer Junge.«

Auf einer Hügelkuppe stand eine Kirche, weißgetüncht, mit einem Turm im Tiroler Stil. Dahinter erstreckten sich endlos gestaffelte, purpurfarben lastende Hügelketten ohne den geringsten Hinweis auf eine menschliche Besiedlung. Durch eine Lücke in den Wolken ergoß sich aus einem alttestamentarischen Himmel Licht auf das Kirchdach. Keine Kirche auf der Welt konnte einsamer sein. Während wir weitergingen, gab der alte Mann mit der Beredtheit eines Sportberichterstatters Beobachtungen und Interpretationen zum Besten – Historisches, Mythologisches, persönliche Erinnerungen. In vielen Kulturen findet man anerkannte Muster der Gelehrsamkeit, hauseigene, eingeborene Ethnologen. Gelegentlich spielen sie in der Literatur über die betreffende Kultur eine große Rolle; ihre Namen sind Generationen von Studenten bekannt. Ich hatte noch nie einen von der Sorte getroffen, aber Nenek gehörte ohne Zweifel dazu. Einen Assistenten hatte ich bereits. Jetzt war auch mein Spezialinformant zur Stelle. Wenngleich ich nur für eine lächerlich kurze Zeit blieb, konnte ich doch gar nicht mehr umhin, mit der Arbeit anzufangen. Mit so etwas wie einem Ächzer zog ich ein Notizbuch heraus und schrieb das Ganze auf.

Eine beträchtliche Menschenmenge hatte sich am Fuß eines kahlen Felsens versammelt, dessen Oberfläche mit quadratischen Öffnungen übersät war. Das waren die Gräber, in denen die Gebeine der Toten aufbewahrt wurden. Hölzerne Figuren, die in anderen Teilen des torajanischen Gebiets als Abbilder der Toten aufgestellt werden, gab es hier nicht; jedes Grab war einfach mit einer Holztafel verschlossen, in die ein Büffelkopf geschnitzt war. Früher, behauptete Johannis, hätten solche Bilder existiert, aber jetzt seien sie alle verschwunden. Bei dem Fest, das gerade stattfand, wurden die Gebeine der jüngst Verstorbenen in frische

Tücher gehüllt und wieder zurück in die Gräber gelegt. Ein Mann war in die Stadt gefahren und hatte eigens die Tücher dafür gekauft. Zu meiner Überraschung leuchteten sie in den grellsten Farben und waren über und über mit Mickeymäusen und Donald-Duck-Figuren bedruckt.

Ich hatte gehofft, mich unauffällig einschleichen und ruhig in einer Ecke verkriechen zu können, um dem Vorgang in der voyeuristischen Position des Ethnographen beiwohnen zu können. Es sollte nicht sein. Das hier war Neneks Auftritt, sein großes Ereignis, und er wollte soviel daraus machen, wie nur irgend möglich. Wir näherten uns durch dichtes Unterholz, wo wir von der Menge nicht gesehen werden konnten. Unmittelbar außerhalb des Kreises der Anwesenden schlüpfte Nenek hinter einen Felsen, machte sich dort raschelnd und ächzend zu schaffen und rief gereizt nach Johannis, der ihm helfen sollte. Nach ein paar Minuten tauchte er verwandelt wieder auf, gekleidet in ein rotgestreiftes Kostüm mit Shorts und kurzen Ärmeln. Mir kam ein Übungssatz aus meinem Lehrbuch für Indonesisch in den Sinn: »Die Raupe hat sich in einen Schmetterling verwandelt.« Nenek strahlte und nestelte am Verschluß seiner Halskette, die einen gewichtigen Eindruck machte und aussah wie eine Kette aus vergoldeten Klopapierrollen. Obenauf plazierte Johannis eine Kette von Wildschweinhauern, die es darauf anlegten, Nenek in die Ohren zu pieken. Der alte Mann legte goldene Armbänder in Schlangenform an, die sich die Arme hinaufwanden, und sah sich abwesend nach seinem Speer um. Mich ergriff er als eine weitere Stütze beim Arm und sprang mitten zwischen die verblüfften Dörfler. Dort ließ er eine längliche Rede vom Stapel und stupste mich mit dem Speer, wenn er etwas in seiner Rede unterstreichen wollte. Johannis hatte mir beruhigend eine Hand auf die Schulter gelegt; er wußte nicht recht, ob er auf seinen bejahrten Verwandten stolz sein oder sich für ihn schämen sollte.

»Er erklärt, wer Sie sind, daß Sie ein berühmter holländischer Tourist sind, daß Sie hier sind, um uns und die alten Sitten zu ehren.« Von Zeit zu Zeit hob er die Stimme und verfiel in einen Rhythmus, der sogar für den Außenstehenden als dichterisch erkennbar war. »Das ist *to minaa*-Rede«, flüsterte Johannis, »die Sprache der alten Bräuche. Ich kann es nicht übersetzen, aber – wah, es ist herrlich!«

Schließlich verstummte Nenek und setzte sich auf einen Stein in der Mitte des Platzes, von wo aus er mit Handbewegungen und Zurechtweisungen die Bemühungen der anderen überwachte, während er grantig seinen Speer mit den Armen umklammerte.

Der Aufstieg zu den Gräbern bedeutet eine Kletterpartie auf eingekerbten Bambuspfählen, wo man dann in 20 oder 30 Metern Höhe den Leichnam in die enge Graböffnung hineinbugsieren muß. Einige Matrosen vom Bus waren offenbar dafür zuständig; sie begrüßten mich mit lauten Rufen wie einen alten Freund. Ob ich Lust hätte hinaufzuklettern? Nein? Dann hätte ich vielleicht Appetit? Sie selbst, als Christen, sollten eigentlich keinen Büffel essen, der an den Gräbern geopfert worden war, aber...

Wir ließen uns im Schatten eines großen Baumes zum Essen nieder. »Reis gibt es keinen«, erklärten sie, »wegen des Todes. Wir essen nur Maniok – und Büffelfleisch.« Das Fleisch war zäh und sehnig, bedeckt von einer dicken Schicht Fett und Haut. Die einzelnen Stücke sahen aus wie gekochte Schnecken. Die Sonne stand hoch am Himmel und brannte ungemütlich heiß herunter. Ein angenehmer Geruch von Holzrauch, Büffelfett und menschlicher Ausdünstung lag über den Gräbern; die Luft war erfüllt vom einschläfernden Gebrumm der Fliegen, die sich am Blut gütlich taten. Johannis war abgestellt, eine Leiche hochzuhieven, die für die erneute Grablegung bereitlag; er stand in der Sonne, grinste und bürstete sich die Hitze aus seinem dicken schwarzen Haar.

Nenek brüllte wieder los, in der Graböffnung erschien ein Kopf, und ein Seil wurde heruntergelassen, um es an der Leiche festzumachen. Der ganze Vorgang erregte eine ziemlich ungebührliche Heiterkeit. Unter viel Klamauk und zahlreichen Scherzen schlang man das Seil um das Paket aus Stoff und Knochen.

Als es sich vom Boden löste, stellte sich Johannis wie ein Zureiter rittlings darüber und stieß eine Reihe von Schlachtrufen aus, in welche die anderen jungen Männer einstimmten, bis Nenek vor Zorn und Protest bebte.

Unten bildete sich ein Kreis von Männern, die den getragenen Todesgesang anstimmten, sich an den Händen faßten und sich gegen den Uhrzeigersinn gleichmütig im Kreis bewegten. Kinder wurden zur Teilnahme herbeigerufen und von Vätern und Brüdern behutsam in die archaischen Schrittrhythmen eingeführt. Auf ein Zeichen von Nenek drangen Frauen in den Zirkel ein; es kam zu einem Wechselgesang zwischen Männern und Frauen – einem Todesgesang, der allerdings die Damen nicht davon abhielt, ihre wohlgestalten Züge und ihr tadelloses Gebiß angemessen zur Geltung zu bringen. Nenek nickte beifällig und schlug mit der Hand den Takt zu der schwermütigen Melodie. Man hatte schwerlich den Eindruck einer vom religiösen Wandel zerrissenen Gesellschaft.

Ein Matrose meinte, die Höflichkeit erfordere, daß ich dem Veranstalter des Festes Guten Tag sagte. Er führte mich zu einer Gruppe, die sich um einen dampfenden Wasserkessel versammelt hatte.

»Das ist der Chef«, sagte er und tippte einem Mann auf die Schulter. Der drehte sich um. Es war Hitler.

»Ah«, sagte Hitler, »ich kenne den Herrn bereits.«

Ich dachte mir in rasender Eile Entschuldigungen und Erklärungen aus, aber offenbar war das gar nicht nötig. Im Gegenteil, er fing an, sich bei mir zu entschuldigen.

»Es hat ein Problem gegeben, was das Objekt betrifft«, flüsterte er. »Ich habe es nicht mehr. Es ist von der Polizei beschlagnahmt worden. Aber ich hoffe, in Kürze ein anderes zu kriegen, und ich nehme dann wieder Kontakt mit ihnen auf.«

Ich versicherte ihm, ich könne seinen Besuch gar nicht erwarten, und kehrte schweißgebadet auf meinen Platz zurück.

Eine ziemlich korpulente Dame schien besondere Beachtung zu verdienen, denn trotz der Hitze trug sie einen dicken Pelzmantel und winkte mir wie einem alten Freund zu.

»Wer ist das?« fragte ich die Matrosen. Sie kicherten.

»Das ist ›Tantchen Holland‹. Sie lebt in Leiden und ist den ganzen Weg hierher gekommen, um am Fest teilzunehmen. Sie trägt ihren Mantel aus Hundefell, um zu zeigen, wie reich sie in Ihrem Land geworden ist.«

Da sie bemerkte, daß von ihr die Rede war, kam sie zu uns herüber und begüßte mich auf Holländisch.

»Tut mir leid«, antwortete ich auf Indonesisch, »ich bin gar kein Holländer, sondern Engländer.«

»Macht nichts!« antwortete sie. »Sie kommen wie ich aus dem Westen. Ich lebe jetzt dort, müssen Sie wissen. Sehen Sie, wie hell meine Haut geworden ist. Ich leide so, wenn ich zu den Torajas komme – die Hitze, der Schmutz. In Holland fahren wir überallhin mit dem Taxi.«

Hinter ihr tauchte Johannis auf. Er hatte wenig Lust, sich ihre Aufschneidereien anzuhören. »Ah, ich erinnere mich an Sie. Sie hatten in der Nähe des Marktes einen Nudelstand.« Er räusperte sich und spuckte aus.

Wenn Blicke töten könnten, wäre Johannis auf der Stelle tot umgesunken. Tantchen Holland raffte ihren Pelzmantel um die schweißbedeckten Schultern und stolzierte davon. Das war eine tollkühne Aktion, denn sie trug nicht nur hochhackige Schuhe, die für loses Geröll denkbar schlecht geeignet waren, sondern wollte unbedingt mit einem matten Lächeln und einem Abschiedswinken über die Schulter ihren Rückzug decken. Eben war sie noch zu sehen – ein Bündel lächerlicher Affektiertheit, das *mich* irgendwie mit Scham erfüllte. Dann war sie plötzlich weg – war über die Kante auf die Tänzer niedergestürzt. Gott sei Dank kam niemand zu Schaden. Später sah man sie, wie sie unter einem Baum saß und sich von einem Kind mit einem Bananenblatt Kühlung zufächeln ließ. Die ganze Zeit über trug sie ihren Pelzmantel und erkundigte sich nach dem Namen von Sachen, da sie, wie sie nicht müde wurde zu erläutern, fast alles Torajanisch vergessen habe, weil sie immer so viel Holländisch spreche.

Im Verlauf des Tages wurde eine beträchtliche Zahl von Leichen eingewickelt und in die Gräber zurückgelegt. Tags darauf sollte Nenek ein Huhn opfern und das Fest für beendet erklären. Die Leute konnten danach wieder ihre Felder bestellen und Häuser bauen – den Tätigkeiten nachgehen, die mit dem Leben verknüpft wurden. Es war mittlerweile fast dunkel und Zeit, sich auf den Weg zurück ins Dorf zu machen.

Tantchen Holland trommelte ihre Sippschaft zusammen und zog in die eine Richtung ab, ich, Nenek, Johannis und eine Gruppe von Nachbarn machten uns in eine andere davon. Ein junger Mann, der seinen Sohn an der Hand führte, lud mich in allerbestem, fast schon zeremoniösem, Indonesisch ein, seinem in der Nähe gelegenen Haus einen Besuch abzustatten. Es war ein schönes altes Gebäude mit reichen Schnitzereien und Dekorationen im dortigen Stil.

»Dies«, sagte er mit unübersehbarem Stolz, »ist mein Haus. Von meinen Vorfahren seit Generationen vererbt. Das dort sind meine Felder. Mein Großvater hat sie bestellt, als ich ein Junge war. Jetzt ist die Reihe an mir, sie zu bearbeiten.«

Nenek war unruhig. Er wollte zurück in seinen Teil des Dorfes, ehe es völlig finster war, aber der Mann, der sich als Andareus vorstellte, erwies sich in seiner sanften Gastfreundlichkeit als hartnäckig.

Im Inneren war auch dieses Haus wie alle anderen traditionellen Häuser, die ich besucht hatte, Kompromisse mit der modernen Welt eingegangen. Ein großer tragbarer Kassettenrecorder stand drohend in einem Winkel unmittelbar neben einer scheußlichen Anrichte, die mit traditionellen torajanischen Schnitzmustern verziert, aber mit Glanzlackfarbe übermalt war. Und doch war dies immer noch ein altehrwürdiges Haus, in dem altehrwürdige Großzügigkeit gepflegt wurde. Andareus deutete aus dem Fenster. »Meine Mutter liegt mir dauernd in den Ohren, ich solle ein modernes Badezimmer einrichten und die Hausfundamente mit Beton ausgießen, aber ich sage ihr, im Fluß läßt sich besser baden und man muß Achtung vor einem alten Haus haben. Sonst ist es wie eine alte Frau in den Kleidern eines Barmädchens.«

Wir tranken Kaffee und aßen die Palmzuckerteilchen, die bei den Toraja als Zeichen der Gastfreundschaft gelten. Vater und Sohn trugen schwarze Sarongs, nicht die Shorts, die man fast überall sieht. Es war schön, einen Menschen kennenzulernen, der offenbar den schlimmsten Seiten der modernen Welt weitgehend widerstanden hatte, einen Mann mit Intelligenz und Charme, der zufrieden schien, in diesem abgelegenen Dorf zu leben und seinen Garten zu bestellen. Aber diese Betrachtungsweise war wohl eher mir eigentümlich als ihm.

»Wo haben Sie so ausgezeichnet Indonesisch gelernt?« fragte ich. »Sind Sie Lehrer?«

Er grinste und verfiel beiläufig in waschechtes Amerikanisch. »Das habe ich wohl größtenteils am Massachusetts Institute of Technology gelernt«, vertraute er mir an, »als ich meinen Abschluß in Satellitenkommunikation machte. Ehe ich Englisch lernen konnte, mußte ich Intensivkurse in meiner eigenen Landessprache absolvieren.« Er grinste und stupste seinen Sohn liebevoll an. Der hier spricht Englisch und Indonesisch als erste Sprachen, aber wenn wir hierherkommen, kann er sich mit seiner Großmutter nicht verständigen. Er langweilt sich zu Tode. Da, wo ich arbeite, in Kalimantan, haben wir einen Swimmingpool und ein Videogerät. Das vermißt er. Wir kehren nur wegen des Festes zurück – um die Leiche meines Vaters neu zu wickeln. In seinen Augen ist das ziemlich viel Tamtam für einen Kadaver.«

Meine Enttäuschung stand mir wohl ins Gesicht geschrieben. Wir aus dem Westen haben eine tiefsitzende Neigung, die übrige Welt in den Dienst des Nachdenkens über unsere eigenen Probleme zu stellen. Andareus war kein «edler Wilder», dazu geboren, den Finger auf die Wunde der Unzulänglichkeiten unserer eigenen Welt zu legen. Er war vielmehr ein modernerer Mann als ich – bestens vertraut mit dem Fachjargon des Computerwesens und der Elektronik. Seine Wertvorstellungen waren wahrscheinlich meinen ziemlich ähnlich. Seine Anhänglichkeit an die traditionelle Welt kam ebensosehr von außen wie meine. Sie entsprang dem Komfort eines klimatisierten modernen Bungalows in Kalimantan und war vielleicht einfach eine Art von romantischem Spleen. Die Unerbittlichkeit, mit der er sich über seine eigene Situation Rechenschaft ablegte, vergrößerte noch mein Mißbehagen.

»Sehen Sie. Den Wert der Tradition habe ich erst draußen schätzen gelernt. Wäre ich in meinem Dorf geblieben, hätte ich Amerika für den Himmel auf Erden gehalten. Ich komme also zu den Festen zurück. Seit vielen Jahren verlassen wir die Berge, um uns draußen unseren Lebensunterhalt zu suchen, aber wir kehren immer wieder zurück, um hier das Geld für Feste auszugeben. Der da [er machte eine Bewegung zu seinem Sohn hin] ist anders. Er weiß wenig von der Tradition. Er ist draußen aufgewachsen. Er ist nicht torajanisch. Er ist das moderne Indonesien.«

Das moderne Indonesien betrachtete uns gleichmütig und kratzte an einem Mückenstich.

In der hereinbrechenden Finsternis machten wir uns auf den Weg zum Dorf. Der Staub, durch den wir gingen, war so weich wie der Sand an einem tropischen Strand. Nenek legte ein Tempo vor, bei dem Johannis und ich nur mühsam mithalten konnten. An einer Wegbiegung, von wo aus man eine aufregende Schlucht überblickte, stand, gehüllt in eine blaue Decke, ein Mann, der kaum größer als ein Meter fünfzig, aber stolzer Besitzer eines grandiosen, üppigen Schnauzbarts war. Er grinste entzückt und schüttelte mir die Hand. Da ich nicht recht wußte, was ich ihm Nettes sagen konnte, bewunderte ich den Büffel, den er hütete, nach dem Motto, daß der Weg zum Herzen eines Mannes über seinen Hund führt.

»So bringe ich meine Zeit damit zu«, erklärte er, »meinen Büffel zu versorgen.«

»Haben Sie viele Büffel?«

»Nur einen.«

»Wie kann man einen ganzen Tag damit verbringen, einen einzigen Büffel zu versorgen?«

Nenek bellte belustigt und deutete mit der geschlossenen Hand auf mich – eine Geste, die ich noch bestens kennenlernen sollte (die höfliche Art, auf jemanden mit Fingern zu zeigen) –, während er sich vor Lachen kaum halten konnte.

»Die Zahl spielt dabei keine Rolle. Es ist wie bei einem jungen Mann, der viel Haar hat. Er fährt einfach mit der Hand durch, und schon sieht es gut aus. Wenn er älter wird, hat er weniger Haar: deshalb braucht er immer länger, um es herzurichten. So ist es auch mit Büffeln.«

Auch der Büffelmann lachte. Selbstverständlich hatten in Wirklichkeit beide, Nenek und er, wie die meisten Toraja unanständig dichtes Haar.

»Hätte ich mehr Büffel«, sagte der Mann, »wäre ich eine Herrenkatze.«

»Was ist eine Herrenkatze?«

»Eine besondere Art Katze, die zu Hause sitzt und das Haus nie verläßt. Sie setzt nie den Fuß auf die Erde. Sie würde sich fürchten.«

»Wie sieht sie aus?«

»Sie sieht aus wie andere Katzen, nur daß sie nie das Haus verläßt – außer, wenn der Besitzer sie in die Reisscheune trägt, damit sie Mäuse jagt.«

Wir unterhielten uns weiter über das Geschöpf, bis wir an die Brücke kamen. Wie so viele torajanische Brücken hatte sie ein Dach und eingebaute Sitzgelegenheiten. An regnerischen Tagen sind Brücken der ideale Platz für ein Schwätzchen. Von dem Büffelmann erfuhr ich, daß Herrenkatzen dazu da sind, den Brautschatz zu hüten, der im Dachgebälk vornehmer Häuser und in den Scheunen gegenüber aufbewahrt wird. Sie sollen sich nur mit anderen Herrenkatzen paaren, die von ihrem Besitzer zu diesem Zweck ins Haus gebracht werden. Auch in diesem Fall bedienten sich die Toraja der Tiere, um über ihr eigenes Klassensystem zu reden. Die Katzen mit ihrem Brautschatz und ihren Heiratsbeschränkungen waren gleichzeitig Abbild und Vorbild der Adelsfamilien.

Wir trennten uns, um zu unseren jeweiligen Behausungen zu trotten, aber in dieser relativ kurzen Zeitspanne erwischte uns noch der Regen. Wir kamen durchnäßt und zitternd vor Kälte an. Das schien der rechte Augenblick, um eine Flasche King Adam Whisky herauszuholen, die in meinem Gepäck versteckt lag. Die Bezeichnung »Whisky« muß man in diesem Fall als Ausdruck unangemessener Höflichkeit oder extremer Ironie verstehen. Es handelt sich nämlich um einen mit Karamel gefärbten Reisschnaps. Nenek sah die Flasche zweifelnd an.

»Wenn einem so kalt ist wie jetzt«, erklärte ich, »hilft es einem wie Arznei.«

»Arznei?« Mit dem Wort konnte er etwas anfangen. Nicht lange, so nippte er bereitwillig davon, allerdings mit einem Teelöffel, den er sich aus der Küche hatte bringen lassen. Johannis' Vater kam hüstelnd herein, warf einen hoffnungsvollen Blick auf die Flasche und wollte sich gerade etwas von dem Inhalt zu Gemüte führen, als seine Frau in der Tür auftauchte und ihn streng ins Auge faßte. Geknickt stellte er das Glas auf den Tisch zurück.

»Ich trinke keinen Schnaps«, verkündete er unsicher.

»Das hier«, sagte Nenek, »macht mich stark. Kommen Sie morgen zu mir nach Hause, damit wir reden können. Johannis wird Sie bringen.«

»Um welche Zeit?«

Er sah mich mitleidig an. »Ich habe keine Uhr. Kommen Sie einfach.«

Er sammelte seine Habseligkeiten zusammen und lehnte über den Balkon, um aus einem Nasenloch durch geschickten Druck Schleim herauszuschleudern. An der Tür streifte er sich Plastiksandalen über, wandte sich um und grinste verschmitzt.

»Diese Arznei«, fragte er vornehm an, »könnte ich den Rest mitnehmen? Sie scheint mir wirklich gut zu tun.« Er schlurfte ins Dunkel hinaus.

Es war der passende Moment, um ein delikates Thema anzuschneiden.

»Wo«, fragte ich, »ist der Ort, um ›Wasser abzuschlagen‹?« Johannis machte eine unbestimmte Handbewegung.

»Für kleines Wasser benutzen wir die Bananenstauden da unten. Für großes Wasser ist es hier ein bißchen schwierig. Sie müssen zu einem der Bäche gehen und sich hineinstellen.«

»Wo wascht ihr euch?«

»Es gibt eine Stelle in der Nähe der Brücke. Es ist zu kalt zum Waschen.«

»Zeigst du mir, wo das ist?«

Er grummelte ein bißchen, seufzte aber schließlich gutmütig. »Ich komme mit. Sie werden einen Sarong tragen müssen. Ich habe aus dem Hotel kleine Päckchen Seife gestohlen.«

Ein torajanisches Badezimmer ist etwas Herrliches. Es ist eine einfache Felseneinfassung, in die aus einer Bambusröhre frisches Gebirgswasser strömt. Der Anstand wird dadurch gewahrt, daß man quer über die Öffnung einen Stock legt und einen Sarong darüber hängt. Bei jemandem, der nur einen Meter fünfzig groß ist, funktioniert das gut. Ist jemand größer, sieht man alles. Dank der Dunkelheit war das indes kein Problem. Johannis drückte mir einen Riegel Seife in die Hand. Wir stellten uns abwechselnd unter das herabrauschende Wasser. Er hatte recht. Es *war* zu kalt, wenn auch sehr erfrischend. Mit der Seife allerdings schienen wir beide unsere Probleme zu haben. Sie wollte partout nicht schäumen. Das Wasser mußte extrem hart sein. Erst als wir nach Hause kamen und das Licht der Paraffinlampe auf uns fiel, wurde uns der wahre Grund klar. Was er gestohlen hatte, war gar keine Seife – es waren kleine Schokoladenriegel. Wir hatten uns über und über damit beschmiert.

Der Morgen bricht in Indonesien mit einer Dramatik und Intensität an, die fast schon ans Komische grenzt. Es beginnt mit den Hähnen, die hochfahrend herumstolzieren, in monotoner Herausforderung die Welt ankrähen und mit ihren Klauen über Wellblechdächer scharren. Hunde gesellen sich dazu, dann Esel, Pferde, Katzen, Tauben und Kinder; alle zusammen veranstalten kreischend und trompetend einen durchdringenden, höllischen Lärm, der einen aus dem Bett katapultiert. Dann fängt das Reisstampfen an, das unerbittliche dumpfe Geräusch des Stößels im Mörser, unter dem das ganze Haus erbebt, bis einem regelrecht schlecht ist. Das Tüpfelchen aufs i bildet der obligate Kassettenrecorder, der unablässig die ewig gleichen sechs Popschlager schmettert, während alle, die nicht mit Reisstampfen beschäftigt sind, sich lauthals die Kehle entschleimen und ausgiebig die Nase schneuzen.

Dann folgt ein ausgedehnter Auftritt von Leuten, die in unterschiedlichen Graden physischer Zerrüttung herumstolpern, verzweifelt nach der ersten Zigarette tasten, sich mit kaltem Wasser überschütten, wobei sie wie Ertrinkende nach Luft schnappen und gewaltige Räuspergeräusche von sich geben, oder das Haus mit verstörtem Gesicht durchstreifen, unaufhörlich an ihren Sarongs nesteln und die Luft durch die Zähne einsaugen, während sie fröstelnd die Arme um sich schlagen.

Im ganzen Dorf hocken die Menschen wie Häufchen Elend in den Ecken und jammern über die Kälte. Sie drängen sich um die Feuerstelle, deren Asche zum Unwillen der Katze, die dort regelmäßig schläft, zu neuem Leben entfacht worden ist. Das Elend dauert fort, bis schließlich die Sonne durch die Kälte dringt und dem Dorf das Leben zurückbringt. Wie den Engländer die Sommerhitze scheint hier die Morgenkälte alle immer wieder zu überraschen; kein Mensch ist je auf den Gedanken gekommen, Vorkehrungen dagegen zu treffen. Meine Decke aus Mamasa wurde allseits bewundert; dennoch dachte niemand im Dorf daran, sich selbst eine zu kaufen, und gewoben wurde dort nicht mehr. Morgens war oft von einem holländischen Haus die Rede, das einst im Dorf gestanden und einen Ofen sein eigen genannt habe. Bei richtiger Kälte hätten die Leute dorthin Zuflucht genommen. Leider habe es ein Bergrutsch zerstört.

Nach einer Mahlzeit aus aufgewärmten Resten und süßem Kaffee brachen wir auf. Inzwischen stand die Sonne hoch am Himmel, und Johannis war sicher, wir würden Nenek bis zu den Schenkeln im Schlamm und damit beschäftigt finden, sein Reisfeld zu pflügen. Wir spielten ein bißchen Tourismus und stiegen die Straße mit dem gesprengten Kopfsteinpflaster hinauf, die zum Wald und zu den hohen Berggipfeln führte. Johannis wies auf einen großen Felsklotz, der senkrecht aus dem Talgrund emporragte.

»Das da«, erklärte er, »ist die Festung von Pong Tiku.« Das war, so wußte ich, der torajanische Führer des Widerstands gegen die Holländer, als diese 1906 in das Gebiet eindrangen. Nach langer Belagerung kapitulierte er.

»Was geschah mit ihm?«

»Die Holländer brachten ihn nach Rantepao und erschossen ihn.« Ein Ausdruck von Zorn überflog sein Gesicht. »Heute ist er ein Held, aber die Leute von Baruppu' kämpften gegen ihn. Er brannte das Dorf nieder, und alles floh nach Makki, um sich Zauberkraft zu holen. Gerade, als wir zurückkehren wollten, um ihn zu vernichten, kamen die Holländer. Deshalb gibt es hier keine wirklich alten Häuser.«

Wir setzten unseren Weg durch elegante Bambusgehölze fort, die sich ohne Unterlaß als Rahmen für unglaublich schöne Ausblicke anboten. Die Hügel waren von rauschenden Bächen durchzogen, die man oft nur auf Stegen aus schlüpfrigen grünen Bambuspfählen überqueren konnte. Johannis bereitete es großes Vergnügen, mir wie einem alten Mann hinüberzuhelfen.

Wir kamen zu einem anderen Dörfchen, das oben auf einem Hügel lag. Bislang hatte mich beeindruckt, wie ordentlich und aufgeräumt torajanische Dörfer wirkten, mit Blumenbeeten und dem englischsten aller Phänomene: dem gepflegten Rasen. Hier nun war alles anders, herrschte ein einziges Tohuwabohu. Nirgends sonst hatte ich erlebt, daß Schweine frei herumlaufen und nach Futter suchen durften, wo sie wollten. Den freien Raum zwischen den Häusern hatten sie in Schlammlöcher verwandelt. Den Menschen haftete etwas Stickiges und Anrüchiges an. Überall rannten quengelnde Kinder herum und stopften sich klebriges Zeug in den Mund. Keines, dem nicht die Nase lief. Das Ganze machte den Eindruck, als hätte jemand unbedingt die Ansicht widerlegen wollen, daß der Mensch nach dem Bilde Gottes geschaffen sei. Plötzlich trat aus einem Haus ein Mann, der gekämmt und geschniegelt war. Eine Sekunde lang hielt ich ihn für Bambang, den Architekten, aber es war ein anderes Exemplar der gleichen Spezies. Er trug ein makelloses weißes Hemd, Hosen, die dem Hemd um nichts nachstanden, polierte Schuhe und eine große goldene Uhr. Sein Haar war elegant frisiert und wie mit dem Lineal gescheitelt. In kunstreichen Wendungen forderte er uns auf, ins Haus einzutreten. Drinnen lag in der Ecke ein Leichnam, in Tücher gewickelt und für eine zukünftige Bestattung zurechtgemacht. Ab und an stand jemand auf und schlug einen Gong.

Der gekämmte Mann ließ eine Brandrede gegen seine Dorfgenossen vom Stapel. Er hatte sich, wie er mir versicherte, wegen ihrer Rückständigkeit in einem Brief an den Präsidenten gewandt, aber merkwürdigerweise von diesem keine Antwort erhalten. Allerdings war der Präsident ein vielbeschäftigter Mann. Er hatte Gott gebeten, sie allesamt vom Erdboden zu vertilgen, aber auch Gott hatte offenbar anderweitig zu tun. Immerhin, ein oder zwei hatte die Strafe ereilt. In diesem Ton fuhr er unter häufigem Kopfschütteln fort, bis er plötzlich aufstand und mit kreischender Stimme eine Stegreif-Predigt hielt. Auf welcher religiösen Grundlage er das tat, war schwer zu sagen, da die Christen bei den Toraja ihren Gott ebenfalls Allah nennen. Aber soviel wurde immerhin deutlich, daß es sich um einen Gott des Schwertes handelte und daß es ihm nicht an Beredsamkeit mangelte.

Die übrigen Dörfler saßen kichernd und flüsternd herum, während Johannis mich süffisant beobachtete. Endlich fiel bei mir der Groschen.

»Ist dieser Mann etwa ein Schullehrer?« zischte ich. Alles grinste und nickte. »Durch sein Bücherwissen verrückt gemacht?« Erneutes Grinsen und Nicken. Der Verrückte predigte unablässig weiter. Er handelte gerade das Thema Blitzschlag ab.

»Er ist ungefährlich«, erläuterte Johannis, »und seine Familie kümmert sich um ihn. Aber er geht einem sehr auf die Nerven.«

»Ja, das ist unverkennbar.«

»Seit sie ihm das Fahrrad gekauft haben, ist das Leben viel leichter geworden.«

»Das Fahrrad?«

»Ja, statt nur ihnen zu predigen, kann er jetzt zum Markt hinunterradeln und seine Predigt vor allen halten.«

Wir setzten unseren Weg fort und stiegen hinauf in Richtung Wald. Nach einer Weile kamen wir zu einem kleinen Dörfchen mit sehr alten Häusern in traditionellem Stil, den höchsten, die ich bislang gesehen hatte. Sie waren ganz neu und wiesen einige ungewöhnliche Züge auf. Beim einen waren die Fenster, die sich wie üblich hoch oben im Giebel befanden, durch zwei nackte Pin-up-girls im zeitgenössischen Geschmack verdeckt. Im Vergleich mit denen, die ich unten im Tal gesehen hatte, waren die Schnitzereien tiefer und die Motive ausladender. Am entfernten Ende stand eine wacklige Konstruktion, die sich leicht in ein behagliches Heim hätte verwandeln lassen, offensichtlich aber eine ewige Baustelle war. Die Veranda, die an der Front geplant war, befand sich in höchst unfertigem Zustand: Die Bohlen waren lose auf die Balken gelegt, so daß sie dem unvorsichtigen Besucher ins Gesicht schnellen konnten. Das Holzgeländer an den hinaufführenden Stufen war kaputt und mit Kordel befestigt. Das Dach bildete eine schlecht zusammenpassende Mischung aus Holzlatten und Wellblech, die ebenso sehr Notbehelf wie Übergangslösung war. Die Balken waren mit Taschen und Holzwerkzeugen behängt. Es war das Haus eines Baumeisters, eines Mannes, der viel zu sehr damit beschäftigt war, anderer Leute Häuser ins Werk zu setzen, als daß er je mit seinem eigenen zurande kam. Da saß Nenek und schnitzte an einem großen Balken. Er war nicht nur ein Priester der alten Religion, er war auch Holzschnitzer.

Ich bedeutete Johannis durch eine Handbewegung stehenzubleiben, und wir hielten an und sahen ihm zu. Nenek war völlig in seine Arbeit versunken. Auf seiner Nase saß eine Brille, die so wacklig aussah wie sein Haus. Die Hände, die gebrechlich und dürr wie Stöcke gewirkt hatten, waren jetzt fest um das Messer geschlossen, das sie in ruhigen, feinfühligen Bögen führten.

Eine Merkwürdigkeit der Hände, die lange Krümmung der Daumen, erwies sich nun als das Resultat des Drucks, den das Schnitzmesser während vieler Jahre ausgeübt hatte. Neneks Hände glitten über die schwarze Fläche des Balkens mit der Eleganz eines Schlittschuhläufers. Gekräuselte Holzspäne schlängelten zwischen seinen Fingern hervor, während sich die zarten Spiralen und Schleifen des geometrischen Musters jäh vom Untergrund abhoben. Es war einer der therapeutischsten

Augenblicke, die ich je erlebt habe; ein Gefühl des Friedens, eine Stimmung sanfter Heiterkeit lag über dem Dörfchen. Nenek beugte sich vor, um auszuspucken, und ich nahm plötzlich mit Entsetzen die hellrote Färbung seines Speichels wahr. Hatte ich einen Todkranken vor mir, einen Künstler, der in diesen feuchten Bergen an Tuberkulose zugrundeging? Dann sah ich seine Kinnladen mahlen und sah die Arekanuß neben dem Balken liegen. Wie viele alte Toraja, deren Zähne der rote Saft mahagonibraun gefärbt hat, kaute er die bittere Nuß mit Limone.

Daß dies alles in völliger Abgeschiedenheit geschah, fand ich schade. Ich spürte das dringende Bedürfnis, den Augenblick mit jemandem zu teilen, das Vergnügen festzuhalten. Johannis gähnte gewaltig. Warum *sollten* eigentlich andere Leute das nicht sehen können? Man konnte eine herrliche Ausstellung daraus machen. Ich konnte Nenek nach London mitnehmen, damit er dort ein Haus mit Schnitzereien oder eine Reisscheune baute. Ausgestellt wurde nicht einfach das fertige Objekt, sondern der ganze Vorgang seiner Fertigung. Im selben Augenblick, als ich den Gedanken gefaßt hatte, verwarf ich ihn wieder. Man mußte sich nur vorstellen, welche Probleme es mit den Visa, dem Holz, der Finanzierung geben würde. Was, wenn Nenek krank wurde? Vielleicht war das Ganze unmoralisch, eine Versuchung, aus Menschen dressierte Tiere zu machen. Jedenfalls war es völlig unmöglich. Nenek blickte auf, sah uns und lachte meckernd.

Den Rest des Tages verbrachten wir damit, ihm bei der Arbeit zuzusehen. Er redete über die Muster, ihre Namen und Bedeutungen, über die Geschichten im Zusammenhang mit dem Hausbau. Er war frühmorgens aufgestanden, um die *ma'nene'*-Periode zu beenden, so daß man mit dem Hausbau und der Feldarbeit fortfahren konnte. Es war gut, wieder ein Messer in Händen zu halten. Aber leider würde er morgen schon wieder die Arbeit unterbrechen müssen, da die Leiche im Dorf des verrückten Schullehrers endgültig beigesetzt werden mußte. Der Tote hatte der alten Religion angehangen, deshalb war Nenek zuständig.

Als wir den Weiler verlassen wollten, winkte ein Mann Johannis zu sich heran, und beide flüsterten lange miteinander. Schließlich wandte er sich zu mir und grinste. *»Makan angin?«* – »Essen Sie den Wind?« erkundigte er sich, ein Ausdruck, mit dem man einen Spaziergang ohne festes Ziel bezeichnet. »Ja«, stimmte ich mit der hohlen Munterkeit zu, die vom Feldforscher erwartet wird, *»Makan angin«*.

Johannis lachte. »Nein«, sagte er, »der Mann meint nicht angin-Wind, sondern anjing-Hund. Wir haben Glück. Ein Hund hatte Tollwut und ist getötet worden; also gibt es Hund zu essen. Heute abend werden Sie nicht frieren. Hundefleisch wird sehr scharf gewürzt!«

Die Feier am nächsten Tag war eine leicht rustikale und vergröberte Ausgabe der anderen, die ich im Tal erlebt hatte. Obwohl Nenek den Oberbefehl hatte und wieder sehr auf seine Würde hielt, wurde die eigentliche Arbeit zum größten Teil von einem Mann mit Matrosenmütze verrichtet. Ausnahmsweise häufte sich ein Überschuß an Fleisch am Wegrand – tote Schweine und Büffel. Es begann eine Versteigerung, bei der, wie mir schien, die Stücke ziemlich teuer erstanden wurden. Touristen gab es hier keine. Ich war froh, nicht dieser despektierlichen Klasse zugerechnet zu werden. Ich weilte hier als Gast, nicht weil sie irgendetwas von mir wollten.

»Noch einmal danke schön für die Arznei, die Sie mir gegeben haben«, sagte Nenek. Arznei? Ach so, der Whisky.

»Aber es ist nicht gut, Arznei ohne Fleisch zu trinken. Vielleicht möchten Sie mir gern das Stück vom Schwein kaufen, das da verkauft wird.«

Ich entschied mich für ein bißchen Sarkasmus.

»Ich höre, es wird auch Hundefleisch verkauft. Vielleicht möchten Sie lieber das.«

»Nein. Hund macht einen sehr stark bei Frauen. Ich bin alt. Es wäre nicht schicklich.« Ich beschloß, es mit einem Themenwechsel zu versuchen.

»Wie alt sind Sie, Nenek?«

»Über hundert.«

»Er ist siebzig«, sagte Johannis. Sie starrten sich wütend an.

»Damals haben wir nicht gezählt«, nahm Nenek den Faden wieder auf. »Ich kam in dem Jahr zur Welt, als es die vielen Mäuse gab. Ein alter Mann muß Schweinefleisch essen.«

Ich seufzte und kaufte ihm das Schwein.

Die Idee mit der Ausstellung ließ mich nicht los. Aber wie konnte ich einem Mann aus den Bergen einen Gedanken vermitteln, der ihm so fremd war? Ich mußte behutsam vorgehen. Ich wollte Nenek nicht beunruhigen, indem ich plötzlich damit herausrückte.

»Nenek, angenommen, ich möchte eine geschnitzte Reisscheune in London bauen. Läßt sich das machen?«

»Natürlich. Ich komme mit und mache es, wenn Sie wollen. Sollen wir gleich heute losfahren? Ich brauche drei Helfer, Johannis, Tanduk da drüben und einen Fachmann, falls Sie ein Bambusdach wollen. Ich kann Ihnen eine Liste von all den Hölzern geben, die wir brauchen. Über den Preis brauchen wir uns nicht zu streiten. Ein wirklich guter Büffel ist meine übliche Bezahlung. Den anderen müssen Sie allerdings auch etwas geben. Wir brauchen auch ein paar Kulis in England.«

»Kulis?«

»Ja, die beim Hochziehen helfen können.«

»Macht es Ihnen keine Sorge, daß Sie in ein fremdes Land gehen sollen?«

»Warum denn? Holzschnitzer sind daran gewöhnt, fern von ihrem Dorf zu arbeiten, wenn es anderswo etwas zu tun gibt. Außerdem [er drückte mir die Hand] weiß ich, daß Sie sich um uns kümmern und uns beschützen werden, wenn es dort Feinde geben sollte.«

»Wir werden viel Zeit brauchen, um alles zu planen, Nenek. Ich kann nichts versprechen. Ich muß die Engländer überreden, uns die Sache machen zu lassen, und dann die Indonesier. Es wird *sehr* schwierig.«

»Gibt es in England Holz?«

»Es ist nicht das richtige Holz. Wir müßten alles von hier mitbringen.«

»Das ist kein Problem. Wir können das Holz aussuchen. Gibt es in England Arekanuß zu essen?«

»Arekanuß gibt es nicht.«

»*Das* könnte ein Problem sein. Aber egal. Sie und ich werden es zusammen schaffen. Als sie für die Ausstellung in Jakarta ein torajanisches Haus haben wollten, nahmen sie einen Mann aus Kesu. Er hat sich ständig damit gebrüstet. *Dem* wird die Spucke wegbleiben.« Er starrte mit einem visionären Glanz in den Augen in die Ferne. Aus irgendeinem Grund konnte ich an nichts anderes denken als daran, was es für Schwierigkeiten machen würde, bei der Rechnungsstelle die Rechnung für einen Wasserbüffel erster Klasse einzureichen.

9
Eherlten

Für einen modernen Toraja legte Johannis gelegentlich eine merkwürdige Prüderie an den Tag. Deutlich wurde das zum ersten Mal, als das Thema Unterwäsche oder »innere Kleider« zur Sprache kam. Die Indonesier bevorzugen Kleider des soliden alten Stils zum Unterziehen, die stabil und geräumig sind. Da meine eigenen »inneren Kleider« im Laufe meines Aufenthalts gelitten hatten, erkundigte ich mich bei Johannis nach der Möglichkeit, Ersatz zu besorgen. Offenbar war das eine höchst schwierige und delikate Angelegenheit. Das meiste wurde auf dem Markt verkauft, aber von Frauen. Es kam deshalb nicht in Frage, daß ich die Sachen dort kaufte. Sie würden kichern, nach der Größe fragen und die Nase hinter der Hand verbergen. Er konnte auch keine weibliche Person aus seiner Verwandtschaft bitten, die Sachen für mich zu kaufen, weil ich mich dann in unschicklicher Weise darüber würde verbreiten müssen, wie »innerlich« sie sein mußten.

Glücklicherweise hatte er einen Freund, der behilflich sein konnte. Im Schutz der Dunkelheit pirschten wir uns zu einem kleinen Laden am Stadtrand. Nach einer geflüsterten Unterhaltung durfte ich mehrere Paar anschauen und erstehen, die, um sie den Blicken zu entziehen, rasch zusammengerollt und in reichlich Zeitungspapier eingewickelt wurden. Verstohlen und hastig wie die leibhaftigen Drogenhändler flitzten wir zurück. Das Gefühl, daß man mir einen riesigen Gefallen erwiesen hatte, war so stark, daß ich mich nicht getraut hatte, um den Preis zu feilschen.

Im Dorf wurde das Prüderieproblem erneut akut. Eines Morgens weckte mich Johannis in größter Erregung und fuchtelte mir zornbebend mit »innerer Kleidung« vor dem Gesicht herum. Ich hatte die anstößigen Artikel tags zuvor gewaschen und auf die Wäscheleine vor dem Haus gehängt. Ich hätte sie *hinter* dem Haus aufhängen müssen, wo sie nur von Angehörigen der Familie gesehen werden konnten.

Aber es sollte noch schlimmer kommen. Johannis' Vetter, dem etwas schlichten, aber gutartigen Mann, der im Haus nebenan wohnte, wurde eine Kombination aus Unterwäsche und Bambus zum Verhängnis.

Am Tag nach dem Fest wurden wir durch zornige Stimmen aufgeschreckt, die aus dem Nachbarhaus drangen. Das Reden oder vielmehr Schreien besorgte dabei hauptsächlich eine Frauenstimme. Johannis sauste in die Küche, um besser mithören zu können, und stand dort, das Ohr an die dünne Trennwand gepreßt, grinsend und nickend und empörend unwillig, mich teilhaben zu lassen. Schließlich lieferte er mir mit großer Schadenfreude eine Übersetzung. Offenbar war der Vetter entdeckt worden, wie er nach reichlichem Palmweingenuß mit einer anderen Frau aus dem Dorf einem Bambusgebüsch zustrebte. Die betreffende Dame genoß einen schlechten Ruf. Ihre Mutter hatte sich im Krieg mit japanischen Soldaten herumgetrieben. Man munkelte, ihr Vater sei Japaner. Der Vetter brummte kurze, ausweichende Antworten, seine Stimme war die eines Mannes, der sich überführt sieht. Weit entfernt davon, seine Frau zu besänftigen, schien sein Betragen bei ihr einen neuen Zornausbruch zu provozieren. Es erhob sich ein langes Gekreisch, dem das unmißverständliche Geräusch eines Schlages folgte, und dann war es plötzlich still.

Am nächsten Tag aß der Vetter bei uns. Seine Frau war zu ihren Eltern zurückgegangen. Daß ein Mann sich selbst bekochte, war undenkbar. Niemand war im Zweifel darüber, wie die Sache ablaufen würde. Der Mann würde zu seiner Frau gehen und zu Kreuze kriechen müssen, bis entweder sie selbst einwilligte, zurückzukehren, oder ihre Familie sie dazu brachte. Es war deshalb keine Überraschung, als der Vetter für einige Tage verschwand. Den Erwartungen zum Trotz kehrte er indes allein und höchst mißgelaunt zurück. Niemand wagte es, ihn nach seiner Frau zu fragen. Ab und an versuchte er, mein Interesse an einer Expedition über die Berge nach Makki zu wecken, wo man noch Tuch wob. Das Gelände war unwegsam und wir würden im Wald übernachten müssen. Es gab reichlich Blutegel. Ich dachte an den Ritt von Mamasa und machte Ausflüchte.

Plötzlich aber kam die Frau zurück. Jetzt war *sie* schlechter Laune, während er mit süffisanter Miene wie ein Kampfhahn durchs Dorf stolzierte. Jetzt hatte *er* Oberwasser. Ihre Familie hatte sie zurückgeschickt.

In der Nähe des öffentlichen Waschplatzes gab es eine kleine Kaffeestube, eine Zwischenstation auf dem Weg in die Außenwelt. Hier kamen die Männer oft zusammen, um Karten zu spielen, Kaffee zu trinken oder sich gestikulierend mit dem taubstummen Sohn des Hauses zu unterhalten. Jedes Dorf im Torajagebiet hat offenbar seinen Taubstummen. Niemand scheint ihnen die Zeichensprache beizubringen. Der Vetter war ein passionierter Kartenspieler und oft dort anzutreffen.

Zu den Aufgaben einer keuschen und pflichtbewußten Gattin gehört es, die Wäsche zu waschen, unter anderem auch die »innere Kleidung« ihres Ehegemahls. Es erregte deshalb keine Verwunderung, als die betrogene Frau mit der Wäsche auftauchte, während der Vetter sich in der Kaffeestube die Zeit vertrieb. Der Taubstumme keuchte und deutete mit der Hand. Der Vetter grinste seine Freunde an und schmetterte die Karten noch ein kleines bißchen schwungvoller auf den Tisch als gewöhnlich. Die Frau machte sich ans Werk und legte seine Unterwäsche auf den Felsen aus. Noch grinste er auf sie herunter. Sie band sich das Haar zurück und sah zu ihm hinauf. Dann ergriff sie einen großen Stein und fing, während sie vor sich hinsummte, an, die Zwickel seiner Unterhosen einen nach dem anderen zu bearbeiten. Die Freunde brüllten vor boshafter Schadenfreude. Der Taubstumme gurgelte verzückt. Obwohl sie wieder ihren eheweiblichen Pflichten nachkam, schaffte sie es dennoch, ihrem Mann die Zähne zu zeigen. Die Qualen des Vetters waren damit allerdings noch nicht zuende. Johannis nahm ihn jetzt aufs Korn und machte ihn zur Zielscheibe seines Spottes.

Wie viele Christen hatte Johannis ein besonderes Faible für das ausgefallenere Wirken okkulter Kräfte. In der Form, wie das Christentum mit den alten Bräuchen einen Kompromiß geschlossen hatte, stand es dem Glauben an Naturgeister, Gespenster und unsichtbare Mächte keineswegs im Weg. Johannis' Kenntnisse von diesen Dingen waren ebenso wildwüchsig wie unausgegoren, und nicht selten führte er mich aufs Glatteis. Manchmal war das gar nicht seine Schuld. In der Ethnologie wimmelt es von falschen Spuren.

Einmal hatte ich mich für eine bestimmte Art von Priester interessiert, der *burake tambolang* genannt wird. Er wird mit dem Osten und mit der Fruchtbarkeit in Verbindung gebracht und hat einen seltsamen geschlechtlichen Status: Er ist ein Hermaphrodit, Bisexueller oder Transvestit – die Toraja können offenbar mit diesen Unterscheidungen nicht viel anfangen. In Baruppu' galten solche Priestergestalten als etwas Exotisches, obwohl Nenek selbst eigentlich *indo' aluk*, »Mutter der Tradition«, hieß, ohne für diese weibliche Bezeichnung eine Erklärung liefern zu können. In bezug auf den *tambolang* äußerte sich Nenek allerdings eindeutig.

»Sie sind männlich, können aber keine Kinder zeugen, weil ihr Glied sehr klein ist. Sie haben hohe Stimmen. Der *tambolang* ist der einzige Mann, der eine Reisscheune betreten darf.« Das war deswegen interessant, weil ich am gleichen Tag eine betreten hatte. Nenek winkte ab. »Ach, *Sie*. Bei ihnen macht es nichts. Sie sind ein Puttymann, also ein Fremder. So war es jedenfalls in früheren Tagen. Heutzutage laufen die Frauen weg, sie taugen nichts. Wenn ein Mann nicht verhungern will, muß er hochgehen und sich zu essen holen.«

Der Literatur zufolge gab es solche Priester nicht mehr. Als Johannis steif und fest behauptete, er kenne einen in Rantepao, und mich hinbrachte, war ich deshalb ausnehmend interessiert.

Der betreffende Mann war sehr schmal und alt. In seinem Haus wimmelte es von Hunden und Kindern. Ich pirschte mich vorsichtig an das Thema heran. Ich würde mich für die alten Bräuche interessieren und hätte gehört, daß seine Familie darüber Bescheid wisse. Er stimmte zu. Ob er vielleicht etwas über den *burake tambolang* wisse? Schweigen. Er war verlegen. »Wer hat mit Ihnen gesprochen?« fragte er und starrte Johannis böse an.

»Das war mein Vater. Ich weiß nichts darüber.« Er war eindeutig verärgert. »Ich will darüber nicht reden. Mein Vater hat mir nichts von allem weitergegeben – bis auf eines.«

»Und das wäre?«

»Eine Vorliebe für Schokolade.«

Ich war jedenfalls zufrieden. Wenn sein Vater *tambolang* war, dann war die Frage der Geschlechtszugehörigkeit wohl entschieden. Johannis indes beeilte sich, meine Zuversicht zunichte zu machen.

»Vergessen Sie nicht, sehr viele Toraja sind adoptiert. Wir tauschen immer die Kinder aus.« Ich hatte also gar nichts in Erfahrung gebracht.

Johannis führte mich auch zu dem Mann in Baruppu', der – wie er behauptete – von der Front seines Hauses Büffelhörner herunternehmen und sie so miteinander kämpfen lassen konnte, wie die lebenden Tiere es getan hatten. Ich fragte den Mann danach. Er sah mich an, als hätte ich nicht alle Tassen im Schrank, und erklärte mir behutsam, wenn ein Büffel tot sei, dann sei er tot. Teile vom Toten könnten sich nicht mehr bewegen. Er starrte mich an, als fürchte er, ich könne rabiat werden.

»Er war scheu«, verkündete Johannis unbeeindruckt. »Aber egal, er wird Sie einfach für einen Schullehrer halten, den sein Bücherwissen hat verrückt werden lassen.«

Keiner dieser Vorfälle warf ein schlechtes Licht auf Johannis. Ein anderer allerdings tat das.

Eines Tages erschien er und grinste mich an. »Wenn Sie das hören, werden Sie froh sein«, sagte er. Ich sah ihn mißtrauisch an. »Nebenan findet heute abend eine spezielle Feier statt.«

»Was für eine Art Feier?« Er wirkte verlegen, sah zu Boden und spielte mit den Zehen.

»Ich habe die Veranstaltung arrangiert.« Jetzt war ich ernsthaft mißtrauisch.

»Es ist etwas, das aus den alten Zeiten stammt. Sehen Sie, wenn jemand vom Pech verfolgt ist, dann geht er zu einem Kundigen, der ihm sagt, er soll dem Hauptstützpfeiler seines Hauses ein Opfer darbringen. Ich habe meinen Vetter nebenan dazu überredet, ein Huhn für den Pfeiler zu schlachten, und ich werde ihm bei der Zeremonie helfen.«

»Du willst helfen? Müßte das nicht Nenek machen?«

»Nenek will nicht. Aber er hat mir gesagt, wie es gemacht werden muß. Ich dachte, Sie wären vielleicht daran interessiert. Es ist gleich nebenan.«

»Danke schön.« Mich durchrann ein heiliger Schauer. Mein Interesse für die alten Bräuche rief offenbar im Herzen dieses jungen Heiden eine Resonanz hervor.

»Oh. Noch etwas. Ich möchte ein paar Bemerkungen daraufschreiben. Kann ich einen Stift haben, vielleicht einen von diesen roten wasserfesten?« Johannis bewunderte diese Stifte schon lange. Der Pädagoge in mir fühlte sich angesprochen.

»Natürlich.«

Er steckte den Stift in seine Brusttasche und zog halblaut singend ab.

Am Abend versammelten wir uns alle in dem kleinen, baufälligen Haus. Es waren ziemlich viele junge Leute da, Freunde von Johannis, und ich mußte hinten drängeln, um hineinzukommen. Johannis hatte die Sitzordnung bestimmt. Der Vetter war da, lehnte mit dem Rücken an einem großen Pfeiler und wirkte angespannt. Johannis und einige junge Dandys aus dem Dorf saßen im Kreis um ihn herum. Keiner von den Alten war erschienen. Eine Öllampe war da, die man ganz heruntergedreht hatte, so daß sie von unten die Gesichter beschien und ihnen ein fremdes und unirdisches Aussehen verlieh. Der Raum war erfüllt von Gemurmel. Vor dem Vetter brannte ein Feuerchen, auf dem ein kleiner irdener Topf mit rundem Boden stand. Ein Messer und verschrumpelte Wurzelstücke lagen bereit. Johannis legte die ganze Würde seines Großvaters an den Tag. Er klopfte auf den Boden, damit Ruhe einkehrte, und stimmte dann einen Choral an, in den die anderen einfielen, während sie mit gekreuzten Beinen dasaßen und den Oberkörper vor- und zurückwiegten. Man hörte ein kleines unziemliches Kichern. Johannis erstickte es durch strafende Blicke. Der Gesang ging eine Weile so weiter. Auf ein Zeichen von Johannis brachte ein kleiner Junge ein winziges weißes Hühnchen herein, gab es ihm und flitzte davon. Johannis hielt es hoch, schwenkte es herum und schnitt ihm die Kehle durch. Er besprengte die Stirn des Vetters, den Pfeiler, den Topf mit Blut. Nacheinander wurden Zutaten in das Gebräu eingerührt. Ein Fäulnisgeruch wie von kalten Fürzen durchzog den Raum. Johannis schien in der Art eines *to minaa* zu singen. Hatte Nenek ihm das beigebracht? Er fing an, die Hände im Dampf zu bewegen, strich mit den Fingern sanft über den Topf, führte sie hinauf zum Gesicht und atmete den Dampf ein. Der Vetter wurde aufgefordert, es ihm gleichzutun, einzuatmen, den Topf zu liebkosen, seine Kraft in die Haut einzureiben, Worte nachzusprechen. Plötzlich brach kreischendes Gelächter los, und jemand drehte die Lampe hoch. Alle jungen Dandys brüllten vor Lachen und trommelten auf den Boden. Dem Vetter und mir blieb es überlassen, uns verblüfft anzustarren. Dann sah ich, was der Vetter nicht sehen konnte. Johannis hatte die Innenseite des Topfes mit roter Tinte aus meinem Stift bestrichen. Mit Ruß vermischt, war die unlösliche Farbe jetzt über das ganze Gesicht des unseligen Opfers verschmiert. Der Vetter brauchte zwei Tage, um sie wieder abzukriegen.

Ich hätte mich ärgern müssen, daß meine Integrität in Mitleidenschaft gezogen worden war, aber meine Hauptreaktion war Erleichterung darüber, daß Johannis nicht mich als Opfer erkoren hatte.

*

Ich wäre zwar nur zu gern im Dorf geblieben, aber es war Zeit, in die Provinzhauptstadt zurückzukehren. Mein Aufenthaltsvisum lief in Kürze ab und mußte verlängert werden. Das lasse sich, wurde mir versichert, ganz rasch bei der Einreisebehörde erledigen. Ich mußte mich klammheimlich davonstehlen, um ohne Nenek aus dem Dorf zu kommen, der unbedingt eine Spritztour in die Stadt machen wollte. Wir hatten vor, den Berg zu Fuß hinunterzuwandern, wurden aber unglücklicherweise vom Lastwagen eingeholt, der in dieselbe Richtung fuhr. Unsere alten

Sünden waren uns mittlerweile vergeben worden, und man drängte uns zuzusteigen. Zögernd willigten wir ein. Wir erhielten sogar Ehrenplätze im Fahrerhaus. Kaum daß wir den schlammigen Abschnitt erreicht hatten, steckte der Lastwagen schon wieder im Dreck fest. Mindestens eine Stunde lang wurde, wie gehabt, gegraben, geschoben, nach Steinen gesucht. Schließlich stieß mich Johannis an. »Gehen wir zu Fuß«, sagte er.

Alle unterbrachen die Arbeit, um unsere Fahnenflucht zu beobachten. Johannis pfiff sich eins. Ich ging gesenkten Kopfes.

Es war ein herrlicher Tag, frisch und klar. Wir begegneten einem Mann, der seinen Büffel mit Schilfrohrgarben fütterte, die wie Bretter in einer Kreissäge verschwanden. Ein Stück Wegs gingen wir zusammen und hatten eine lange Diskussion darüber, für welche Rituale ein gekaufter Büffel im Unterschied zu einem, den man selber großgezogen hatte, verwendet werden konnte. Nach weiteren zwölf Kilometern erreichten wir die Hauptstraße, wo wir hoffen konnten, einen Bus in die Stadt zu erwischen. Wir saßen vor dem Kaffeehaus und warteten. Wir spielten mit den Kindern, tranken Kaffee, gingen austreten, tranken noch mehr Kaffee. Der Wirt fing an, wegen eines Bettes für die Nacht bei uns anzuklopfen. Kein Bus ließ sich blicken. Der durchgedrehte Schullehrer erschien und begann, mir über seine industriellen Entwicklungspläne Bericht zu erstatten. Plötzlich hörte man einen Bus kommen. Johannis und ich sprangen auf, weil wir fürchteten, er könne stracks vorbeisausen. Um die Ecke bog der Lastwagen, den wir so treulos im Stich gelassen hatten.

Für falschen Stolz war das nicht der rechte Augenblick. Johannis winkte ihnen zu, anzuhalten, und heuchelte eitel Freude, daß sie es glücklich geschafft hatten. Der Fahrer musterte uns kalten Auges. Schließlich ließ man uns wieder an Bord gehen. Aber wir verloren unsere Vorzugsplätze und mußten bezahlen.

10
Nennen wir Sie ... Pong

Die Einreisebehörde in Ujung Pandang war ein heißer, staubiger Betonbau unten am Hafen. Eine lange Schlange von Menschen saß wartend da. Sie wirkten unendlich niedergeschlagen, als ob sie schon ewig warteten und keine Hoffnung hegten, in absehbarer Zeit erlöst zu werden. Hinter dem Schalter befand sich niemand. Die Wartenden waren Matrosen, die direkt von der Marineakademie kamen. Sie waren von spontaner Herzlichkeit. Ich lachte über ihre Paßfotos, sie lachten über meins. Ich probierte ihre Mützen. Sie waren mir alle zu klein. Nach etwa einer Stunde stolperten sechs uniformierte Beamte unter der Last einer riesigen, elastischen Schautafel herein. Die nächsten vierzig Minuten verbrachten sie mit dem Versuch, sie an die Wand zu hängen. Die Wand bestand aber aus massivem Beton und trotzte allen Bemühungen. Schließlich gaben sie es auf und lehnten die Tafel in eine Ecke. Erst da konnte man erkennen, worum es sich handelte. Es war ein makellos beschriftetes Diagramm, dessen steil ansteigende Kurve die »Wachsende Effizienz des Büros« demonstrierte.

Als erstes füllten wir Formulare aus. Die Matrosen waren behilflich. Sie waren so nett, mir zu erklären, daß ich in einem Geschäft um die Ecke einen Aktendeckel kaufen müsse, ehe ich überhaupt anfangen könne; sonst werde mein Gesuch gar nicht erst bearbeitet. »Das Geschäft«, flüsterten sie, »gehört dem Bruder des Mannes hinter dem Schalter.« Das Geschäft war nicht leicht zu finden. Als ich mit meinem Aktendeckel zurückkehrte, machte das Büro gerade zu. »Aber es ist doch erst zwölf Uhr.« Der Mann zuckte die Schultern. »Wir machen um acht Uhr morgens auf. Aber vergessen Sie nicht, daß Freitag ist. Wir schließen früh, damit alle in die Moschee gehen können.«

Als die nächste Woche begann, war ich nicht viel weiter gekommen. Der Mann, der meinen Antrag bearbeitete, verspürte nicht den geringsten Hang zur Hilfsbereitschaft.

»Engländer?« sagte er grinsend. »Als ich nach England kam, behandelten mich die Leute von der Einreisebehörde wie einen räudigen Hund. Ein englischer Antrag, ja, das macht mir Spaß.«

Er schickte mich dreimal auf eine ausgedehnte Schnitzeljagd kreuz und quer durch die Stadt. Das schlimmste Stück Arbeit bestand darin, vom Ministerium für Arbeit bestätigt zu erhalten, daß ich keine Bestätigung brauchte. Die Matrosen hatten ähnliche Probleme. Er zwang sie, zu enormen Preisen patriotische Aufkleber zu kaufen. Nach einer Woche waren ihre Aktendeckel übersät damit. Geworben wurde auf den Aufklebern für Leibesertüchtigung, Geburtenkontrolle und Umweltschutz.

Während einer der langen Flauten, in denen meine Akte ›bearbeitet‹ wurde, stattete ich der riesigen neuen Universität einen Besuch ab, die gerade am Stadtrand gebaut wurde. Ich wollte einen Mann aufsuchen, den ich aus England flüchtig kannte. Ihn habe ich nicht gefunden, aber der glückliche Zufall wollte es, daß ich mich dabei in das Büro einer außerordentlich eleganten Dame verirrte, die Englisch lehrte. Im Laufe der Unterhaltung schilderte ich meine Schwierigkeiten bei der Einreisebehörde. »Wie heißt der Mann?«

»Arlen. Er ist ein Batak – aus Sumatra.«

»Ich glaube nicht, daß ich ihn kenne. Heute nacht findet im Hotel eine Party statt. Da müssen Sie hinkommen.«

Es gibt viele Hotels in Ujung Pandang, aber nur eines erhebt Anspruch auf Luxus. Es ist ins Meer hineingebaut, umgeben von wiegenden Palmen und umspült von Wellen, die ganz dezent rauschen. Ein Schild in der Hotelhalle klärte mich darüber auf, daß ich hier war, um einem amerikanischen Gastprofessor Lebewohl zu sagen. Beim Eintritt schüttelte er mir die Hand. »Die Zusammenarbeit mit Ihnen während der vergangenen beiden Jahre habe ich sehr genossen«, erklärte er mir im Brustton der Überzeugung.

Meine Gastgeberin, Ibu Hussein, stellte sich als die Frau des Dekans heraus. Ich wurde ihm vorgestellt, einem rundlichen, lächelnden Mann, der meinen Teller mit Essen vollud. Die Party war mit einer entsprechenden Veranstaltung in England absolut nicht zu vergleichen. Es wurden viele Reden gehalten, zumeist in Englisch. Ein Mann mit irren Augen und in einem engsitzenden blauen Anzug hielt eine lange Ansprache, in der er von seinem Aufenthalt in Amerika erzählte, wo er gelernt habe, schwarz mit dem Bus zu fahren und mit einem einzigen Zehncentstück viele Dosen Coca Cola aus dem Automaten zu ziehen. Ein anderer Mann stand auf und verkündete mit kummervollster Miene, daß bei *seiner* Abschiedsparty in Amerika er sein Essen selber habe bezahlen müssen. Der Dekan stand auf und eröffnete uns, daß er einmal in Manila studiert habe und daß dort die Busfahrer die Passagiere beschummelten, nicht umgekehrt. Damals sei er so arm gewesen, daß er sich nur dadurch genug zu essen habe beschaffen können, daß er zu den allwöchentlichen Empfängen für die neuankommenden indonesischen Studenten gegangen sei. Zu diesem Zweck habe er immer mit dem Bus zum Flughafen hinausfahren und die Fahrt zeitlich so abpassen müssen, daß er mit dem neu eingetroffenen Schub zurückkehren konnte. Niemandem sei er je aufgefallen. In Amerika habe er bemerkt, daß die Studenten am Semesterende alle Uhren mitgehen ließen.

Ein paar Studenten, blitzblank gescheuert und vor Schüchternheit schier vergehend, sagten in völlig unverständlichem Englisch Gedichte auf. Ein junger Mann erhob sich und wies auf den scheidenden Professor. »Dieser Mann ist mein Vater. Ich ihn sehr liebe«, sagte er und brach in Tränen aus. Eine hochnäsige streunende Katze promenierte mit unendlicher Selbstsicherheit über das Dachgebälk, während der Dekan in verschiedenen Sprachen »Auld Long Syne« anstimmte – mit Abstand am überzeugendsten klang die japanische Version.

Johannis lebte draußen im torajanischen Teil der Stadt, einem entzückenden Flecken in der Nähe eines großen Teichs, umgeben von Gemüsegärten. Der einzige Nachteil war, daß es dort Unmengen Stechmücken gab. Da mich der Universitätsempfang in Hochstimmung versetzt hatte, beschloß ich, ihn zu besuchen, und wir gingen mit einigen anderen Toraja, die im Haus wohnten, Palmwein trinken. Wir saßen in einem großen Hinterhof auf rohen Holzstühlen, während die mit dem Wein gefüllten Bambusröhren überschäumten und gegen die Wand rumpelten. Einige Zeit später fuhr ein kleiner, dicker Mann auf einem Motorrad mit Getöse direkt in den Hof. Alles verstummte. »Polizei«, murmelte Johannis. Der Mann blieb auf seinem Motorrad sitzen, zündete sich eine Zigarette an und sah sich um.

»Wer ist der Holländer?« rief er. Johannis drehte sich widerstrebend um.

»Ein Tourist, Pak. Er will nach Toraja.«

»Er soll hier rüberkommen.«

Er musterte mich von oben bis unten. Wie war mein Name? Wo wohnte ich? Warum war ich mit diesen Leuten zusammen? Ob ich nicht wußte, daß das hier ein illegaler Schankort war? Das waren schlechte Menschen. Ich brachte mich in Schwierigkeiten. Ich war in diesem Land zu Gast. Er würde mich woanders hinbringen, wo ich trinken konnte. Ich war im Begriff zu protestieren, bemerkte aber, daß Johannis mich vielsagend ansah und den Kopf schüttelte. Ich stieg auf das Motorrad, und wir sausten davon.

Unser Ziel war eine andere illegale Schenke. Es kostete mich drei Bier und eine Stunde Zuhören, während er das viele Unrecht schilderte, das ihm angetan worden war, in seinem Dorf auf Bali, in der Polizeitruppe, von seiner Frau.

»Noch was zu trinken«, verlangte er. Ich hatte das Gefühl, daß ich es mit einer großen Flunkerei versuchen mußte.

»Tut mir leid. Ich muß zurück. Ich bin morgen früh mit dem Gouverneur verabredet.« Er sah mich an. Konnte das wahr sein? Er hatte seine Zweifel, war sich aber nicht sicher, und wälzte sich von der Bank auf die Füße.

»Bring' Sie zum Hotel zurück«, lallte er. »Sind hier zu Gast.« Wir fuhren im Zickzack zurück zu dem heißen, deprimierenden Hotel, in dem ich wohnte. Ich sagte ihm Lebewohl und dankte ihm, daß er »sich um mich gekümmert« habe.

»Augenblick mal«, sagte er. »Da ist noch was. Ich bin offenbar mit dem Benzin am Ende. Sie haben nicht zufällig tausend Rupien bei sich, oder?« Es schien wenig sinnvoll, jetzt noch meine feige Beschwichtigungstaktik zu ändern. Ich zahlte.

»Wie heißen Sie?« fragte ich und war um den gleichen Tonfall bemüht, mit dem man bei uns einen Polizisten nach seiner Nummer fragt.

»Venus«, sagte er. »Mein Name ist Venus.«

Tag für Tag sprach ich bei der Einreisebehörde vor. Mal war Arlen da und hielt neue Aufgaben für mich bereit. Mal war er nicht da, und ich wartete einfach nur. Dann, eines schönen Tages, flog die Tür zum Zimmer des Büroleiters auf. Ich hatte mehrfach versucht, zu dem Mann vorzudringen, und war immer wieder an Arlen zurückverwiesen worden. Der Büroleiter trat mit ehrerbietiger Miene zu mir, verbeugte sich und tänzelte auf den Fußballen.

»Ich hoffe«, sagte er, »man kümmert sich geziemend um Sie. Vielleicht kann ich Ihnen irgendwie behilflich sein?« Ich wußte gar nicht, wo anfangen. Mit einschmeichelndem Lächeln lauschte er der Schilderung meiner Nöte. Fünf Minuten später verließ ich das Büro mit einer dreiwöchigen Aufenthaltsverlängerung. Sie zu bekommen hatte mich zwölf Tage gekostet. Der Büroleiter hielt mir die Tür auf.

»Bitte«, sagte er, »empfehlen Sie mich Ibu Hussein«.

Ich rief in der Universität an und wurde zum Dekan durchgestellt.

»Ach«, seufzte der, »er sollte doch nichts sagen. Meine Frau *ist* tatsächlich heute morgen zufällig durch die Einreisebehörde gekommen. Sehen Sie, wie es der Zufall will, ist der Büroleiter Student an der Universität. Für seine Beförderung braucht er ein Examen. Im Augenblick fällt ihm der Kurs *überaus* schwer. Wenn die Bearbeitung der Visa weniger Zeit brauchte, dann fände er vielleicht mehr Zeit für sein Studium, und der Kurs käme ihm nicht ganz so schwer vor.«

»Ich verstehe. Wie soll ich Ihnen jemals dafür danken?«

»Das brauchen Sie nicht. Viele Menschen in England sind nett zu mir gewesen, jetzt bin ich nett zu Ihnen. Vielleicht haben Sie in Zukunft Gelegenheit, nett zu einem Indonesier zu sein.«

Als ich in mein Hotel zurückkam, fand ich die Tür meines Zimmers angelehnt. Von drinnen hörte ich Stimmen. Mir sank das Herz in die Hose. Offenbar hatte mich der Englischklub aufgespürt und wollte mir mit seinen unregelmäßigen Verben das Leben zur Hölle machen. Aber schließlich hatte ich ja die Verpflichtung übernommen, nett zu einem Indonesier sein. Mit gezwungenem Lächeln stieß ich die Tür auf. Es waren die Matrosen von der Einreisebehörde.

»Wir haben ihre Adresse von dem Antragsformular«, verkündeten sie, »und haben den Leuten gesagt, wir seien ihre Vettern. Wir besuchen Sie, weil Sie vielleicht einsam und traurig sind.«

Ich erzählte ihnen, wie seltsam es mir mit meinem Visum ergangen war. Sie lächelten und umarmten mich. So liebenswert konnte ich doch unmöglich sein!

»Dann können Sie ja mitkommen, um die Schmetterlinge zu sehen.« Oh Gott! Ich dachte an den Zoo in Surabaya. Mir stand doch nicht etwa ein trister Fleischbeschaubummel durch die Altstadt bevor.

»Meine Frau würde das nicht mögen.«

»Sie würde lieber wollen, daß Sie hier traurig herumsitzen, statt mit uns zu kommen und die schönen Schmetterlinge zu sehen? Das ist doch nicht möglich.« *Sehen?* Vielleicht brauchte ich nur eine Voyeursrolle zu spielen.

»Es ist erst zehn Uhr morgens. Sie werden noch nicht auf sein.«

Ernstes Nicken. »Sie stehen sehr früh auf. Es ist die beste Zeit, bevor sie sich erhitzen und müde werden. Außerdem haben wir einen Lastwagen für Sie ausgeliehen.« Tatsächlich parkte draußen ein Lastwagen in der blauen Farbe der indonesischen Marine. Da half alles nichts. Ich schuldete einem Indonesier eine Nettigkeit. Ich ging mit.

Ich war nicht wenig erleichtert, als wir tatsächlich vor einem Schutzgebiet für Schmetterlinge haltmachten. Wir verbrachten einen vergnüglichen Tag, süffelten warmen Orangensaft und betrachteten schöne Lepidoptera. Es war ein richtiges Kontrastprogramm zu einem Tag in Gesellschaft englischer Teerjacken.

Bei Sonnenuntergang kehrten wir zurück.

»Sie kommen mit zu unserem Haus in der Nähe der Keksfabrik.« Sie lebten zu siebent in einer winzigen Hütte, deren Wände mit Fotos von einer amerikanischen Popsängerin bepflastert waren. »Wir mögen sie, weil sie Jungfrau ist. Sie singt darüber«, wurde mir erklärt.

»Aber wie können Sie alle hier schlafen? Sie können doch gar nicht alle hier liegen.«

»Wir wechseln uns ab. Die einen schlafen bis zwei Uhr früh, dann müssen sie raus, damit andere sich hinlegen können. Bruno schläft am Tag, aber er kommt auch von Irian Jaya.« Bruno verzog sein schwarzes Gesicht zu einem riesigen Grinsen.

Während die Sonne unterging und der warme Staub um unsere Füße wehte, kauten wir Keksbruch, den wir billig in der Fabrik nebenan erstanden hatten. Nie zuvor und niemals danach wieder habe ich das Gefühl einer so innigen Verbundenheit erlebt.

*

Je mehr ich über die Reise quer durch den Wald nach Makki nachdachte, die Johannis' glückloser Vetter vorgeschlagen hatte, um so weniger fühlte ich mich geneigt, sie zu unternehmen. Und doch war das der Ort, wo man die traditionelle Weberei antraf. Gott sei Dank gab es noch einen anderen Ort. Eine bekannte torajanische Weberin war kürzlich von Kalumpang in die Stadt Mamuju gezogen. Wenn ich mich bei Tagesanbruch aufmachte und ein bißchen Glück hatte, konnte ich den Ort mit dem Bus binnen eines Tages erreichen.

Im Rückblick haftet der Fahrt ein unwirklicher, alptraumhafter Zug an. Indonesier sind ausgezeichnete Autofahrer. Das müssen sie auch sein, um zu tun, was sie tun, und dabei mit dem Leben davonzukommen. Zweimal wären wir um Haaresbreite verunglückt, als ein Pferd aus einem Seitenweg auf die Straße galoppierte und als ein Büffel seitlich in unseren winzigen, vollgestopften Lieferwagen rannte, während wir die schmale

Teerstraße entlangdonnerten. Dann gab es noch einen dritten Zwischenfall, als uns eine taube Frau vor den Wagen lief. In solchen Situationen läuft alles im Zeitlupentempo ab. Irgendwie blieb uns noch Zeit, zu schreien und auf die Frau zu deuten, die unmittelbar vor dem Auto auftauchte, während der Fahrer das Steuer herumreißen, in einen tiefen Entwässerungsgraben ausweichen und von dort wieder herausschießen konnte, mitten in eine auseinanderstiebene Schar von Schulkindern, deren entsetzte Gesichter wie Herbstlaub an der Windschutzscheibe vorbeiwehten. Wie durch ein Wunder wurde niemand verletzt. Allerdings war die Kupplung unter dem Wagen herausgerissen. Da wir uns aber in Indonesien befanden, bedeutete das keinen zweiwöchigen Werkstattaufenthalt. Vielmehr ließ sich der Fahrer in aller Ruhe nieder, machte ein Feuer an und schmiedete die kaputten Teile zusammen, so daß wir nach zwei Stunden bereits weiterfahren konnten.

Beidseits der Straße erstreckten sich üppige Reisfelder, die fünf Reisernten in zwei Jahren trugen. Überall wuchsen Häuser empor, die Wohlstand verrieten. Gleißende neue Moscheen ließen keinen Zweifel daran, daß wir uns in einer von Buginesen bewohnten Gegend befanden, unter Angehörigen jenes strebsamen Seefahrervolks, das sich in vielen Küstengebieten des Inselreichs niedergelassen hat. Die Straßen waren übersät mit kleinen Karren, die von rundlichen Pferden gezogen wurden. Von den Moscheen abgesehen, sah das Ganze aus wie die amerikanische Idealvorstellung vom gedeihlichen, einfachen Leben.

Die Straße begann, dem Lauf der Küste zu folgen. Mir war unbegreiflich, warum die Gegend in keinem Reiseführer erwähnt wurde. Goldene Sandstrände säumten ein klares, blaues Meer. Schlichte Holzhäuser mit Balkonen ragten aufs Wasser hinaus; Fischer flickten Netze, und Frauen webten. Nackte braune Kinder tummelten sich lachend im Wasser. Dramatische Felsformationen türmten fliegende Festungen hoch in den wolkenlosen Himmel. Mit wachsender Vorfreude malte ich mir Mamuju aus. Das Hotel war sicherlich ein großes weißes Holzgebäude mit einer Veranda, von der ich den grandiosen tropischen Sonnenuntergang erleben konnte; das Essen eine einzige Orgie aus Meeresfrüchten. Tagtraum einer Landratte.

Kurz danach fing die Sache an, schief zu laufen. Als wir tiefer in buginesisches Gebiet eindrangen, wurde der Fahrer von einer Art muslimischem Hundehaß gepackt. In großen Kurven attackierte er mit dem Lieferwagen Hunde, die friedlich am Straßenrand saßen; schließlich gelang es ihm, einem jungen Hündchen einen zweifellos tödlichen Stoß zu versetzen. Er grinste die Passagiere an, von denen einige protestierend murrten.

»Hunde sind unrein«, sagte er.

Vielleicht war es mehr als Zufall, daß mangelnde Sprachkenntnis und theologische Unbildung mich wie die Bibel persönlich klingen ließen. »Auch die unreinen Tiere sind Geschöpfe Gottes, und wer sie tötet, ist ein Narr.« Hatte tatsächlich *ich* das gesagt? Der Fahrer zog eine Schnute und schnappte ein. Möglich, daß es dieser Vorfall war, der ihn bewog zu erklären, er werde uns in der nächsten Stadt absetzen, wenn wir nicht ein Aufgeld bezahlten – obwohl er seine Forderung mit der vorgerückten Tageszeit und dem unvorhersehbaren Zustand der Straße begründete.

Ich hatte keine Lust, die Nacht in der Stadt Majene zu verbringen. Auf ihre Weise war sie zweifellos gar nicht so übel, aber mit den Reizen von Mamuju, wie ich sie mir im Geiste ausmalte, konnte Majene unmöglich mithalten. Nachdem ich eine Zeitlang um den Markt gewandert war, fand ich schließlich einen Mann, der noch am selben Abend nach Mamuju wollte. Er hatte zwar leider nur einen kleinen Lieferwagen mit offener Ladefläche, und das Fahrerhaus war voll belegt; aber wenn ich gegen ein bescheidenes Entgelt hinten mitfahren wollte, war ich herzlich eingeladen. Der Abend war herrlich, von mildem Sonnenschein überglänzt. Mamuju war nur hundert Kilometer entfernt. Es war eine Spazierfahrt dorthin.

Ich war peinlich berührt, als man nicht zuließ, daß ich mich einfach hinten hinkauerte. Ein Rohrstuhl wurde auf der Ladefläche installiert, und ich mußte wie ein Kolonialstatthalter in

Staatstracht kerzengerade dasitzen. Der Mann fuhr mit feierlicher Gemessenheit und hielt an jeder Kreuzung ausführlich an, als wolle er dafür sorgen, daß mich möglichst viele Leute zu sehen bekamen.

Es war ein einigermaßen unglückliches Zusammentreffen, daß an diesem Tag die Pilger aus Mekka zurückkehren und sich in einer Prozession durch die Straßen mit ihren weißen Turbanen, den Wahrzeichen ihres Hadschi-Status, zeigen sollten. Menschenmassen säumten erwartungsvoll die Straßen, verrenkten sich die Hälse und hielten ungeduldig nach ihren Lieben Ausschau, die sich durch ihre beschwerliche Reise zu neuen Gipfeln der Frömmigkeit emporgeschwungen hatten. Heute konnte man damit rechnen, daß Menschen geläutert zurückkehrten, daß Sünder als Heilige wiederkamen, daß nahe Verwandte sich kraft ihrer Berührung mit dem Allerheiligsten so sehr gewandelt präsentierten, daß sie fast nicht wiederzuerkennen waren. Das zeremoniell gemessene Tempo des Lastwagens trug dazu bei, ihn in Verbindung mit der Prozession zu bringen. Wo immer wir auftauchten, erhob sich ein frommes Gemurmel, das jäh in hysterisches Gelächter und Gekreisch umschlug, sobald ich auf meinem Thron sichtbar wurde. Ein Mann stürzte vor Verblüffung darüber, wie seine Erwartungen ad absurdum geführt wurden, von der Veranda, während einem anderen der Teekessel aus der Hand fiel, als hätte in diesem Augenblick die siedende Hitze seine Finger erreicht. Sooft wir an Kreuzungen hielten, strömten jubelnde, lachende, gutgelaunte Menschen herbei, drückten mir zärtlich den Arm und sagten das einzige englische Wort, das sie kannten. »Yes«, flüsterten sie, »yes«.

Dieser triumphale Umzug ging weiter, bis die Dunkelheit hereinbrach und wir uns der Stadt Mamuju näherten. Die Menschen zogen sich in ihre Häuser zurück, um einem Vorhang aus Stechmücken auszuweichen, der förmlich vom Himmel fiel. Dichte Rauchwolken verfinsterten die Straße, weil überall unter den Häusern Stöße aus Kokosnußschalen angezündet wurden, um die Insekten zu vertreiben. Man könnte meinen, es müsse Stechmücken schwerfallen, mit einem Mann auf einem fahrenden Lastwagen Schritt zu halten, aber sie schafften es. Sie krabbelten und bissen und juckten, bis auch ich mich gezwungen sah zu rauchen, um mich ihrer Zudringlichkeit zu erwehren.

Mamuju läßt sich einzig und allein als böswilliger Verstoß gegen die Schönheit der restlichen Küste beschreiben. Als ich die Stadt sah, bedauerte ich, daß ich nicht den Blutegeln im Wald die Stirn geboten hatte. Sie ist eine bösartige Ansammlung heruntergekommener Betonhäuser, die sich um eine Staubwüste scharen. Das Zentrum der Stadt bildet ein riesiger modernder Abfallhaufen, auf dem sich Lebensmittelmärkte prekär postiert haben. Der Strand muß einst herrlich gewesen sein, aber heute ist er mit Betonplatten zugedeckt, auf die man weiteren Abfall gekippt hat, so daß dort Ziegen ihr Futter finden. Vor mehreren Jahren beschädigte ein Erdbeben die Wasserleitungen; bis heute sind große Teile der Stadt ohne regelmäßige Wasserversorgung. Das schäbige Hotel war entsetzlich heiß und hatte überhaupt kein Wasser. In die dünnen Trennwände aus Karton waren Löcher gebohrt, so daß sich Zimmernachbarn gegenseitig unstatthafterweise unter die Lupe nehmen konnten. Das einzige Essen, das man in der Stadt bekam, war ein schmieriger Eintopf aus Fischköpfen. Eine schlaflose Nacht lang warf ich mich, unverändert von Stechmücken geplagt, im Bett herum und floh, als der Morgen graute, in den torajanischen Teil der Stadt.

In diesen Gegenden ist die ethnische Identität im großen und ganzen eine Frage der Religionszugehörigkeit. Muslime sind Buginesen, Christen sind Toraja. Ein Toraja, der zum Islam übertritt, wird häufig nicht mehr als Toraja angesehen. Der religiöse Gegensatz lastet schwer auf allen Verhältnissen und durchdringt die Atmosphäre.

Die Behausungen der Toraja scharen sich um ihre Kirchen, und hier fand ich Aneka, die Frau, die ich suchte. Als Einladungsschreiben hatte ich einen Brief dabei, den mir eine Frau aus Baruppu', Anekas Tochter, mitgegeben hatte. Aneka war Mitte vierzig, verbraucht und schmallippig. Sie las den Brief und lud mich ein, zu bleiben. »Wir können zusammen die Bibel lesen«, bot sie mir an. Wie Johannis' Mutter hatte sie sich zum Christentum bekehrt; es spielte in ihrem Leben eine überragende Rolle. Mir war das recht. Die meisten Sprachen, die ich kann, habe ich mit der einschlägigen Bibelübersetzung zu lernen angefangen. Oft war die Bibel das einzige Buch, das in der betreffenden Sprache je gedruckt worden war.

Sie und ihr Mann hatten sich ein seltsames, frommes Pidgin angewöhnt, so daß sie die Mitteilung von schlechten Nachrichten immer mit der Wendung begannen, »es ist Gottes Wille, daß...«, wohingegen die Verkündigung von etwas Gutem anfing mit »Gott hat den Weg gebahnt, daß...«. Solche Redeformen übernimmt man sehr schnell. Als mich der Mann am dritten Tag fragte, ob ich hinausgehe, um »großes Wasser abzuschlagen«, antwortete ich ohne jede bewußte ironische Absicht: »Wenn Gott den Weg bahnt.«

Bei aller religiösen Abtrünnigkeit war Aneka eine ganz traditionsbewußte Weberin geblieben, die den langwierigen Vorgang beherrschte, durch den sich ein Ballen Wollbäusche, die sie von ihren Baumwollsträuchern sammelte, in schönen blauen und roten Stoff verwandelte. Zwischen ihren langen anfallartigen Bibellektüren zeigte sie mir voller Eifer, wie man aus Pflanzen Farben bereitete. Ich stellte fest, daß sie fast zwei Liter Chili verbrauchte, um die Farbe eines kleinen Tuchs zu fixieren – das erklärte meine Reaktion auf die Decke während des Rittes von Mamasa. Die Tücher, die als *sarita* und *seko mandi* bekannt sind, spielen überall im Land der Toraja bei Festen eine große Rolle, wo sie Menschen und Gebäuden schmücken. Bestimmten Tüchern werden besondere Kräfte zugeschrieben – daß sie Feuer löschen oder schlimme Ereignisse ankündigen können; sie steigen rasch zu Familienerbstücken auf.

Sie werden in einem relativ einfachen Verfahren gefertigt, bei dem die Kettfäden auf einen Rahmen gespannt und mittels Plastikschnur abgedeckt werden. Dann wird alles mit Farbe bestrichen. Wenn die Farbe trocken ist, wird die Plastikschnur teilweise abgenommen und der Vorgang mit anderen Farben wiederholt. Die Fäden werden geteilt und zu zwei Stoffen verwoben, die dann so zusammengenäht werden, daß sie ein

Tuch ergeben, das aus zwei gleichartigen Abschnitten besteht. Das Ergebnis ist ein dickes, weiches Material, reich an glutvollen Farben, deren Ton im Laufe der Jahre gedämpfter wird. Von besonderem Interesse war, daß einige Muster, die in der Holzschnitzerei verwendet werden, bei den Stoffen wiederkehren. Aneka gab ihnen dieselben Namen wie Nenek, behauptete aber, die Schnitzmuster stammten von den Textilien, wohingegen Nenek die gegenteilige Version vertrat. Die Schnitzmuster waren nach ihm fix und fertig vom Himmel gefallen. Aneka zufolge hatten Frauen wie sie die Muster erfunden. Vielleicht hatte sie sich deshalb kürzlich zu Neuerungen ermutigt gefühlt. Bei Diskussionen über diese Frage neigt die Wissenschaft dazu, der einen oder der anderen Version vom Ursprung der Muster den Vorzug zu geben, und übersieht dabei die Tatsache, daß es mindestens noch einen weiteren Anwärter auf die Urheberrolle gibt – die Tätowierungsmuster, die heutzutage immer rascher verschwinden. Sie hatte versuchsweise angefangen, Kreuze, Schafe und andere christliche Symbole in die Muster einzufügen, war aber noch zu unsicher, um die Stoffe den Augen der Öffentlichkeit preiszugeben. Die Schafe bereiteten ihr besondere Sorge, da sie nicht wußte, ob sie überhaupt schon einmal ein richtiges Exemplar gesehen hatte. Es ist erstaunlich, wie oft von ihnen in der Bibel die Rede ist.

Ich brauchte fast eine Woche, um den vollständigen Prozeß der Tuchherstellung mitzubekommen. Erleichtert bestieg ich den Bus, der mich ins Land der Toraja zurückbringen sollte. Zu meinen Füßen hatte ich ein dickes Bündel mit Anekas Stoffen verstaut. Es wurde allerdings bald dort weggenommen, um Kokosnüssen Platz zu machen, und fand als Sitz für ein winziges Kind mit Meckifrisur Verwendung, das mich mit staunenden Augen wie ein Weltwunder anstarrte.

Ein pummeliger Mann wurde unter ausführlichen Ergebenheitsbezeigungen auf den Beifahrersitz plaziert. Bapak hier und Bapak dort – offenbar ein Mann von Rang. Wir beobachteten mit Ressentiment, wie sein Sitzplatz sorgfältig ausgespart blieb, während in unseren Abschnitt immer mehr Passagiere gestopft wurden. Schließlich erschien der Fahrer am Seitenfenster und bedeutete ihm durch wenn auch respektvolle Gesten, er möge aufrücken, um noch Platz für einen anderen zu machen. Bapak schnaubte und gab mißbilligende Geräusche von sich. Wir triumphierten. Seine Bastion wurde gestürmt. Die Tür ging auf und eines der schönsten Mädchen, die ich je gesehen habe, stieg ein und kletterte neben ihn. Er drehte sich um und grinste uns höhnisch an.

Der Bus schoß los; die Kokosnüsse polterten zwischen unseren Füßen herum. Das Kind starrte mich immer noch ungläubig an, während seine Mutter ihm Hände voll Reis in den Mund stopfte.

Außerhalb der ersten Stadt wurden wir von einem Polizisten mit Gewehr angehalten. Im Bus breitete sich schuldbewußtes Schweigen aus. Der Polizist hatte es nicht eilig. Er nahm den Bus gründlich in Augenschein, umschritt ihn. Er nahm die Sonnenbrille ab. Mit dem Gewehr winkte er dem Fahrer, auszusteigen, vergrub die Daumen im Gürtel und hub zu einer längeren Rede an. Durch das Fenster wehten Wortfetzen herein: »Gefährdung der Passagiere ... Achtung vor dem Gesetz ... das Ansehen der Republik.« Der Fahrer stand mit gesenktem Kopf. Wir alle saßen in Habachtstellung.

»Zwei Passagiere zuviel«, sagte Bapak. »Er redet hochmoralisch. Das wird teuer.«

Die Vorlesung ging noch ein paar Minuten weiter. Dann machte sich der Polizist an eine gründliche Untersuchung des Fahrzeugs – Beleuchtung, Reifen – und wollte Bündel von Ausweispapieren sehen. Schließlich ging er mit dem Fahrer nach hinten.

»Das ist ein gutes Zeichen«, sagte Bapak nickend.

Man konnte hören, wie der Fahrer sagte: »Ja, Pak. Aber kann man nicht *das eine Mal noch* darüber wegsehen?«

Er stieg großspurig und grinsend wieder ein und ließ den Motor an.

»Wieviel?« fragte Bapak.

»Zweitausend, aber er hat noch nicht mal gemerkt, daß mir der Führerschein, den ich ihm gezeigt habe, gar nicht gehört.« Er lachte und legte krachend den Gang ein.

Hinter der nächsten Ecke winkten zwei Leute dem Bus, anzuhalten, und stiegen zu. Alles lief wieder normal.

Die Reise verbrachte ich zum größten Teil im Halbschlaf. Später in der Nacht fuhr ich irgendwann kurz auf und sah einen Berg, der im Mondlicht glänzte. Ich erkannte ihn sofort. Der junge Toraja neben mir war wach.

»Ist das nicht«, fragte ich, »der Berg, wo sich die Leiter befand, die in Urzeiten Himmel und Erde verband?«

Er sah hinüber und zuckte gleichgültig die Schultern. »Kann sein. Aber wir nennen ihn Pornoberg. Schauen Sie sich die Felsen an, dort ist der männliche und dort der weibliche...!«

Die Rückkehr nach Rantepao war wie eine Heimkehr. Da war die freundliche, häßliche Stadt, die fröhlichen, leichtlebigen Menschen. Im Hotel saßen Johannis und ein sehr großer, dünner Mann schlafend in einem Stuhl, aneinander gelehnt, mit offenen Mündern. Es tat meinem Herzen wohl, sie zu sehen.

Johannis' Freund hieß Bismarck. Ich hätte ihn liebend gerne Hitler vorgestellt, aber ich nehme an, die Pointe wäre ihnen entgangen. Nach eigenem Bekunden hatte Bismarck ein höchst abenteuerliches Leben geführt. Er gehörte dem torajanischen Adel oder, wie er es nannte, der »goldenen Klasse« an. Das war seinem Betragen unschwer zu entnehmen. Wenn er mit Nicht-Toraja sprach, war er locker und entspannt. Redeten Toraja mit ihm, wurde er sofort steif und bezog sich auf sie in der dritten Person oder ignorierte sie ganz und gar.

Er hatte früher einmal in Jakarta mit verbotenen Chemikalien gehandelt, danach über Freunde im Ausland Pornographie importiert, war aber von Selbstekel zerfressen worden und zu den Toraja zurückgekehrt, wo er soviel Zeit wie möglich im Wald verbrachte. Er handelte jetzt mit »gestohlenen« Antiquitäten, schien aber seiner Tätigkeit mit aufrichtig gutem Gewissen nachzugehen.

»Es ist doch so«, erklärte er. »Die Menschen, die herkommen, sind bereit, eine Million Rupien für eine Grabfigur zu bezahlen. Man stelle sich vor, wieviel das für einen einfachen Bauern ist. Seine Kinder können zur Schule gehen und haben eine Zukunft. Er sichert seine Existenz. Er ist wahrscheinlich ein Christ und betrachtet Grabfiguren als etwas Sündiges. Wenn er Heide ist, kann er die alte Figur verkaufen und eine neue kaufen und hat immer noch einen schönen Gewinn. Sogar die Ahnen sind damit einverstanden. Sie werden immer gefragt. Alle sind zufrieden. Aber die Regierung hat es verboten, weil sie fürchtet, daß keine Touristen mehr kommen, wenn die Figuren verkauft werden. Die Familie muß also dafür sorgen, daß die Figuren ›gestohlen‹ werden; sie werden dann auf Bali oder in London verkauft. Man kommt zu mir, weil ich Kontakte habe. Ich gehe nicht zu den Leuten hin. Sie kennen meine Familie und trauen mir. Ich kriege Prozente und sorge dafür, daß sie nicht übers Ohr gehauen werden. Ich bestehe *immer* darauf, daß sie noch einen Monat warten, wenn sie sich zum Verkauf entschlossen haben, für den Fall, daß sie es sich anders überlegen. Ich verkaufe oft an Museen. Vielleicht würde *Ihr* Museum nicht kaufen, aber amerikanische Museen kaufen jedenfalls. Ich habe viele Freunde in amerikanischen Museen. Aber egal, ich vermute, Ihr seid euch alle gleich. Ihr wollt die schönen Sachen haben, sie in eine Kiste stecken und fortschicken. Also, wenn Sie mit mir nach Hause kommen wollen, dann zeige ich Ihnen ein paar bildschöne Sachen.«

»Ich würde sie mir sehr gern ansehen, aber kaufen kann ich sie nicht, wie Sie wissen. Für alles, was über fünfzig Jahre alt ist, braucht man eine Genehmigung. Das ist Gesetz.«

»Ja, das ist Gesetz. Aber kommen Sie und schauen Sie sich die Sachen an. Ich zeige sie gern Leuten, die Freude daran haben.«

Sein Haus war eine Schatzkammer, voll mit alten und merkwürdigen Dingen, Spinnrädern, Türen, Hüten, Schuhen. Er führte alles mit ungeheurem Stolz vor. Er setzte den Hut eines Fürsten auf und saß würdevoll da, ergriff einen Speer und wurde zum Krieger, zog eine Dose für Arekanuß heraus und kaute wie ein alter Dörfler. Während er in Fahrt war, erschien seine winzige Tochter in einem flauschigen rosafarbenen Partykleid, auf dem Kopf eine goldene Papierkrone. Sie sahen einander an und lachten.

»Ach ja. Sie geht ja heute zu einer Geburtstagsparty.« Bismarck nahm sie mit liebevollem Blick auf die Knie.

»Eines Tages«, sagte er zu mir, »werden Sie und ich zusammen durch die Berge wandern. Ich werde Sie an Orte bringen, die niemand sonst kennt. Ich spüre es in den Knochen. In solchen Dingen täusche ich mich nicht. Ich habe den Herrn des Waldes gesehen.«

»Den Herrn des Waldes?«

»Jawohl. Sie werden ihn in keinem ihrer ethnologischen Bücher über die Religion der Toraja finden, aber hier in den Dörfern wissen wir alle von ihm. Ich, der ich als Christ aufgewachsen bin, habe ihn getroffen. Das ist einer der Gründe, warum ich wieder zu den alten Bräuchen zurückgekehrt bin.«

»Wie ist das passiert?«

»Also gut, ich will's Ihnen erzählen. Ich wollte ihn treffen, einfach um zu sehen, ob es ihn wirklich gibt. Ich ging für drei Tage tief in den Wald hinein, saß einfach nackt da und wartete. In der ersten Nacht hatte ich getrunken, und nichts passierte. In der zweiten Nacht hatte ich normal gegessen. In der dritten Nacht hatte ich gefastet. Plötzlich war er da.«

»Wie sah er aus?«

»Er war ein ganz alter Mann. Seinem Körper fehlte die untere Hälfte. Er trieb auf einem Nebel und sprach mich an. ›Was willst du?‹ fragte er. Ich sagte: ›Nichts. Ich wollte nur sehen, ob es dich wirklich gibt.‹ Stellen Sie sich das vor.« Er schlug sich gegen die Stirn. »Ich könnte jetzt ein reicher Mann sein, hätte ich das Richtige gesagt, aber ich wollte eben nur Bescheid wissen. ›Mach dir keine Sorgen‹, sagte er. ›Ich werde in meinem Wald immer auf dich aufpassen.‹ Dann war er weg. *Dann,* ganz plötzlich, bekam ich es mit der Angst zu tun.« Bismarck lachte. »Ich rannte aus dem Wald heraus, so schnell ich konnte, und versteckte mich im Haus, zitternd vor Angst. Aber jetzt, sehen Sie, bin ich stark, weil ich Bescheid weiß.«

Von draußen drang ein merkwürdiges kratzendes Geräusch. Bismarck setzte seine Tochter ab, ging zur Tür, und man hörte Stimmengemurmel. Er kam lachend zurück.

»Draußen ist ein alter Mann, der nach Ihnen fragt. Er hat nach ›Pong Bali‹ gefragt – *Pong* ist soviel wie *puong.* Es ist unser Wort für ›Herr‹. Wir haben also jetzt einen Namen für Sie – Pong Bali. Keine Sorge. Der Herr des Waldes steht nicht draußen.«

Ich ging hinaus. Es war Nenek. Er weigerte sich näherzutreten. Es war nicht schicklich. Das hier war das Haus eines Adligen, und er war plötzlich schüchtern. Er war die mehr als dreißig Kilometer zu Fuß in die Stadt gelaufen, um Arekanuß zu kaufen, hatte aber kein Geld. Ob ich ihm vielleicht etwas geben könne? Der Einfall war in seiner Schlichtheit unwiderstehlich. Aber noch etwas anderes beunruhigte Nenek.

»Ich habe keinen Schlaf gefunden. Ich habe Ihnen einen Büffel versprochen. Aber jemand im Dorf hat gesagt, ein Büffel reicht nicht einmal aus, um eine Fahrkarte nach England zu bezahlen.«

»Nenek, der eine Büffel ist für *Sie.* Für Ihre Fahrkarte würden wir aufkommen, und wir würden uns dort um Sie kümmern.«

Die Erleichterung malte sich auf seinem Gesicht ab. Wann würden wir nach England abreisen? Wenn gleich, dann würde er eine ziemlich große Menge Arekanuß kaufen müssen.

»Der da«, sagte Bismarck mit Entschiedenheit, während er ihm nachsah, »ist ein guter alter Mann. Arbeiten Sie mit ihm zusammen?«

Ich erzählte ihm von der Ausstellung.

»Ich finde das großartig. Endlich einmal werden die Produzenten der Sachen das Geld erhalten und nicht Gauner und Händler wie ich. Ich habe hier ein großes Haus, jede Menge Land. Wenn Sie Hilfe brauchen oder Sachen lagern wollen, stehe ich zur Verfügung. Kostet nichts.«

Es fiel mir schwer, Bismarck für einen Gauner zu halten. Recht besehen, hatte er vielleicht doch nur sehr wenig mit Hitler gemein.

*

Als Johannis und ich nach Baruppu' zurückkamen, stellten wir fest, daß nicht nur Nenek, sondern auch seine Tochter heimgekehrt war. Sie wies alle Merkmale einer würdigen torajanischen Christin auf, wie ich sie inzwischen sattsam kennengelernt hatte. Nenek und ich verließen immer wieder einmal den steinigen Tugendpfad, den sie wies, und unterhielten uns über die alten Bräuche. An den Abenden spielten wir eine Art Gesellschaftsspiel, bei dem er und seine Nachbarn alte Erbstücke oder auch einfach alte Gebrauchsgegenstände ausgruben, über die dann geredet wurde.

Nenek war mächtig stolz auf seine hohe Reisschüssel, die auf einem Sockel stand, der einen Meter emporragte und aus gebleichtem Büffelknochen gefertigt war, einem Material, das dem *to minaa* vorbehalten war. Ein anderer Mann besaß herrliche hölzerne Gemüseschüsseln mit geschnitzten Büffelköpfen. Andere hatten alte Schwerter und Tücher.

»Das sind keine Spielsachen«, erklärte Nenek. »Sie bringen Reichtum in ein Haus. Wir brauchen sie für Feste.« Er hielt eine warnende Geschichte von alten Tüchern bereit, die verkauft worden waren und jedermann Unglück gebracht hatten, bis sie wieder in das Haus zurückgekehrt waren, in das sie gehörten. Er förderte ein Quadrat aus sehr weichem, sehr dickem Fell zutage, an dem zwei Schnüre angebracht waren. »Was ist das?«

Ich wendete es nach allen Seiten. Johannis stupste zweifelnd mit dem Finger daran. Sein Gesicht verzog sich zu einem breiten Lächeln. »Ich weiß es.« Er setzte es sich behutsam wie ein Toupee auf den Kopf und verknüpfte die Schnüre. Nenek und seine Altersgenossen wiegten sich belustigt auf den Fersen. Mit einer einzigen gleitenden Bewegung riß Nenek es ihm vom Kopf, legte es unter sein Hinterteil und setzte sich darauf.

»In früheren Zeiten hatten die Toraja nur Steine zum Sitzen. Deshalb benutzten wir dies hier.« Dann zog er ein anderes merkwürdiges Ding heraus, das lang und spitz zulief und an einem Ende knollenförmige Verdickungen aufwies. Es bestand aus Knochen oder sehr hartem Holz und sah ein bißchen aus wie die pilzförmigen Gebilde, die von Frauen früher zum Sockenstopfen benutzt wurden. Ich schüttelte den Kopf. Abermals war Johannis zur Stelle.

»Man braucht es, um Löcher in Socken zu stopfen.« Nenek und ich lachten über soviel Naivität.

Wir hatten, wie Nenek mit gesenkter Stimme erklärte, die Geheimwaffe der Toraja im Kampf gegen die buginesischen Männer vor uns. Johannis und ich sahen uns verständnislos an, während Nenek sich an unserer Verblüffung weidete. Mit kekkerndem Lachen erklärte er, es handele sich um einen Penisstab, der quer durch die Eichel gesteckt werde und die Torajafrauen vor Lust außer sich geraten lasse. Das sei der Grund, warum in alten Zeiten Torajafrauen, die mit Männern aus ihrem Volk geschlafen hätten, keinen Buginesen mehr eines Blickes würdigten, mochte seine Nase auch noch so lang sein. Johannis wurde ganz still und nachdenklich.

Zu meiner Überraschung erfuhr ich, daß Nenek eine Frau hatte, die in einem anderen Teil des Dorfes wohnte.

»Wir leben nicht mehr zusammen«, sagte Nenek. »Sie wurde Christin. Alle meine Kinder sind Christen geworden. Ich bin als einziger übriggeblieben. Aber sie bearbeiten mich immer noch. Ich sage, ich bin mit dieser Religion geboren worden, und ich werde mit dieser Religion sterben.«

Was offenbar Nenek den Boden unter den Füßen weggezogen hatte, war seine überraschende Toleranz. »Sie kriegen diese Religion durch die Schule«, verkündete er. »Wenn es die Schule nicht gäbe, würde sich niemand ändern; aber sie hat auch ihr Gutes. Ohne die Schule wären wir alle unwissend wie in den alten Zeiten.«

Der Gedanke, daß mit seinem Tod auch die alte Religion in Baruppu' sterben würde, machte ihn traurig. Keiner wollte sich mehr der Mühe unterziehen, die Tausende von Verszeilen auswendig zu lernen, aus denen das Wissen eines Priesters bestand. Es fiel schwer, sich Nenek nicht in der Rolle einer kampferprobten Trutzburg der Tradition vorzustellen. Aber er hatte sich durchaus auf die moderne Welt eingelassen. Eine Zeitlang hatte er mit Kaffee gehandelt. Während der japanischen Besetzung hatte er Indonesier chinesischer Abstammung im Dorf versteckt. Er hatte Indonesisch sprechen gelernt, und Lesen und Schreiben hatte er sich auf die Weise angeeignet, daß er seine Enkelkinder in die Schule schickte und sich jeden Tag von ihnen zeigen ließ, was sie gelernt hatten. Von der modernen Welt hatte er angenommen, was er haben wollte; das übrige hatte er unbeachtet gelassen. Aber das Land der Toraja war eine Gegend, in der sich der Gegensatz zwischen Tradition und Moderne nur schwer als ein eindeutiger Widerspruch aufrechterhalten ließ. Die Einkünfte aus dem modernen Tourismus und aus den Tätigkeiten im Staatsdienst ermöglichten die inflationäre Entwicklung der Ausgaben für Rituale, die anscheinend in der ganzen Gegend grassierte. Leute, die in den alten Zeiten keine aufwendigen Begräbnisse hätten veranstalten dürfen, investierten jetzt ihr Geld darin und erkauften sich damit gesellschaftliches Ansehen – wie englische Industrielle im 19. Jahrhundert ihr Vermögen in ruinöse Landgüter gesteckt hatten. Sogar ein christliches Begräbnis erforderte die Anwesenheit eines *to minaa,* der seine überlieferte Weisheit durch einen Lautsprecher rezitierte. Und doch war das Dorfoberhaupt entgeistert, als ich ihm von meiner Absicht erzählte, Nenek nach London mitzunehmen.

»Das können Sie unmöglich machen«, sagte er. »Das ist nicht fair. Er hat nicht einmal die Schule besucht. *Ich* habe sie besucht, ich kenne die Namen fast aller Bahnhöfe in Holland.«

Als ich Nenek das nächste Mal traf, fragte ich ihn: »Was würde passieren, Nenek, wenn Sie nach England gingen? Niemand könnte die Zeit für die Totenrituale eröffnen. Niemand wäre da, um ihnen zu sagen, wann sie wieder anfangen können, Häuser zu bauen.«

Er lachte. »Das ist kein Problem. In den alten Zeiten richteten wir uns nach den Sternen, nicht nach dem Kalender. Ich bin es, der darüber entscheidet, wann die Sterne günstig stehen. Ich kann es machen, wann ich will. Fahren wir einfach los. Mein Körper ist alt, aber mein Herz ist jung. Ich liebe neue Dinge.«

Es war Zeit, Abschied zu nehmen. Das eine Mal hatte ich es geschafft, mein Visum zu verlängern. Ein zweites Mal würde mir das nicht gelingen. Nenek und Johannis brachten mich bis zum Ausgang des Tales. Die Toraja tun sich beim Weinen keinen Zwang an; wir schwammen alle in Tränen.

»Wenn Nenek kommt, Johannis, dann mußt du mitkommen.«

Er grinste. »Wenn Gott den Weg bahnt.«

Wie auf Geheiß des Himmels oder Hollywoods überspannte ein herrlich kitschiger Regenbogen das Tal.

»Das bedeutet Glück«, sagte Nenek.

Ich fragte mich, ob ich ihn je wiedersehen würde.

11
Das Rückspiel

Ausnahmsweise war mein Pessismus fehl am Platz. Ich brauchte nur zwei Jahre und fünf Besuche in Sulawesi, um die nötigen Materialien für den Bau einer Reisscheune bis aufs letzte Hölzchen und Pflöckchen nach London zu schaffen. Die Schiffsladungen umfaßten Steinbrocken, die zu Farbstoff zerrieben werden mußten, Rotang fürs Dach und den größten Stapel Bambus, den ich je gesehen habe. Erst dann konnten vier Holzschnitzer herübergeholt werden, damit sie in einer Gallerie des Museum of Mankind mitten in der Londoner Innenstadt die Scheune errichteten. Es war überraschend schwierig, sie so zu bauen, daß sie weder durch den Boden brach (Reisscheunen werden gewöhnlich nicht nach Gewicht konstruiert), noch durch die Decke stieß. Ein paar Tiefpunkte erlebte ich auch noch.

Als ich das erste Mal zurückkam und die aufregende Nachricht mitbrachte, daß es mit dem Projekt ernst wurde, erkannte mich Nenek überhaupt nicht wieder. Im Geiste hatte ich mir oft die Wiedersehensszene ausgemalt. Natürlich würde er Tränen vergießen. Und ich wahrscheinlich auch. Aber seit wir uns zuletzt gesehen hatten, war ein Jahr vergangen, und die Puttymänner sahen alle gleich aus.

»Ich kann unmöglich mit Ihnen nach London gehen. Letztes Jahr war hier ein komischer Holländer. Ich habe ihm versprochen, mit *ihm* zu gehen.«

Ein anderer heikler Augenblick war, als der Lastwagenfahrer, der Baumaterialien vom Dorf nach Rantepao bringen sollte, unterwegs den Vertrag neu aushandeln wollte und schließlich die ganze Ladung am Wegrand absetzte. Sie mußte um jeden Preis weggeschafft werden, ehe die ersten Regenfälle einsetzten. Damals hatten sich meine Schwierigkeiten katastrophal zugespitzt: Ich traf in Ujung Pandang mit zwei riesigen Holzladungen ein, wußte nicht, wohin damit, mußte sie auf ein Schiff bringen, das am nächsten Tag abfahren sollte, und hatte kein Geld mehr, um irgend jemanden zu bezahlen. Ehe wir Baumaterial verladen konnten, mußte es dreimal behördlich abgenommen und registriert werden. Schließlich standen wir um zehn Uhr nachts im Regen auf der Straße, hatten die ganze Ladung um uns herum ausgebreitet und versuchten, sie im Dunkeln zu photographieren. Ein Minibus hielt an, und heraus sprang Nenek mit allem Schwung, den ein über siebzigjähriger Mann mobilisieren kann.

»Ich komme, um beim Holzabladen zu helfen«, verkündete er. »Geht es jetzt los nach England?«

Der einzige Umstand, der mich all diese Schwierigkeiten meistern ließ, war die erstaunliche Hilfsbereitschaft der einfachen Toraja. Sie halfen nicht, weil sie dafür bezahlt wurden oder weil es ihre Aufgabe war, sondern weil sie sahen, daß ich Unterstützung brauchte. Der letzte Schicksalsschlag war die Abwertung der indonesischen Währung, die mitten in die Operation platzte und die sich nicht etwa als unerwarteter Glücksfall auswirkte, sondern die um ein Haar das ganze Unternehmen zum Scheitern brachte, weil sämtliche Banken sich rund zwei Wochen lang weigerten, Geld umzutauschen. Typisch war, daß der torajanische Hotelbesitzer, als ich ihm erklärte, ich sei völlig mittellos und müsse unbedingt abreisen, schulterzuckend sagte: »Ich weiß, Sie werden mir das Geld schicken, sobald Sie können.«

Die Ausreisepapiere für die Beteiligten machten besondere Schwierigkeiten. Papiere für einen Mann zu bekommen, der nicht einmal weiß, wie alt er ist, fällt überaus schwer. Die Formulare, die auszufüllen waren, schienen für niemanden weniger als für Holzschnitzer aus den Bergen Indonesiens gemacht. Telephonnummer? Zeugnisse? Finanzielles Einkommen? Sogar die Namen und das Alter sämtlicher Kinder überforderte das Gedächtnis der jüngeren Männer. Sie tüftelten aus, daß einer acht und der andere sieben Kinder hatte, wußten aber nicht, wie alt die Kinder, oder auch nur, in welcher Reihenfolge sie zur Welt gekommen waren. Darüber wußten nur die Frauen Bescheid.

Nenek machte die Sache dadurch noch schlimmer, daß er sich neu entschied, wer ihn begleiten sollte. Als ich nach Baruppu' zurückkam, war deshalb das Dorf in zwei feindliche Lager zerfallen, die sich beide ungerecht behandelt fühlten und von mir erwarteten, daß ich die Angelegenheit ins Lot brachte. Dann gab es auch vorhersehbare Komplikationen. Speere und Schwerter in eine Düsenmaschine mitzunehmen macht immer Umstände; aber sie gehörten zu Neneks priesterlicher Tracht, und er wollte sich davon nicht trennen. Weniger vorhersehbar waren Probleme in Java, wo das Wort *Nenek* nur für ältere weibliche Wesen Verwendung findet und wo die Ausreisebehörde sich nur schwer mit einem Mann dieses Namens abfinden konnte.

Plötzlich aber waren sie dann doch in England, während der Sturm und der Regen einer typischen englischen »Trockenzeit« ums Haus tobten. Es war nur rechtens, daß sie in England bei mir wohnten, so wie ich im Land der Toraja bei ihnen gewohnt hatte.

Die Schnitzer waren wie ein Abriß der torajanischen Geschichte. Nenek mit seinen über siebzig war ein Hohepriester der alten Religion und verantwortlich für das Ganze. Tanduk, ein korpulenter umgänglicher Christ Anfang vierzig besorgte den größten Teil der schweren Holzarbeiten. Karre, ein leicht aufbrausender Christ Mitte dreißig machte den Großteil der Schnitzereien und das Dach; mit einem gewissen Recht trug er den Spitznamen »Büffel«. Johannis, Englischstudent und moderner Heide, war für die Kommunikation zuständig und spielte die Rolle des Verbindungsmannes.

Von Anfang an erwiesen sie sich als erstaunlich anpassungsfähig. Als Schnitzer waren sie daran gewöhnt, fern von ihren Heimathäusern und Familien zu arbeiten. Nenek hatte schon einmal im Flugzeug gesessen und war begeistert. Technisches Spielzeug beeindruckte sie nicht sonderlich. Es überraschte sie allerdings, daß sie durchs englische Telefon auf indonesisch miteinander reden konnten; vom Telefonieren konnten sie nicht genug bekommen. Die Zentralheizung fanden sie ebenso herrlich wie ich – ich hatte dafür gesorgt, daß sie bei ihrer Ankunft betriebsbereit war. Es läßt sich aber allgemein feststellen, daß elektronische Apparaturen, die der Laie nicht durchschauen kann, sondern einfach hinnehmen muß, das Interesse weniger anhaltend fesseln als menschliche Fertigkeiten. Sie, die hergekommen waren, um die Engländer durch ihre Holzbearbeitungskunst in Erstaunen zu setzen, waren von den Maurerarbeiten an Baustellen fasziniert – von der Schnelligkeit und den sparsamen Bewegungen der gelernten Arbeiter. Es war immer schwierig, Nenek an einem Gebäude vorbeizubringen, dessen Mauern gerade hochgezogen wurden. Er ging dann mit großen Schritten auf der Baustelle herum und stellte Fragen: »Was ist das?« »Wozu machen sie das?« »Wieviel kostet ein Kran?«

Bei manchen Neuheiten lag das Problem genau darin, daß sie Phänomenen ähnelten, die ihnen bereits aus Indonesien bekannt waren. In einem indonesischen Baderaum steht man normalerweise da und überschüttet sich mit Wasser; in einem englischen Badezimmer kann das verheerende Folgen haben. Wasserhähne *auf*zudrehen war kein Problem; hingegen vergaßen meine Toraja regelmäßig, sie wieder zuzudrehen, weil in ihrem Land das Wasser unablässig aus der Bambusröhre sprudelt. Daß sie unbesorgt das Wasser aus der Leitung trinken konnten, mochten sie mir nie so ganz glauben; heimlich ergriffen sie auch weiterhin ihre Vorsichtsmaßnahmen.

Wie ich gestehen muß, erfüllte es mich mit einer gewissen Genugtuung, daß sie genausowenig imstande waren, eine englische Straße zu überqueren, wie ich eine indonesische. Allerdings stellte ich rasch fest, daß ich die paranoische Fürsorglichkeit eines liebenden Elternteils entwickelte. Ich ertappte mich dabei, wie ich Strecken austüftelte, bei denen sie so wenig Straßen wie möglich überqueren mußten, und wie ich mir lose Pflastersteine merkte, um Nenek vor ihnen zu warnen. Die kleinste Reise wurde zu einem Alptraum aus imaginierten Gefahren und Fußfallen für die Arglosen. Manchmal schien es, als seien sie eigens hergesandt, um mich die Qualen leiden zu lassen, die ich als Kind meinen Eltern bereitet hatte.

»Kommt essen!« sagte ich etwa. »Ja«, antworteten sie. Nach einer Viertelstunde saßen sie immer noch da und schnitzten.

»In zehn Minuten müssen wir los«, warnte ich sie vor. Aber wenn wir dann gehen wollten, steckten sie immer noch in ihren Sarongs und sahen fern.

In den ersten Jahren unseres Jahrhunderts brachte der amerikanische Ethnologe Franz Boas einige Kwakiutl-Indianer nach New York. Die hohen Gebäude und die Autos beeindruckten sie offenbar nicht sonderlich. Das einzige, was sie faszinierte, waren bärtige Damen am Times Square und die Knäufe unten am Treppengeländer in den Pensionen. Was Menschen aus anderen Kulturen auffällt, ist schlechterdings nicht vorherzusagen.

Der erste Schock für sie war, daß nicht alle Briten weiße Hautfarbe hatten. Leute aus Westindien sahen für sie aus wie solche aus Irian Jayan, dem indonesischen Teil von Neuguinea; deshalb erwarteten sie, Indonesisch mit ihnen sprechen zu können. Von Chinatown waren sie nicht überrascht. »Chinesen sind geschäftstüchtig. Sie kommen überallhin.« Inder hielten sie meist für Araber. Am meisten kränkte sie die Erfahrung, daß es im Klassifizierungssystem des normalen Engländers keine Rubrik »Indonesier« gibt und daß sie selbst deshalb immer wieder für Chinesen gehalten wurden.

Den zweiten Schock erlebten sie, als sie festellten, daß nicht alle Europäer reich waren. Sicher, sie hatten bei sich zuhause junge Puttyleute erlebt, die so taten, als wären sie arm; aber jedermann wußte, daß sie größere Geldsummen mit sich herumschleppten, als ein torajanischer Bauer in seinem ganzen Leben zu sehen bekam. Warum hatte ich keine Dienstboten, kein Auto und keinen Chauffeur? Die Betrunkenen, die in den Straßen von London herumtorkelten, trieben sie zur Verzweiflung, weil sie nicht daran gewöhnt waren, gegenüber Leuten, die einen anschreien, so zu tun, als wären sie nicht da. Daß Menschen keine Arbeit hatten und Geld vom Staat erhielten, brachte sie ebenso aus der Fassung wie den eingefleischtesten Ultrakonservativen. Hier lag doch wohl ein Mißverständnis vor? Waren diese Leute denn keine Pensionsempfänger? Vielleicht waren sie ehemalige Armeeangehörige und erhielten Geld für ihre Kriegsverletzungen?

Sie trafen in einem Augenblick großer politischer Betriebsamkeit ein, nur wenige Tage vor den allgemeinen Wahlen, und waren verblüfft darüber, wie wenig Respekt den Politikern bezeigt wurde. »Bei uns würden wir dafür ins Gefängnis wandern«, war ihr ständiger Kommentar. Man darf aber nicht meinen, daß sie uns um unsere Freiheit beneideten. In ihren Augen war das mehr ein Mangel an staatlicher Ordnung, ein chaotisches und verabscheuungswürdiges Durcheinander. Johannis brachte es rasch auf den Begriff: »Ich sehe, England ist ein Ort, wo keiner den anderen achtet.«

Auch die Stellung der Königin bereitete ihnen Kopfzerbrechen. Wie vielen Ausländern fiel es ihnen schwer, sich auf das Verhältnis von weiblichem Premier (Thatcher) und weiblichem Souverän (Elisabeth) einen Reim zu machen; sie sahen sich zu dem Schluß genötigt, daß in diesem seltsamen Land nur Frauen in Machtpositionen gewählt werden konnten. »Es ist wie bei den Minangkabau auf Sumatra«, waren sie mit dem passenden ethnologischen Parallelfall zur Hand. »Dort besitzen die Frauen alles, und die armen Männer werden fortgeschickt, um draußen für sie zu arbeiten. Hier ist es genauso wie bei denen. Ihr tut uns leid.«

Sie konnten die Ämter des Souveräns und des Premiers nicht auseinanderhalten. Immer wieder wollten sie wissen, warum die Königin sich nicht um das politische Amt beworben habe. Es beschäftigte sie auch, warum ich ihr Bild nicht an der Wand hängen hatte, wie das in Indonesien mit dem Foto des Präsidenten der Fall war.

Bestimmte Zugeständnisse an die toranjanische Lebensweise wurden gemacht. Es war einfacher, mich selber umzustellen, als sie dazu zu bringen. Die Betten waren ihnen unangenehm weich. Sie zogen Matten auf dem Fußboden vor. Statt sich im Haus zu verteilen, schliefen sie alle in einem Zimmer. »Wenn wir einen Alptraum haben und allein schlafen, wer soll uns dann trösten?« Neneks Angewohnheit, Arekanuß zu kauen, machte Spucknäpfe unentbehrlich. In London Spucknäpfe zu besorgen ist kein leichtes Geschäft.

In den ersten Tagen irritierten sie zwei Dinge mehr als alles andere – die unirdische Stille, in der die Engländer leben, und das Toilettenpapier. Wo waren die lauten Kassettenrecorder, der hupende Verkehr, die rufenden Straßenhändler, die kreischenden Kinder? Nachts konnten sie nicht schlafen. Das einzige Geräusch war der Schrei von Eulen, der Angst macht, weil er mit Hexerei in Verbindung gebracht wird. Für die Toraja sind Kennzeichen eines gedeihlichen Hauses, einer erfolgreichen Familie geschäftiges Treiben, viele Kinder, ein ständiger Besucherstrom, der uns Europäer in den Wahnsinn treiben würde. Schließlich nahmen sie die Gewohnheit an, laut Popmusik zu spielen, bis sie eingeschlafen waren. Das Toilettenpapier war das Entsetzlichste, das sie je erlebt hatten. Der europäische Mangel an Sauberkeit schockierte sie zutiefst. »Die englischen Frauen sehen sehr anziehend aus«, sagte Tanduk, »aber wenn ich an das Toilettenpapier denke und daran, wie schmutzig sie sind, vergeht es mir.«

In all diesen Dingen hatte sich unser Verhältnis auf geradezu groteske Weise umgekehrt. Ich wurde zu *ihrem* Informanten, der seine Kultur ihnen, die unerbittlich nachhakten, zu erklären versuchte. Wie zu erwarten, empfanden sie meine Erklärungen oft als ungenügend. Ein Ausstellungselement war eine torajanische wassergetriebene Vogelscheuche. Während das Wasser von Terrasse zu Terrasse des Reisfeldes herabstürzt, hält es einen raffinierten Drehmechanismus in Gang, der ein lautes Geräusch erzeugt. Das genügt, um Vögel und andere Räuber zu vertreiben. Am Fuße unserer Konstruktion befand sich ein Wassertümpel. Jeden Tag warfen die Leute Geld hinein. Nenek war fasziniert. Warum machten sie das? Glaubten sie, daß in dem Tümpel ein Erdgeist lebe? Es gelang mir nicht, ihm die Sache plausibel zu machen. »Sie tun es, um Glück zu haben« oder »Das ist bei uns so Sitte« – dies beides befriedigte ihn nicht. Täglich machte er einen Rundgang durch die Galerie, um das Geld zu betrachten und den Wert jeder Münze festzustellen, während er murmelnd seine Verblüffung bekundete. »Wenn ich alt bin«, sagte er und schüttelte seine grauen Locken, »dann komme ich her und lebe hier und grabe Tümpel – damit die Leute ihr Geld hineinwerfen können«.

Jeden Morgen fuhren wir mit der U-Bahn zum Museum. Das machte ihnen Spaß; sie entwickelten rasch Übung darin. Die anderen Fahrgäste waren manchmal sichtlich beunruhigt, wenn sie zustiegen und große Holzstücke an sich drückten, die sie in der Nacht zuvor unbedingt noch zu Hause hatten schnitzen müssen. Nenek hatte anfänglich Schwierigkeiten mit den Rolltreppen. Obwohl er in Toraja Wasserläufe auf glitschigen Baumstämmen überqueren konnte, über die ich nur hinübergelangte, wenn ich auf allen Vieren kroch, machte es ihm Mühe, mit Treppen zurechtzukommen, die in Bewegung waren, oder die motorischen Fähigkeiten aufzubieten, um in einem fahrenden Zug aufzustehen. Es dauerte nicht lange, da kamen wir der Ursache der Schwierigkeiten auf die Spur. Die Schuhe waren schuld. Das Tragen von Schuhen ist in Indonesien Kennzeichen korrekter Bekleidung – vergleichbar dem Schlips bei uns. Wer keine Schuhe trägt oder einfach Sandalen, gibt sich als bäurisch zu erkennen. Menschen, die in ihrem Leben viel barfuß gelaufen sind, haben sehr breite Füße und leiden, wenn sie diese in Schuhe zwängen müssen. Als wir Nenek überredet hatten, die Schuhe abzulegen, konnte er viel besser laufen und schwankte nicht mehr lebensgefährlich auf der Rolltreppe.

Sie fuhren zwar alle ohne fremde Hilfe zur Arbeit und wieder zurück, aber Johannis war es, der stillschweigend die Rolle des Kontaktmanns zur Außenwelt zugewiesen erhielt. Von *ihm* wurde erwartet, daß er sich den U-Bahnplan einprägte, daß er mit den öffentlichen Telefonen zurechtkam, daß er es lernte, wie man Betrunkene abwimmelte. Am zweiten Abend verloren wir ihn in Picadilly in der Menschenmenge. Trotz verzweifelter Suche konnten wir ihn nicht aufspüren. Als wir nach Hause kamen, war er bereits da; er hatte ohne Hilfe in der U-Bahn zurückgefunden. Ich war beeindruckt.

So groß ihre Anpassungsbereitschaft auch war – über eins konnte es offenbar keine Diskussionen geben: Sie mußten dreimal am Tag Reis haben. Meine Versuche, sie auf dem Weg über Spaghetti und Nudeln an andere Nahrungsmittel zu gewöhnen, scheiterten. Sie kosteten die alternativen Gerichte mit tiefem Abscheu, ohne sich je zu beklagen, aber auch ohne sie zu essen. Bald schon gab ich alle Versuche auf, den Speiseplan zu ändern. Kartoffeln und dergleichen wurden akzeptiert, aber nur zusammen mit Reis, nie an seiner Stelle. Das bedeutete, daß ich morgens um sechs Uhr den Tag mit Reiskochen begann. Die drei

Monate, die sie da waren, liegen für mich hinter einem Schleier aus Reiswasserdampf. Ein westliches Haus ist auf Reis erstaunlich schlecht eingerichtet. Nach ein paar Wochen verstopften Reiskörner den Abfluß und die Abwasserrohre und klebten überall auf dem Fußboden. Huhn ist für die Toraja der Gipfel des Luxus; davon konnten sie nie genug bekommen. Hühnerfleischpastete war das englische Essen, das am wenigsten Anstoß bei ihnen erregte. Die »pie« ist eine sehr englische Erfindung, die sogar anderen europäischen Sprachen Schwierigkeiten macht und mit Pastete nur sehr ungenau wiedergegeben ist. Johannis sprach von »Hühnerkuchen«.

Es war uns wichtig, daß bei Eröffnung der Ausstellung die Reisscheune bereits einem im Bau befindlichen Gebäude und nicht einem Holzhaufen ähnelte. Die Schnitzer machten sich entschlossen an die Arbeit. Die Baumaterialien waren in Form von großen Baumstämmen und Bambusplatten fürs Dach herübergekommen. In bezug auf die Dachziegel kultivieren die Toraja einen ausgesprochenen Snobismus. Die Baumeister von Baruppu' blickten verächtlich auf die Baumeister im Tal herab, die sich der Säge bedienten, um die Ziegel zuzuschneiden, statt sie mannhaft mit kraftvollen Hieben der Machete abzuspalten. Gesägte Ziegel, behaupteten sie, würden rasch verrotten. Den Anfang machten sie mit dem Bau des zentralen Gehäuses der Scheune – jenes Teils, der auf den Pfählen stehen und auf dem das Dach sitzen würde. Es ist etwas Wunderbares zuzusehen, wie ein torajanischer Zimmermann auf einem dicken Baumstamm eine Linie zieht und dann mit wirbelnden Schlägen der Machete eine Bohle daraus fertigt. Die Toraja sahen sich an, wie motorgetriebene Werkzeuge funktionierten, und entschieden, daß für die meisten Zwecke ihre Techniken schneller waren.

Sobald das Gehäuse fertig war, würde es wieder zerlegt, schwarz gestrichen, mit Schnitzereien verziert und bemalt und schließlich auf den Pfählen endgültig montiert werden. Bis dahin bildete es einen praktischen Umkleideraum, da mit nackten Füßen gearbeitet werden mußte. Füße sind fürs Holzschnitzen genauso wichtig wie Hände. Mit ihnen wird das Holz, das gerade bearbeitet wird, umklammert und festgehalten. Die Galerie verwandelte sich rasch in eine Baustelle wie aus dem Lehrbuch; man watete knietief in Holzspänen, Teekannen und Tassen.

In den vergangenen Jahren sind viele Versuche unternommen worden, unsere Museen lebendiger zu machen, sie aus steinernen Lagerstätten der Kunstwelt in vergnügliche und informative Orte zu verwandeln. Der große Feind solcher Bemühungen ist die Glasvitrine. So unentbehrlich, wie sie in gewisser Hinsicht ist, sondert sie doch zugleich die Dinge ab und isoliert sie, macht sie leblos. Jeder Museumsdirektor weiß aus Erfahrung, daß die Ausstellung, in die alle hinein wollen, eben die ist, von der er alle fernzuhalten sucht, weil noch an ihr gebaut wird. Wie Theaterproben, die normalerweise viel interessanter sind als die Aufführungen selbst, bieten auch Ausstellungen, während sie entstehen, viel mehr Unterhaltung, als wenn sie fertig und auf Hochglanz poliert sind. Für die Briten haben Baustellen immer etwas Faszinierendes: an vielen Großbaustellen findet man Aussichtsplattformen, von denen das Publikum das Spektakel besichtigen kann. Nimmt man das alles zusammen, gewinnt die Toraja-Ausstellung eine eigene Notwendigkeit.

Die Toraja gewöhnten sich rasch daran, daß sie bei der Arbeit von anderen Menschen beobachtet wurden; es dauerte nicht lange, da hatte sich eine Gruppe von »Stammgästen« gebildet – von Leuten, die mehrmals in der Woche erschienen, um zu sehen, welche Fortschritte die Arbeit machte. Nenek genoß die Situation von Anfang an. In seiner Kultur spielte er ja so etwas wie eine Star- und Künstlerrolle; er brachte ein ausgeprägtes Bewußtsein seiner Bedeutung mit. Aber gleich zu Beginn tauchten auch Probleme auf.

Die anderen Holzschnitzer waren alle mit Nenek verwandt. Die genauen verwandtschaftlichen Beziehungen waren entspezifiziert und vereinfacht worden. Jeder Versuch, sie aufzubröseln, wurde mit einem »Wir sind eine Familie« beantwortet. Wegen seines Alters und seiner priesterlichen Stellung erwartete Nenek allerdings besonderen Respekt. Tanduk und Karre hatte er ausgebildet. Mittlerweile arbeiteten sie als selbständige Baumeister, aber für den Zweck dieser Ausstellung hatten sie sich wieder zusammengetan. Nenek sah in den beiden seine Schüler, die wieder unter seiner Leitung arbeiteten. Sie waren da ganz anderer Ansicht.

Wie im Theater entstanden die ersten Schwierigkeiten im Zusammenhang mit der Frage, wer bei der Werbung am besten wegkam. Um den Bauplatz der Reisscheune standen eine Reihe von Tafeln, auf denen das Unternehmen erläutert wurde und die frühen Stadien der Beschaffung des Baumaterials in Indonesien dokumentiert waren. Karre zählte aus, daß Nenek dort öfter erschien als er selbst. In seinem priesterlichen Gewand hatte es Nenek sogar geschafft, auf dem Großfoto zu erscheinen, das den Hintergrund des Ganzen bildete. Auch Tanduk war dort zu sehen, auf einem Schnappschußfoto, das ihn auf dem Markt zeigte. Warum hatte man ihn, Karre, ausgeschlossen? Ein klein wenig besänftigt wirkte er, als ich ihn darauf hinwies, wie oft seine Kinder zu sehen waren. Die meisten Kinder im Dorf schienen Karres Sprößlinge zu sein.

Später mußte Nenek seine Oberhoheit unbedingt dadurch beweisen, daß er darauf bestand, ein Stück, das Karre schon bearbeitet hatte, noch einmal neu zu schnitzen. Bei dem Streit ging es um die Frage, ob ein »Horn« – ein vorstehender Dorn der Scheune – gerade oder gebogen sein mußte. Ein kalter Krieg entspann sich. Es sah ganz danach aus, als würden Nenek und Karre nie mehr ein Wort miteinander wechseln und als wäre die Atmosphäre in der Galerie ein für allemal vergiftet. Glücklicherweise neigt unsere Kultur dazu, die Dritte Welt hoffnungslos zu romantisieren. Ein Kritiker, der das Museum besuchte, schwärmte von dem wunderbaren Kooperationsgeist, der diese Menschen befähige, zusammenzuarbeiten, ohne daß auch nur ein Wort gewechselt werde; er verlieh der Hoffnung Ausdruck, daß dies auch an britischen Arbeitsplätzen die Norm werden möge.

Die britischen Arbeitsgewohnheiten waren nur schwer zu verstehen. In Toraja wurde beim Hausbau vom Morgengrauen bis zum Einbruch der Dunkelheit gearbeitet, und das so lange, bis die Arbeit beendet war. Eine genaue Berechnung des erforderlichen Baumaterials erübrigte sich. Weiter oben auf dem Berg wuchs immer noch genug. Normalerweise übernachteten die Zimmerleute, in ihre Umhänge gehüllt, unter der Scheune, an der sie bauten. Sie konnten nicht verstehen, warum das nicht auch in England so war. Es war unmöglich, sie dazu zu bringen, um fünf Uhr nachmittags Schluß zu machen. Um diese Zeit war es in England noch hell. Anders als in Indonesien, wo die Dämmerung das ganze Jahr über etwa um sechs Uhr hereinbricht, war es tatsächlich auch noch viel später hell. Warum sollten sie dann ihr Werkzeug ruhen lassen?

Daß sie sonntags frei hatten, konnten sie verstehen. Das ermöglichte einem, in die Kirche zu gehen, wenn man Christ war – oder wie in England sich den Gottesdienst im Fernsehen anzuschauen, was noch besser war. Aber an Samstagen nicht zu arbeiten, fanden sie absurd. Selbstverständlich standen sie auf, sobald es hell wurde, und erwarteten, alle Menschen bei der Arbeit zu finden, wie das zu Hause üblich war.

Die Reisscheune wuchs erst Stück um Stück und dann in großen Sprüngen, als die vorbereiteten Teile zusammengefügt wurden. Karre erwies sich als eine unermüdliche Schnitzmaschine; er produzierte die Platten mit geometrischen Formen am laufenden Meter. Zu seinem Ärger konnte indes nur Nenek die wirklich komplizierten, nicht-geometrischen Muster aus sanft geschwungenen Kurven anfertigen, mit denen die Hauptbalken verziert waren. Nenek vergrößerte Karres Unbehagen noch dadurch, daß er unaufhörlich Arekanuß kaute, wohl wissend, daß Karre als Raucher in der Galerie aufs Rauchen verzichten mußte. Hinzu kam, daß die Besucher Nenek viel sympathischer fanden als Karre. Da er weniger Wert auf rasches Arbeiten legte, hatte er immer Zeit für ein Lächeln oder war bereit, Johannis zum Dolmetschen zu rufen und sich mit den Leuten zu unterhalten. Auch Johannis machte das unverkennbar Spaß; er genoß es, die Besucher mit seinem Englisch zu verblüffen und jungen Damen zu zeigen, wie man das Holz bemalte.

Wenn sie abends nach Hause kamen, badeten die Holzschnitzer, aßen, schwatzten und sahen fern. Ein Glas Bier – in

Baruppu' eine Kostbarkeit – schätzten sie sehr. Nenek nahm täglich einen Löffel von der »Arznei«, die ihm so gut schmeckte. Er hatte im Nu alle Museumswärter davon überzeugt, daß »Arznei« ein passendes Geschenk für ihn war, und legte sich allmählich einen Vorrat davon an.

Aber nicht lange, so machten sie sich wieder ans Schnitzen. Nenek stellte draußen im Garten einen kleinen Bambustisch auf. Wenn das Wetter es erlaubte, schnitzte er draußen. Mit dem festgebundenen Regenschirm, der als Sonnenschutz diente, erinnerte die Szene merkwürdig an Robinson Crusoe. Johannis hatte sich abfällig über den Garten geäußert.

»Sie sollten alle Blumen in geraden Reihen pflanzen, sonst sieht es aus wie ein Urwald.«

Nenek war anderer Ansicht. »Das ist ein guter Garten. Ich habe ein bißchen Kaffee gepflanzt. Ich bin sicher, er gedeiht hier.«

Er wechselte das Thema. »Wieviel kostet ein Haus wie das hier?« Ich sagte es ihm.

»Das kann doch wohl nicht wahr sein?« Wir prüften die Rechnung noch einmal nach. Es stimmte.

Nenek starrte mich entgeistert an. »Haben Sie *soviel* Geld?« Ich erklärte ihm die Sache mit den Hypotheken und den Zinszahlungen über fünfunddreißig Jahre. Er lachte. »Und da kommen die Holländer und wollen uns erzählen, wir seien verrückt, all unser Geld für Büffel zum Schlachten auszugeben. Sie machen es genauso mit Ihren Häusern. Häuser sind wichtig für uns, aber *soviel* würden wir nie ausgeben. Bringen Sie mir das Holz, und ich baue Ihnen eines für viel weniger.«

»Es ist hier anders, Nenek«, erklärte ihm Johannis mit seiner Weltkenntnis. »Hier muß man keine Schulgebühren zahlen.« Damit war er wieder bei seiner fixen Idee angelangt.

Nenek deutete auf einen Mann, der drei Türen weiter an seinem Haus baute.

»Wer ist der Mann?«

»Das weiß ich nicht, Nenek. Er lebt halt da.«

»Sie kennen nicht seinen Namen?«

»Nein.«

»Er gehört nicht zu Ihrer Familie?«

»Nein.«

Er legte sein Messer hin und sah mich schweigend und tief beeindruckt an.

»Wirklich, Sie müssen sehr stark sein, daß Sie so allein leben können.«

Die übrigen siedelten sich in der Küche an, wo sie schnitzten, malten, die Messer schärften. Wir kochten Reis in einer Werkstatt.

Vieles, was wir als Abfall betrachtet hätten, wußten sie noch zu verwenden. Aus Plastikleitungen, die der Klempner zurückgelassen hatte, machten sie neue Griffe für ihre Messer. Alte Schieferplatten vom Dach hatten sie im Nu in ausgezeichnete Schleifsteine verwandelt. Nenek fand irgendwo in einem Bauschuttcontainer eine alte Sektflasche und benutzte sie zum Zerstampfen des Tons für die Erdfarben; in seiner Hand wurde sie zum Sinnbild der Verschwendung in unserer Kultur. Die Kunststoff-Eßtabletts aus dem Flugzeug waren selbstverständlich viel zu wertvoll, um sie wegzuwerfen, deshalb hatte er sie heimlich beiseite geschafft. Jetzt wurden sie zur Aufbewahrung von Farbe verwendet.

Kinder liebte er sehr. Oft schnitzte er kleine Holztafeln mit Büffelköpfen und schenkte sie den Kinder, die kamen, um ihm zuzusehen. Häufig waren Eltern und Lehrer von dieser unerwarteten Geste so gerührt, daß sie mit Tränen in den Augen Abschied nahmen. Ihrem Ruf als leibhaftige Tränendrüsen blieben die Toraja treu.

Die Probleme mit den indonesischen »Schmetterlingen« waren auch nach Surabaya und Ujung Pandang noch nicht zu Ende. Das beliebteste Fabrikat einer mit Druck betriebenen Öllampe heißt in Indonesien ebenfalls »Schmetterling«. In einen Eisenwarenladen zu gehen und das chinesische Mädchen hinter dem Ladentisch nach einem »Schmetterling« zu fragen, setzt einen allerdings nicht der Gefahr von Mißverständnissen aus. Sie fragt einfach nur: »*Asli atau biasa?*« »Wollen Sie eine echte oder die übliche Sorte?« Auf diese Frage ist man nicht gefaßt. Das Urheberrecht steckt in Indonesien noch in den Kinderschuhen. Bei den meisten Dingen ist es üblich, daß sie kopiert werden, auch geschützte Handelsmarken. Die Nachahmungen sind häufig genauso gut wie die Originale; man kann aber davon ausgehen, daß sie billiger sind.

Die Frage der Verkäuferin ließ sich auch auf die Reisscheune übertragen, an der die Holzschnitzer arbeiteten. In ihrem Heimatdorf Baruppu' haben Reisscheunen normalerweise kein Bambusdach. Die Dächer bestehen aus Holzziegln oder aus der inneren Borke einer bestimmten Palme, einem Material, das an eine wattierte Schreibunterlage erinnert. Fragt man, warum das so ist, erklären einem die Leute in Baruppu', ein furchtbares Feuer habe vor etwa dreißig Jahren allen Bambus, der sich für Dächer eigne, zerstört. Wollte man Bambusziegel verwenden, müßte man sie für teures Geld aus dem Tal heraufbringen. Nur ein reicher Mann könne auf eine solche Idee kommen. Verweist man auf die herrlichen Bambusgehölze rings um das Dorf, die Johannis' Vetter zum Verhängnis wurden, dann sagen sie, genau wüßten sie es zwar nicht, aber aller Wahrscheinlichkeit nach eigne sich dieser Bambus nicht für Dächer. Da Bambusdächer eine Haltbarkeit von bis zu fünfzig Jahren haben, und das Feuer dreißig Jahre zurückliegt, scheint an der Rechnung irgendetwas nicht ganz zu stimmen. Tatsache ist offenbar, daß zwar jeder weiß, daß eine Reisscheune – eigentlich – ein Bambusdach haben muß, daß aber niemand das Geld dafür ausgeben kann oder will.

Als es um die Reisscheune für das Museum ging, rief schon die bloße Vorstellung einer solchen *Museums-Scheune* mit einem anderen Dach als aus Bambus bei den Toraja blankes Entsetzen hervor. Das wäre, erklärten sie lachend, roh, unfein. Sie müßten sich dann schämen. Wenn Leute aus Indonesien kämen, würden sie sich lächerlich machen. Die Scheune im Museum mußte also ein schönes Bambusdach bekommen, eines von der Art, wie es ihnen von Kindesbeinen an vertraut war, wie es aber nur selten gebaut wurde. Ob es dadurch an Echtheit gewann oder verlor, ließ sich nicht mit Gewißheit sagen. Aber offenbar war das der Grund, warum man Karre mitgenommen hatte. Er war der einzige Mann in Baruppu', der schon einmal ein Bambusdach gebaut hatte. Seine Schätzungen der Bauzeit und des erforderlichen Materials ließen allerdings deutlich werden, daß es ihm an Erfahrung fehlte. Am einen Tag verkündete er, der Dachbau werde zwei Monate brauchen, nur die Hälfte des nötigen Materials sei vorhanden. Am nächsten Tag waren es nur drei Wochen; es würde reichlich Bambus übrigbleiben. An wirklich finsteren Tagen führten sie endlose Diskussionen über das Dach und kamen dann in mein Büro marschiert, um das Foto einer Reisscheune zu betrachten und es düsteren Blickes hin und her zu wenden. Das Ganze zerrte an meinen Nerven, weil es absolut ausgeschlossen war, zu so vorgerückter Zeit noch weiteren Bambus in England zu beschaffen.

Während die Öffentlichkeit das Schauspiel des Scheunenbaues genoß, bot sich mir die Gelegenheit, den Entstehungsprozeß festzuhalten und Informationen zu sammeln, die vor Ort sehr schwer zu erlangen gewesen wären. Es wurde zunehmend deutlicher, welch große kulturelle Bedeutung der Reisscheune zukommt.

Ihrer Form nach gleicht sie einem torajanischen Wohnhaus, nur daß sie normalerweise mit der Vorderdseite nach Süden statt noch Norden weist. Sie ist viel mehr als ein Lebensmittelspeicher; sie ist ebenso wichtig für die Geister, die über die Fruchtbarkeit des Reises wachen.

In der Ethnologie stellen die Toraja das Paradebeispiel für eine Klassifikationsform dar, die als »komplementäre binäre Opposition« bezeichnet wird. Hinter diesem komplizierten Namen verbirgt sich ein höchst einfaches Prinzip. Die gesamte Welt wird in Gegensatzpaare wie zum Beispiel hell/dunkel, rechts/links, männlich/weiblich, Leben/Tod zerlegt, die dann mit einem entsprechenden Verhalten einhergehen. Theoretisch ist es demnach möglich, die wesentlichen Elemente jedes torajanischen Rituals nach Maßgabe dieses Oppositionsverhältnisses herunterzubeten. Ein dem

Leben zugeordnetes Fest findet morgens statt, die Teilnehmer blicken nach Osten, tragen helle Kleidung und so weiter. Ein dem Tod zugehöriges Fest findet nachmittags statt, die Teilnehmer blicken nach Westen, tragen Schwarz und so weiter. Solche Einteilungen kann man in den geringfügigsten und scheinbar willkürlichsten Handlungen am Werk sehen – als eine verborgene Struktur, die dem scheinbaren Chaos einer fremden Kultur zugrunde liegt. Leider funktioniert das Schema nie so ganz.

Die Reisscheune, wie gesagt, gleicht einem Haus, nur daß alle Richtungen umgekehrt sind. Das wird besonders deutlich, wenn Ehrengäste aufgefordert werden, auf der Plattform der Scheune Platz zu nehmen. Sie sitzen dann nicht auf der nordöstlichen, normalerweise glückbringenden Seite, sondern auf der südwestlichen, die gewöhnlich mit dem Tod in Verbindung gebracht wird. Auf diese Weise erscheint das normale Raumschema in der Reisscheune seitenverkehrt. Das mag einem merkwürdig vorkommen, läßt sich aber als Teil eines umfassenderen Phänomens der Umkehrung und Vermittlung verstehen. So zeichnen sich Vermittler – Dinge, die weder der einen noch der anderen Klasse eindeutig zuzuordnen sind – häufig durch Umkehrprozesse aus. Das typische Beispiel dafür in unserer eigenen Kultur ist der Punkt, wo das alte mit dem neuen Jahr verbunden ist. Bei Neujahrsfestlichkeiten bedienen die Offiziere die Gemeinen, und in Kleidung und Verhalten wird in allen möglichen Varianten verkehrte Welt gespielt.

Bei den Festen der Toraja sind die Rituale, die sich auf Osten und Westen, auf Leben und Tod beziehen, rigoros getrennt und einander entgegengesetzt. Der einzige Punkt, wo sie sich treffen – vermittelt werden –, ist die Reisscheune. Hier wird die Saat für die Ernte des nächsten Jahres gespeichert. Hier wurden auch, als die Toraja noch Kopfjäger waren, die menschlichen Schädel aufbewahrt, um die allgemeine Fruchtbarkeit zu erhöhen und das Wohl aller zu fördern; hier ist also der Ort, wo Leben und Tod sich berühren und das eine ins andere übergeht.

In vielen Gegenden markiert der Augenblick, wo der Leichnam auf die Plattform der Reisscheune gelegt wird, den offiziellen Eintritt des Todes. Bis dahin sagt man von dem (für uns) Verstorbenen, er habe »Kopfschmerzen«. In Baruppu' folgt man einem anderen Brauch, der eine subtile Weiterentwicklung darstellt. Das Wort für Reisscheune ist *alang*. Die Bahre, auf der die Leiche zum Grab transportiert wird, ist in der Form einer Reisscheune, allerdings aus billigem Material – aus Pappe und Sperrholz –, gefertigt. Sie wird als *alang-alang* bezeichnet. Die Reisscheune ist hier als Vorrichtung gefaßt, mittels derer die Leute aus einer rituellen Position in eine andere überführt werden. Dem entspricht die Umkehrung der Richtungen.

Und doch wirkt diese Erklärung unzureichend. Während seiner Arbeit im Museum lieferte mir Nenek eine Menge Informationen über Feste und Reisscheunen, aber obwohl die dabei genannten Himmelsrichtungen immer für »korrekt« befunden wurden, wechselten die Begründungen dafür interessanterweise ständig. Warum saßen Ehrengäste in der unheilträchtigen Südwestecke der Scheune? Weil die Scheune nach Süden blickte, statt nach Norden, und weil also die Himmelsrichtungen vertauscht waren. War das auch der Grund, warum ein Priester des Lebens auf der Westseite saß? Nein, er saß dort, damit er nach Osten, in die glückverheißende Richtung, blickte. Je mehr ich mich bemühte, die abstrakten Klassifizierungen mit dem Tun der Leute in Einklang zu bringen, um so deutlicher wurde mir, wie narrensicher das System war. Es ließ sich immer ein Grund finden, um das zu rechtfertigen, was die Leute faktisch taten, selbst wenn dieser Grund im Widerspruch zu früheren Begründungen stand. Die Klassifizierungen waren also keineswegs die ehernen Gesetze, als die sie dem Außenstehenden erschienen. Sie waren bloß dazu da, sich ehrfürchtig vor ihnen zu verneigen.

Die Schnitzereien an einer Scheune sind die gleichen wie am Wohnhaus. Jedes Motiv hat einen Namen, und welchen Platz es an der Scheune einnimmt, unterliegt Regeln. Das Motiv des Hahns zum Beispiel, der auf einem Sonnenrad steht, gehört hoch droben unter den Dachvorsprung. Es bringt viele verschiedene Bedeutungen unter einen Hut, und das gilt auch von den übrigen

Motiven. Über die Muster der torajanischen Schnitzereien sind ganze Bücher geschrieben worden.

Während der Bauarbeiten tauchte noch ein weiterer Aspekt auf. Ich war auf die Scheune geklettert, um ein paar Fotos von der Technik zu machen, mittels derer die Ziegel befestigt werden. Ich wechselte Scherzworte mit den Schnitzern, als plötzlich drunten Nenek in ein Wutgebrüll ausbrach.

»Hört auf damit!« schrie er. »Auf einer Reisscheune darf man keine Witze machen.« Was mochte er meinen? »Das Haus ist die Mutter«, erklärte er, »die Reisscheune ist der Vater.« Wieder ein binärer Gegensatz. »Wenn man ein Haus baut, kann man schwätzen und herumalbern; das macht nichts. Aber eine Reisscheune ist etwas Männliches. Sie ist ernsthaft. Mäuse sind verspielte Tiere. Wenn man Witzchen macht, während man an einer Reisscheune baut, fallen sie dort ein und fressen den Reis auf.«

Die torajanische Religion macht reichlich Gebrauch von Schlachttieren. Nenek wollte unbedingt, daß der Bau der Scheune mit einer ordentlichen Zeremonie abgeschlossen wurde. In Toraja hätte das bedeutet, daß ein Schwein geschlachtet wurde und Nenek einen Segen sprach. Es gab jede Menge Gründe – rechtliche, moralische, hygienische –, warum so etwas in einem öffentlichen Museum schlecht zu organisieren war. Nenek zeigte Verständnis dafür, war aber voll Bedauern.

»Es ist nicht richtig. Es ist nicht« – er hatte im ethnographischen Museum gelernt, welche Macht das Wort besaß – »traditionell«.

Wir erwogen die Möglichkeit, eine Schweinehälfte zu kaufen. Nenek wollte davon nichts wissen.

»Eine Reisscheune«, erklärte er dramatisch, »braucht Blut.« Es sollte sich welches finden.

Ich war oben auf dem Dach und unterhielt mich mit den Zimmerleuten – Witze wurden keine gemacht.

»Geben Sie mir die Machete«, sagte Tanduk, »die in dem Bambusbalken dort steckt.«

Ich streckte die Hand aus und umklammerte den Bambus, ohne zu bemerken, daß die Klinge auf der anderen Seite herausragte. Die Toraja sorgen dafür, daß ihre Schneidewerkzeuge immer rasiermesserscharf geschliffen sind. Tatsächlich pflegten sich Holzschnitzer mit ihren Schnitzmessern zu rasieren. Die Machete schnitt glatt in einen Finger ein und durchtrennte die Ader. Ein Blutstrahl spritzte heraus und schoß über den Scheitel des Daches. Während ich auf der Suche nach Verbandszeug davonsauste, hörte ich eine leise, leicht triumphierende Stimme hinter mir rufen: »Das Schwein brauchen wir jetzt nicht mehr zu schlachten.«

Nenek war von allen Holzschnitzern der mit Abstand unternehmungslustigste. Die Indonesier halten eine probate Antwort bereit, wenn man sie fragt, warum sie lebenslange Gewohnheiten plötzlich ablegen und etwas völlig Neues anfangen. Sie machen dann geltend, ihre Absicht sei *cari pengalaman,* »Erfahrung zu suchen«, was als eindeutig positiv gilt. Nenek war besessen von diesem Entdeckungsdrang. Wenn es irgendwo ein hohes Gebäude oder einen Berg zu besteigen gab, Nenek mußte hinauf. Gab es etwas Neues zu essen oder zu trinken, Nenek war der erste, es zu probieren.

»Er ist zu alt. Lassen Sie ihn zu Hause«, meinte Johannis mit der Herzlosigkeit der Jugend. Aber Nenek blieb nicht zu Hause. Jeden Morgen, wenn ich verschlafen die Treppe herunterkroch, saß er schon in der Küche und schnitzte zufrieden, bis ich ihm eine Tasse Tee gemacht hatte. (Erst später erfuhr ich, daß es einem torajanischen Priester verboten ist, Kaffee zu trinken.) Am zweiten Morgen überraschte er mich. »Mercowe«, sagte er. Ich verstand ihn nicht. Es klang wie ein Seeungeheuer aus dem *Beowulf*. Es mußte ein Torajawort sein. Ich würde Johannis fragen müssen.

»Mercowe«, wiederholte er und sah mich an.

»Ich verstehe nicht, Nenek.« Er packte mich bei der Hand und führte mich zur Haustür. Die Fußmatte mit dem Gruß *welcome* lag auf dem Gesicht und verkehrt herum. Da stand mercowe. Er hatte angefangen, Englisch zu lernen.

Er sah sich mit Begeisterung fremde Tiere an. Dazu gehörten auch viele indonesische Tiere, die er noch nie gesehen hatte. Der größte Erfolg war zweifellos der Zoo. Beim Anblick der Orang Utans vollführten die Toraja Luftsprünge vor Begeisterung. Die Schlangen stießen sie ordnungsgemäß ab und riefen bei ihnen die Gänsehaut hervor, die uns der Horrorfilm macht. Ein freches Kind jagte Nenek im Reptilienhaus mit einer Gummischlange einen Heidenschreck ein. Darüber, daß er sich ins Bockshorn hatte jagen lassen, mußte er noch tagelang lachen. »Ich mag es, wenn den Leuten Streiche gespielt werden.« Nenek war von den Gorillas begeistert. »Wah! Sind Sie sicher, daß er uns nicht erreichen kann?« Die Giraffe fand er so seltsam, daß er sich anfangs weigerte, sie als natürliches Wesen zu akzeptieren. »Ist sie so zur Welt gekommen? Frißt sie Menschen?« Wie üblich waren die Tiere, die das meiste Interesse erregten, nicht die, von denen ich es erwartet hätte. Büffel und Bison fanden trotz der zentralen Bedeutung, die sie für das Leben der Toraja haben, kaum Beachtung. Weit interessanter waren Pferde – ein europäisches Pferd ist zwei oder drei Mal so groß wie ein torajanisches – und vor allem Hunde.

Die Toraja stehen Hunden relativ freundlich gegenüber. Sie essen sie, hätscheln sie aber auch und unterhalten sich mit ihnen. Die Hunde bei den Toraja gehören meist zu der kleinwüchsigen, spitzohrigen Sorte, die in ganz Südostasien die Norm ist. Aber durch den Einfluß der Holländer sind absurd flauschige Exemplare dazugekommen, die sehr bewundert werden. Meine Gäste waren überrascht von der schieren Vielzahl von Hunderassen in England und von der Freiheit, mit der sich die Hunde im Haus bewegen durften. Ein besonderes Erlebnis war ihre Begegnung mit einer Dänischen Dogge. »Ist das ein *Hund?*« Tatsächlich war das Tier fast so groß wie ein torajanisches Pferd. Anfangs hatten sie große Angst, aber die Gutartigkeit des Tiers nahm sie rasch für es ein. Nach fünf Minuten streichelte Nenek es bereits – aber auf eine Weise, daß man den Eindruck gewann, er sinne darüber nach, wie es sich am besten zerlegen lasse.

Aber auch das war es nicht, was sie am meisten beeindruckte. Eines Tages kamen sie in ausgelassenster Stimmung nach Hause.

»Der Park«, sagten sie, »ist voller Irrer.« Ach du meine Güte. »Was haben die denn gemacht?«

Gekicher. »Sie gingen herum ... mit Hunden ... die an Schnüren festgemacht waren.« Erneut kringelten sie sich vor Lachen.

»Aber ihr macht dasselbe mit Büffeln. Ihr führt sie zum Baden. Ich habe gesehen, wie Leute ihnen die Hufe ölten und die Wimpern bürsteten.«

Stimmt schon, räumten sie mürrisch ein. Aber das war etwas anderes. Mit einem Hund so etwas zu machen, das war, als machte man es mit einer Maus. Verrückt!

Im zweiten Monat ihres Aufenthalts besserte sich das Wetter soweit, daß sie Gelegenheit erhielten, einige Sehenswürdigkeiten der Stadt zu besichtigen. Alte Steingebäude ließen sie kalt. Nicht einmal die Christen unter ihnen ließen sich von dem hohen Alter beeindrucken, das Westminster Abbey und anderen Kirchen zugeschrieben wurde. Den Londoner Tower und Greenwich fanden sie einfach öde. Das erfolgreichste aller Monumente war Tower Bridge. Ich fragte Johannis nach dem Grund. »Es ist auf Kalendern in Indonesien abgebildet«, erklärte er. Als zweiter gingen überraschenderweise das Auswärtige Amt und Commonwealth-Ministerium durchs Ziel. Während ich sie auf einer nicht sehr zielstrebigen Route durchs Londoner Zentrum führte, bemerkten sie zufällig die Schnitzereien um den Eingang zum Ministerium. Es war ein sehr einfaches geometrisches Muster, das aber große Ähnlichkeit mit dem Muster hatte, das an torajanischen Gebäuden als Lückenfüller diente. Wie war es hierhergekommen? Hatte man es bei den Toraja gestohlen? Es fehlte nicht viel und sie wären hochgestürmt, um den Minister augenblicklich zur Rede zu stellen.

Wir machten einen Tagesausflug nach Oxford, das sich dem Besucher wie stets sehr unfreundlich und abweisend präsentierte. Die meisten Sehenswürdigkeiten waren absolut unzugänglich. Wie üblich, erwies es sich als außerordentlich schwierig, Einlaß in ein Pub zu finden, um dem Regen zu entrinnen; das gesamte gastronomische Gewerbe war hoch erstaunt, daß es

Leute gab, die am hellichten Sonntag etwas essen wollten. Ein Ereignis allerdings rettete den Tag. Meine Begleiter waren es nicht gewohnt, ihrer Blase Zwang anzutun. In Toraja konnten sie schließlich pinkeln, wo sie wollten. Unterwegs im Auto jagte eine Vollbremsung die nächste. Auf dem Rückweg fand einer dieser Nothalte zufällig bei meiner alten Schule statt, an deren Rückseite sie sich erleichterten. Ich war fasziniert von der Überlegung, wie viele Zufälle und unwahrscheinliche Ereignisse hatten eintreten müssen, damit ich auf diese Weise mit einer Gruppe Stammesangehöriger aus den indonesischen Bergen zu meiner alten Schule zurückkehren konnte.

Wenn sie etwas sahen, das ihnen Eindruck machte, photographierten sie das Objekt nicht einfach, sondern stellten sich wie japanische Touristen zu einem Gruppenfoto davor auf, so daß sie es fast völlig verdeckten. Auf jedem Foto sieht man sie mit törichtem Lächeln zusammengedrängt vor Sehenswürdigkeiten stehen. Sogar Nenek und Karre lächelten brüderlich in die Kamera, bis die Aufnahme gemacht war und sie sich wieder angiften konnten.

»Es ist wie ein Gruppenfoto von Katze und Maus«, sagte Johannis entzückt.

Nach etwa zwei Monaten nahm die Reisscheune ein überzeugenderes Aussehen an. Die Holzschnitzer hatten sie so gestreckt, daß sie genau in die Galerie paßte, was meine Sorge vergrößerte, möglicherweise weiteres Baumaterial beschaffen zu müssen. In dem Maß, wie das Dach Fortschritte machte, verwandelte sich der Bau in ein luftiges Schauspiel. Ein großes Holzgerüst war rund um die Scheune errichtet worden, und darauf schaukelten und balancierten sie, während sie die Ziegel auf Rotangstreifen Schicht um Schicht befestigten. Die charakteristische Kurve des Daches wurde dadurch erreicht, daß zwischen dem Firstbalken und einem Hauptbalken im Fußboden ein starkes Seil gespannt und so lange mittels eines durchgesteckten Stockes gezwirbelt wurde, bis die Zugkraft groß genug für die gewünschte Form war.

Johannis, der eigentlich primär als Verbindungsmann mitgekommen war, beteiligte sich mehr und mehr an der Bautätigkeit. Er stammte zwar aus einer Holzschnitzerfamilie, hatte aber diese Fertigkeiten nie ausgeübt, sondern sich für den modernen Karriereweg entschieden, der über die Schule und die Universität führte. Seine Haltung gegenüber Nenek war deshalb ambivalent. Johannis schämte sich Neneks, weil dieser ihn an seine eigene bäuerliche Herkunft erinnerte. Aber zugleich wurde er rasch gewahr, daß Nenek in England im Zweifelsfall mehr Achtung entgegengebracht wurde als zu Hause in Toraja. Er war erstaunt darüber, wieviel Interesse und Bewunderung Neneks Fertigkeiten als Schnitzer erregten und welche Anziehungskraft offenbar von seiner Persönlichkeit ausging. Abends sah man, wie er und Nenek sich des öfteren im Flüsterton unterhielten. Grinsend vor Verlegenheit nahm er eines Tages ein Stück Holz in die Hand und fing an zu schnitzen. Die anderen jüngeren Männer fingen sofort an, höhnisch zu johlen, aber Johannis lächelte und machte ruhig weiter. Seine natürliche Begabung wurde rasch sichtbar. Das Ergebnis seines Versuchs war eine mehr als gekonnte Wiedergabe eines traditionellen Motivs. Er warf sich in die Brust und verkaufte das Stück prompt an das indonesische Restaurant, wo er das Mittagessen zu holen pflegte. Danach ging es steil bergauf mit ihm. Ein geometrisches Muster herzustellen war für ihn ein Klacks. Er begann neue zu erfinden. »Das hier ist ein traditionelles Muster, aber aus diesen Linien habe ich Transistoren gemacht, wie in den elektronischen Schaltplänen meines Bruders.« Innerhalb weniger Tage wurde aus dem Gehilfen, der nur die Schnitzereien anderer bemalte, ein Schnitzer, der eigenverantwortlich an der Scheune arbeitete. Abends wurde es in der Küche noch enger. Ins Haus hatte ein weiterer Schnitzer Einzug gehalten.

Wenn sie nicht beim Schnitzen waren, sahen sie zwanghaft fern und gingen Johannis mit Verständnisfragen auf die Nerven, bis er es nicht mehr aushielt. Kriegerisches war außerordentlich beliebt, gefolgt von der Sexualität. Bei Liebesszenen mußte es nicht sehr freizügig zugehen, damit sie es höchst pornographisch fanden, da die indonesische Zensur in diesen Dingen sehr streng ist. Wenn man sie mißbilligende Geräusche machen hörte, war das ein sicheres Zeichen dafür, daß ihnen ein Programm gefiel. Am meisten mochten sie natürlich die Werbung, die aus dem indonesischen Fernsehen mittlerweile verbannt ist. Im Badezimmer hörte ich sie die Erkennungsmelodien summen, vermengt mit den patriotischen Liedchen, die in ihrem Heimatland eine prominente Rolle spielen. Manchmal unterlegten sie patriotische Sprüche mit den Melodien der Kaugummi- oder Toilettenpapierreklame.

Ihre Bewertungskriterien hatten es allerdings in sich. Ihr Urteil über das Bildungsprogramm lautete »nicht genug Handlung, zu wenig Frauen und kein Mord«. Nur Nenek schien sich für Programme mit intellektuellem Anspruch zu erwärmen. Er sah sich mit offensichtlichem Vergnügen einen ganzen Kurs über Quantenphysik an und genoß eine Sendung über das Leben von Ernest Hemingway, die er mit der Bemerkung abstellte: »Es ist gut, Menschen zu sehen, die so alt sind wie ich.«

Die Nachtseiten des Londoner Lebens entdeckte Johannis wohl auf seinen Gängen zu dem in Soho gelegenen indonesischen Restaurant. Sein Wissen mußte er an Karre weitergegeben haben, denn dieser fing an, sich danach zu erkundigen, wozu »Hontessen« (ihre Version von »Hostessen«) gut seien. Als er indes hörte, mit welchen Preisen er rechnen mußte, war er entsetzt.

»Dafür könnte ich mir einen Büffel kaufen – sogar einen ziemlich schönen.«

Damals wurde in zahlreichen, wenn auch kurzen, Werbespots Aidsaufklärung im Fernsehen betrieben, mit dem Ergebnis, daß einer der Schnitzer die Überzeugung gewann, sich mit der Krankheit auf geheimnisvolle Weise angesteckt zu haben. Gott sei Dank war es bloß Schorf.

Alle Eltern kennen dieses plötzliche Gefühl, daß es im Haus verdächtig still ist. Die Kinder müssen etwas treiben – irgendeinen Unfug. Daß ich eines Abends genau diese Empfindung hatte, zeigt, wie sehr ich unbewußt in die elterliche Rolle geschlüpft war. Ich pirschte in den Hausflur. Vom Wohnzimmer hörte man mißbilligendes Schnalzen und unterdrücktes Gekicher. Mit dem Einfallsreichtum, für den die Toraja eigentlich in aller Welt berühmt sein müßten, hatten sie einen Handel mit dem Kellner des indonesischen Restaurants abgeschlossen – Schnitzereien gegen Videos, Kunst gegen Porno.

Die Beziehungen zwischen Nenek und Karre blieben auch weiterhin frostig. Tanduk versuchte manchmal, mäßigend zu wirken, manchmal unterstützte er Karre. Johannis gewann meine Achtung nicht zuletzt durch die Art und Weise, wie er den Konflikt dämpfte. Den Stil ihrer Auseinandersetzungen paßten sie rasch den Gegebenheiten eines englischen Hauses an. Karre entdeckte als erster das dramatische Potential, das in Treppen steckte. Sie waren ideal für einen wutentbrannten Abgang nach oben und eine letzte über die Schulter geworfene Beleidigung. Nenek dagegen entdeckte das Türeschlagen. Die torajanischen Türen sind klein und haben normalerweise keinen Knauf, der einem erlaubt, sie zuzuknallen, ohne sich die Finger einzuklemmen. Leider waren mehrere Türen in meinem Haus fürs Türeschlagen nicht ideal, weil der Teppich bremste. Die einzige gute Tür zum Knallen war die Badezimmertür; aber dann mußte man schmollend dort sitzen, bis einen die Langeweile heraustrieb.

Wenn Johannis auch in den internen torajanischen Angelegenheiten einen mäßigenden Einfluß ausübte, machte es ihm doch Spaß, mich auf die Schippe zu nehmen. Er ließ durchsikkern, Karre habe sich einmal in Schwierigkeiten gebracht, weil er gegen einen anderen Mann im Dorf gewalttätig geworden sei.

»Aber dabei«, sagte er mit Unschuldsmiene, »ging es um Büffel und Frauen. So etwas kann jedem passieren.«

Karre startete einen neuen Angriff, indem er Nenek seine Domäne streitig machte. Er fing an, für die Muster, die er schnitzte, Erklärungen und Interpretationen zu liefern. Während Nenek die »Erklärung« in den Namen der Motive und darin suchte, daß sie Darstellungen abstrakter Begriffe wie »Reichtum« oder »Glück« seien, berief sich Karre auf Sprichwörter. Zur

Bestimmung des Motivs zum Beispiel, das herkömmlicherweise als »Kaulquappen« interpretiert wird, verkündete er in Neneks Anwesenheit: »Wir bringen das hier an der Scheune an, um zu zeigen, daß viele zusammenleben und sich gegenseitig achten sollen wie Kaulquappen in einem Reisfeld. Niemand strebt danach, der Oberste zu sein.«

Auch der Interpretation der Hähne oben im Giebel gab er eine Zuspitzung: »Wir bringen sie da an, um zu zeigen, daß die Menschen sich *nicht* benehmen sollten wie – Tiere, die sich über andere erheben.«

Auf seine Weise machte Karre deutlich, daß die Motive der torajanischen Tradition neuen moralischen Anforderungen angepaßt werden können. Wie die scheinbar strikten binären Oppositionen des torajanischen Klassifizierungssystems sind auch sie in ihrer Verwendung unendlich flexibel.

Wie sich erwies, war genug Baumaterial für das Dach der Reisscheune vorhanden. Der Bau wurde planmäßig fertig, und wir konnten den Abschluß mit einer förmlichen Feier begehen, bei der Nenek zum maßlosen Zorn von Karre einen Segen sprach; Schweine wurden allerdings nicht geschlachtet.

Die Beziehungen zwischen den beiden hatten sich noch weiter verschlechtert, als Nenek beim Abschluß der Arbeiten in großen Buchstaben seinen Namen in die Tür schnitzte. Karre stand daraufhin extra früh auf und machte den Namen unleserlich. Nenek war die Ruhe selbst.

»Er ist ein Mann ohne Kultur«, erklärte er hochfahrend; wie ich vermute, war er zufrieden, daß er sich durch die Aktion seines früheren Schülers in der Einschätzung, die er von ihm hatte, bestätigt sah. Er nahm mich zur Seite.

»Warten Sie, bis wir nach Hause gefahren sind, dann malen Sie meinen Namen wieder darauf.«

Nun kam der Augenblick, vor dem ich mich gefürchtet hatte – der Zahltag.

Der ursprüngliche Vertrag war in Büffeln abgeschlossen worden, aber es gibt einen anerkannten Kurs für die Umrechnung von Büffeln in Geld. Die jüngeren Schnitzer hatten sich für

Geld entschieden, und Nenek war ihnen darin gefolgt. Das überraschte mich. Das Problem beim Geld besteht darin, daß gierige Verwandte es an sich reißen und beliebig aufteilen können, wohingegen ein Büffel unteilbar ist. Die nächste Schwierigkeit war, ob jeder die gleiche Summe erhalten oder ob Nenek als Oberhaupt mehr bekommen sollte. Die jüngeren Schnitzer hatten verlangt, daß alle gleich viel kriegen sollten. Mitten in dem Vorgang sah ich mich plötzlich so, wie ich ihnen erscheinen mußte. Ich sah mich als kleinen alten Mann, am Ende eines Begräbnisses oben auf der Plattform. Er verteilte Fleisch, rief die Namen auf und warf den Aufgerufenen Stücke vom toten Büffel zu. Das ist der Moment, in dem die gesellschaftliche Stellung und Geltung der Leute öffentlich ausgerufen und auf Jahre hinaus festgelegt wird und in dem sie entsprechend leidenschaftlich und empfindlich reagieren – der Augenblick, in dem Ressentiments an die Oberfläche dringen und Streitigkeiten ausbrechen. Nenek kochte bereits vor Wut, er würde gleich aufspringen. Karre hatte die Arme trotzig verschränkt. Sogar der sanfte Tanduk sah finster drein. Nur Johannis bekundete durch sein Grinsen, das ihm das Unbehagen der anderen Spaß machte. Das war eindeutig eine Situation, wo sich ein Anfänger besser heraushielt. Es gab noch schwierige Augenblicke zu bestehen, ehe eine zufriedenstellende Lösung gefunden war, derzufolge alle die offenbar gleiche *Bezahlung* erhielten, während Nenek zusätzlich noch ein *Geschenk* bekam. Sogar noch wichtiger war dabei, daß die anderen zwar wußten, daß er eine Extrasumme bekommen hatte, nicht aber, wie hoch sie war.

»Was werden Sie mit diesem Geld machen, Nenek?«

Er zwinkerte mir zu. »Ich werde es sparen. Sparen fürs hohe Alter.«

Mit Menschen aus einer Kultur, die so verschieden von der unseren ist, eine Vereinbarung wie die geschilderte zu treffen, ist immer mit Problemen moralischer Art behaftet. Tatsächlich handelt es sich hier um eine geschlossene moralische Sphäre, aus der es von vornherein kein Entrinnen gibt.

Ethnographische Ausstellungen, bei denen Menschen gezeigt werden, sind nichts Neues. Im 19. Jahrhundert waren sie an der Tagesordnung. Als Hauptattraktion bot man bei einer dieser Ausstellungen den Besuchern die Gelegenheit, einem wilden Filipino beim Essen eines toten Hundes zuzuschauen.

Die Betroffenen hatten unter Umständen wenig oder keine Ahnung, was ihnen bevorstand, und wurden wie wilde Tiere in einem Zoo behandelt. Wenn die Ausstellung zu Ende war, wurden sie manchmal einfach rausgeworfen und konnten sehen, wo sie blieben.

Die Welt hat sich seitdem verändert, aber die Machtverhältnisse sind nach wie vor sehr unausgewogen. Wenn man Menschen in einer Welt, die sie nicht verstehen, bevormundet, entgeht man schwerlich dem Vorwurf des Paternalismus, und wenn man ihnen Spielraum läßt, zieht man sich ebenso sicher den Vorwurf zu, sie zu vernachlässigen. Sie wie Europäer zu behandeln ist kultureller Imperialismus; die Differenz zu betonen schmeckt nach Rassismus. Fordert man Angehörige einer anderen Kultur auf, sich »zu produzieren«, so würdigt man sie herab; bei unseren eigenen Künstlern ist davon keine Rede. Klar war jedenfalls, daß die Toraja sich nicht herabgewürdigt, sondern geehrt fühlten. Sie kostümierten sich nicht in Stammeskleidung, um Touristen etwas zu bieten. Soweit es sie als Holzschnitzer betraf, erfüllten sie einen von vielen Verträgen über den Bau einer Reisscheune. In ihre eigene Kultur kehrten sie mit gewachsenem Ansehen und vergrößertem Reichtum zurück. Johannis' Eltern hatten eine feste Haltung eingenommen.

»Wir würden ihn nicht gehen lassen, wenn wir Sie nicht kennen und Ihnen nicht vertrauen würden. Er möchte gehen. Ihm wird es gut tun.«

Es ist schön, eine Ausstellung organisieren zu können, die nicht einfach von der Dritten Welt nimmt, sondern eine vom Aussterben bedrohte Fertigkeit fördert. In gewisser Weise war der wichtigste Beitrag der Ausstellung, daß Johannis, ein durch und durch moderner Toraja, mit Holzschnitzen begann. Mit gemischten Gefühlen hörte ich ihm allerding zu, als er mir erklärte, er habe jetzt genug Geld, um die Universität zu besuchen und dort eine Abschlußarbeit zu schreiben. Nachdem er mich bei der Arbeit habe beobachten können, habe er beschlossen, die Arbeit über seinen Großvater zu schreiben. Er war auf dem besten Weg, jene Trennung zwischen traditioneller und moderner Lebensweise zu vollziehen, durch die erstere als »Brauchtum« abgestempelt wird – als ein Partyhut oder im vorliegenden Fall besser ein Doktorhut, den man beliebig auf- und absetzen kann.

Was hielten sie von uns? Darauf eine Antwort zu bekommen ist möglicherweise leichter, als man denkt. Die Toraja sind von erfrischender Direktheit. Zum Beispiel schenkte ich Johannis einmal ein Hemd, für das er mir dankte. Als ich ihn aber fragte, ob es ihm gefalle, antwortete er nein, es gefalle ihm nicht, um ganz ehrlich zu sein. Wo wir aus Höflichkeit ein bißchen lügen, da sagen die Toraja allem Anschein nach häufig die Wahrheit.

Als es Zeit war, nach Indonesien zurückzukehren, waren zwei von den vieren heimwehkrank und zwei nicht. Johannis sagte, es habe ihm hier gut gefallen, aber er freue sich darauf, nach Hause zurückzukommen. Tanduk sehnte sich furchtbar danach, heimzukommen und seine Felder zu bestellen. Er habe sieben Kinder, erklärte er, und deshalb wolle er nach Hause. Karre hingegen hatte acht, und die waren der Grund, warum er bleiben wollte. Gab es hier niemanden sonst, der eine Reisscheune wollte? Er werde sie mit Vergnügen bauen. Zu meiner Überraschung war Nenek am meisten erpicht darauf zu bleiben. »Das Essen ist gut hier. Die Leute in England sind netter. Warum sollte ich nach Hause wollen? Ich habe Kaffee in Ihrem Garten gepflanzt. Ich möchte ihn ernten.«

Ein Kritiker hat geäußert, die Leute hierher zu bringen und nett zu behandeln, sei ja schön und gut, aber wenn sie dann nach Hause zurückkämen, habe man sie nur unglücklicher gemacht. Wer dieses Argument ernst nimmt, darf nie auch nur den Versuch machen, nett zu jemandem zu sein. Nur eine einzige Begebenheit weckte Bedenken in mir, was die Wirkung des Unternehmens auf die Toraja betraf.

Die Ethnologie vernachlässigt in starkem Maß das Individuum zugunsten von Verallgemeinerungen. Verallgemeinerungen greifen im Dienste einer höheren Wahrheit immer ein bißchen zur Lüge. Ich aber war mir zunehmend bewußt, daß ich zwar vier Toraja hiergebracht hatte, sie aber als vier Einzelpersönlichkeiten wieder zurückschicken würde. Sie waren nicht mehr bloß Repräsentanten einer bestimmten Kultur, sondern wirkliche Menschen. Wie es indonesischer Brauch ist, kaufte ich ihnen vor der Abreise ein Geschenk, etwas, das sie an mich erinnerte. Bei den meisten wußte ich genau, was ich ihnen besorgen wollte. Es gab Sachen, die ihnen aufgefallen waren und die sie bewundert hatten. Bei Karre hingegen hatte ich Schwierigkeiten. Ob es nichts gebe, fragte ich, was er gern hätte, was aber vielleicht in Baruppu' schwer zu bekommen sei? Doch, das gebe es, sagte er. Jetzt, wo er das viele Geld habe, wünsche er sich ein festes Türschloß, weil die anderen vielleicht sein Geld stehlen wollten.

Flughäfen sind ein denkbar ungeeigneter Ort, um Abschied zu nehmen. Es war dafür gesorgt, daß torajanische Landsleute die Reisenden in Jakarta abholen und sich um sie kümmern würden, aber wie ich sie mit Schuhen an den Füßen und von Stapeln Gepäck umgeben vor mir sah, wirkten sie wie Flüchtlinge. Wie nicht anders zu erwarten, brachen sie alle in Tränen aus und schluchzten herzzerreißend. Ich dachte an damals, als die Toraja mich auf der windigen Hochebene in ihr menschliches Miteinander einbezogen und mir angeboten hatten, zusammen mit ihnen zu weinen, und ich schlug das Angebot auch diesmal nicht aus.

»Schreiben Sie mir einen Brief«, sagte Nenek, »Johannis kann ihn mir vorlesen.«

Vier von meinen Taschentüchern entschwanden mit ihnen durch die Sperre. Als ich sie gerade aus den Augen verlor, schrillten die Alarmglocken, und von allen Seiten stürzte Sicherheitspersonal herbei. Ich hatte sie daran erinnert, daß sie keine Messer und Schwerter in ihrem Handgepäck mitnehmen konnten. Daß sie die Waffen statt dessen in die Taschen gesteckt und sich um die Hüfte gebunden hatten, war mir entgangen.

Johannis sah verlegen aus und lachte, die anderen blickten sorgenvoll drein. Niemand ließ mich durch die Sperre. Ich war machtlos. Sie befanden sich bereits auf dem Rückweg in ihre eigene Welt. Überall waren Männer in Uniform und schweren Stiefeln eifrig damit beschäftig, den Kopf zu schütteln und sich das Kinn zu kratzen. Schließlich wurden die »Waffen« beschlagnahmt und die Toraja zum Flugzeug abgeführt. Johannis drehte sich zu einem Abschiedslachen um. Nenek war zu klein, um hinter der Sperre sichtbar zu sein, aber ich hörte, wie eine Stimme rief: »Vergessen Sie nicht, den Kaffee zu ernten.«

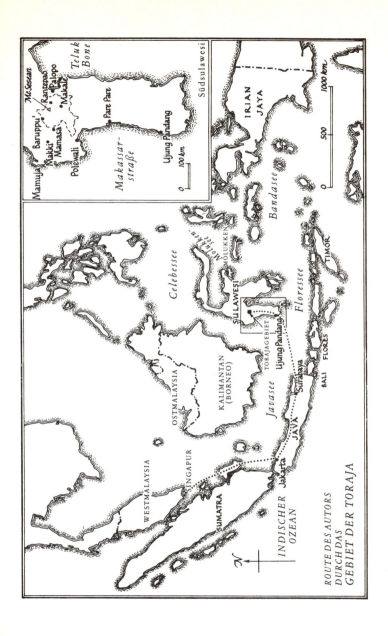

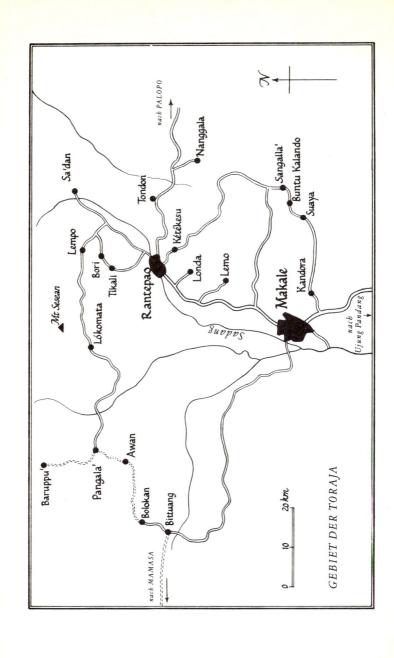

Nigel Barleys wunderbare Welt der Ethnologie

**Nigel Barley:
Tanz ums Grab**

Aus dem Englischen von
Ulrich Enderwitz
308 Seiten, 24 Abbildungen,
gebunden
ISBN 3-608-91811-6

Was fällt uns zum Tod ein? Er gehöre nicht zum Leben, meinte Wittgenstein. Wer sich in der Welt so gut auskennt wie Nigel Barley, der wird das ein wenig anders sehen. Denn der Tanz, den die Lebenden um den Tod und die Toten aufführen, spricht dafür, daß Tod und Leben eine an Turbulenzen und Spannungen reiche Beziehung eingegangen sind.

Barley hat tausendundeine Geschichten über den Tod gesammelt und die Phantasien, Mythen, Rituale, Vorschriften auf Gemeinsamkeiten hin befragt.

Da am Tod kein Leben vorbeiführt, ist es hilfreich, sich umzusehen und herauszufinden, wie das große dicke Ende in anderen Kulturen verkraftet wird.

»Born in the USA«
Junge amerikanische Autoren im dtv

»Romane sind wie Rockkonzerte. Entweder bringst du
die Leute zum Tanzen oder sie feuern dir Bierdosen
an den Kopf.«
T. C. Boyle

Matt Ruff
Fool on the Hill
Roman
dtv 11737
Ein Sommernachtstraum für Freunde der Hobbits? Eine Love-Story? All das und noch viel mehr ist der »Narr auf dem Hügel«.

T. C. Boyle
Der Samurai von Savannah
Roman
dtv 12009
Als der japanische Matrose Hiro Tanaka irgendwo vor der Küste Georgias von Bord seines Frachters springt, ahnt er nicht, was ihm in Amerika blüht...

Jeffrey Eugenides
Die Selbstmord-Schwestern
Roman
dtv 12041
Was geht vor im Innern des Hauses Lisbon. Die fünf Töchter führen ein geheimnisvolles Dasein...

David Bowman
Let The Dog Drive
Roman · dtv 12049
Ein Tramper macht in der Mojave-Wüste die Bekanntschaft einer rothaarigen Baseballfanatikerin...

Anna Shapiro
Auf der anderen Seite vom Bett
Roman · dtv 12089
Manhattan, Downtown, bevor die Monogamie wieder modern wurde.

Binnie Kirshenbaum
Kurzer Abriß meiner Karriere als Ehebrecherin
Roman · dtv 12135
Sie lügt, stiehlt und begehrt andere Männer. Daß sie ein reines Herz hat, steht außer Zweifel.

Gwyneth Cravens
Herzmuster
Roman · dtv 12162
Angela wollte noch nie ein Single in New York sein. Und dann trifft sie Joe...

Klassische Reisebücher im dtv

»Der echte Reisende beginnt früh wie das Genie...«
Alfons Paquet

Johann Gottfried Seume
Spaziergang nach Syrakus
Vollständige Ausgabe
Herausgegeben und mit
einem Anhang versehen
von Albert Meier
Originalausgabe
dtv 2149

George Sand
Ein Winter auf Mallorca
Herausgegeben und
übertragen von
Ulrich C. A. Krebs
Mit zahlreichen
Illustrationen
dtv 2157

Johann Wolfgang Goethe
Italienische Reise
(Hamburger Ausgabe)
Herausgegeben von
Herbert von Einem
Mit 40 Illustrationen nach
zeitgenössischen Vorlagen
dtv 2200

Théophile Gautier
Reise in Andalusien
Mit 28 Holzstichen von
Gustave Doré
Herausgegeben und
übersetzt von
Ulrich C. A. Krebs
dtv 2333

Vom Glück des Reisens zu Lande, zu Wasser und in der Luft
Herausgegeben von
Ulf Diederichs
Mit Illustrationen von
Lucia Probst
Originalausgabe
dtv 11802

Die Kunst des Wanderns
Ein literarisches Lesebuch
Herausgegeben von
Alexander Knecht und
Günter Stolzenberger
Originalausgabe
dtv 20030

dtv

Die ganze Welt im Taschenbuch

DIERCKE – Taschenatlas der Welt
238 Seiten mit 173 farbigen Karten
dtv/westermann 3400

Handlich, praktisch, übersichtlich

Die 173 farbigen Kartenseiten mit reichhaltiger Beschriftung bringen umfassende topographische und politische Grundinformationen über alle Länder und Kontinente der Erde.

- Übersichts- und Detailkarten
- Deutschlandkarten in großem Maßstab
- Alle 16 deutschen Bundesländer auf eigenen Karten
- Politische Karten der Kontinente
- Physische und politische Erdkarten
- Flaggen der Staaten
- Inhaltsverzeichnis nach Staaten geordnet
- Ausführliches Namenregister

Alle Karten basieren auf dem millionenfach bewährten DIERCKE-Weltatlas.

dtv

Expeditionen in unbekannte Welten

Nigel Barley
Traumatische Tropen
Notizen aus meiner Lehmhütte
dtv 12399
Die Raupenplage
Von einem, der auszog, Ethnologie zu betreiben
dtv 12518
Hallo Mister Puttymann
Bei den Toraja in Indonesien
dtv 12580

Julia Blackburn
Daisy Bales in der Wüste
Eine Frau bei den Aborigines
dtv 30588

Mary Crow Dog
Lakota Woman
Die Geschichte einer Sioux-Frau
dtv 36104

Mary Crow Dog
Richard Erdoes
Ohitika Woman
dtv 30589

John Fire Lame Deer
Richard Erdoes
Tahca Ushte
Medizinmann der Sioux
dtv 20034

Archie Fire Lame Deer
Richard Erdoes
Medizinmann der Sioux
Tahca Ushtes Sohn erzählt von seinem Leben und seinem Volk
dtv 36057

Alexander Frater
Regen-Raga
dtv 20032

Rae Graham
Mashudu
Die weiße Zauberheilerin
dtv 36056

Hartmut Krech
Meine Seele wird nach Süden ziehen
Liebesgeschichten von Indianern aus der ersten Hälfte dieses Jahrhunderts
dtv 30508

Bernard Lewis
Der Atem Allahs
Die islamische Welt und der Westen
dtv 30640

Annemarie Schimmel
Berge, Wüsten, Heiligtümer
Meine Reisen in Pakistan und Indien
dtv 30639

T. C. Boyle im dtv

»Aus dem Leben gegriffen und trotzdem unglaublich.«
Barbara Sichtermann

World's End
Roman · dtv 11666
Ein fulminanter Generationenroman um Walter Van Brunt, seine Freunde und seine holländischen Vorfahren, die sich im 17. Jahrhundert im Tal des Hudson niederließen.

Greasy Lake und andere Geschichten
dtv 11771
Von bösen Buben und politisch nicht einwandfreien Liebesaffären, von Walen und Leihmüttern...

Grün ist die Hoffnung
Roman · dtv 11826
Drei schräge Typen wollen in den Bergen nördlich von San Francisco Marihuana anbauen, um endlich ans große Geld zu kommen.

Wenn der Fluß voll Whisky wär
Erzählungen
dtv 11903
Vom Kochen und von Alarmanlagen, von Fliegenmenschen, mörderischen Adoptivkindern, dem Teufel und der heiligen Jungfrau.

Willkommen in Wellville
Roman · dtv 11998
1907, Battle Creek, Michigan. Im Sanatorium des Dr. Kellogg läßt sich die Oberschicht der USA mit vegetarischer Kost von ihren Zipperlein heilen. Unter ihnen Will Lightbody. Sein Trost: die liebevolle Schwester Irene. Doch Sex hält Dr. Kellogg für die schlimmste Geißel der Menschheit... Eine Komödie des Herzens und anderer Organe.

Der Samurai von Savannah
Roman · dtv 12009
Ein japanischer Matrose springt vor der Küste Georgias von Bord seines Frachters. Er ahnt nicht, was ihm in Amerika blüht...

Tod durch Ertrinken
Erzählungen
dtv 12329
Wilde, absurde Geschichten mit schwarzem Humor.

América
Roman · dtv 12519